JN046369

森岡正博
石井哲也
竹村瑞穂

編著

スポーツと遺伝子ドーピングを問う

技術の現在から倫理的問題まで

晃洋書房

目　次

CHAPTER 3

馬産業における遺伝子操作技術と遺伝子ドーピング問題

CHAPTER 3

遺伝子テクノロジーとスポーツ──新しい倫理的問題

COLUMN

**我が国におけるスポーツと遺伝に関する研究,
その新しい試み──LEGACY2020 プロジェクトについて**

PART Ⅲ
生命の尊厳と哲学

CHAPTER 1

なぜいま遺伝子ドーピングを問うのか

森岡正博

① 1

　本書は，遺伝子ドーピングに関わる技術的側面とその倫理的問題について書かれた日本で最初の書籍である。ドーピングとは，スポーツにおいて禁止されている物質や方法を使い，自分が優位に立ち，勝利を得ようとする行為である。この本をいま手に取った読者のみなさんは，とうとう遺伝子レベルのドーピングが登場する時代になったのかと驚いたかもしれない。

　じつはドーピングは，スポーツ界ではるか昔より行われてきた。試合前に化学薬物を摂取して良い成績を出そうとするアスリートも，これまでにたくさんいた。もちろん，ドーピングを防ぐ仕組みは国際的に整備されており，アスリートや関係者はルールを遵守するように求められている。それにもかかわらず，ドーピングの最先端の技術的可能性としていま憂慮されているのが，本書のテーマである遺伝子ドーピングだ。

　現状では，人間の遺伝子を操作するようなドーピングは，世界アンチ・ドーピング機構によって禁止されている。また，オリンピックや世界選手権において遺伝子ドーピング違反が公的に報告されているわけではない。ただし，科学技術は日進月歩で進んでいるから，近い将来には，規制の目をかいくぐって遺伝子ドーピングを行う選手やグループが現われないとは言えない。

　遺伝子ドーピングの真の問題は，もっと深いところにある。というのも，遺伝子ドーピングがなぜ悪いのかをあらためて考えてみると，それほど簡単に答

えが見つかるわけではないからだ。たとえば，近い将来，さまざまな病気を治療するために，遺伝子を投与したり，遺伝子を操作する時代が到来するだろう。遺伝子治療はこれまで長い時間をかけて研究されてきており，難治のがんや遺伝性の疾患に対して今後も成果を上げていくはずだ。さらには，アルツハイマー病の発症予防のために，遺伝子操作の手法が使われるようになるかもしれない。これは予防であるから，まだ健康な段階の人にその技術を用いるわけである。そのような時代がやってきたとしたら，健康な人々に対して遺伝子操作の技術が使えるのに，なぜアスリートの能力増強に関してはそれが使えないのかという話になってくるはずである。

　本書でも紹介されている，次のような論点を考えてみよう（PART II CHAPTER 3 アンディ・ミアー論文）。

　遺伝子ドーピングには，2種類がある。ひとつは，アスリートの身体の中に何か別の遺伝子を導入したり，アスリートの身体の中に存在する本人自身の遺伝子を操作したりする方法である。これは，いわゆる体細胞遺伝子ドーピングであるが，投与する遺伝子はヒト由来であり非生体の化学物質ではない。すなわち，すぐに代謝される化学物質とは異なり，何度も投与する必要がなく，試合のはるか前に処置をすることも可能である。

　もうひとつは，精子・卵・受精卵などの生殖細胞系列の遺伝子を操作して，遺伝子改良された子どもを作り出す方法である。すでに中国では，2018年に受精卵のゲノム編集をした双子が誕生したと報道されており，この実験を行った研究者は有罪判決を受けた。これは，突発的な出来事であったが，もし将来，国家的な承認を得て進められる安全な生殖細胞系列の遺伝子操作の乱用が進めば，次には，親の望むような能力を子どもに与えるという段階が視野に入ってくるだろう。これはいわゆるデザイナーベビーの登場を意味する。

　さて，この技術を使って，親が子どもの受精卵にアスリート向けの遺伝子操作をして，出産したとしよう。この子どもは，生まれながらにして筋肉が発達しやすい形質を持っており，動体視力が平均よりも優れているのである。この子に早期教育を行って，アスリートとして育成すれば，きっと日本を代表する選手になる可能性がある。だが，どう考えても，生まれたときから遺伝子を増

強されたアスリートと，そうではない普通のアスリートが同じ土俵で戦うのは公平性に欠ける。遺伝子操作で増強されて生まれたアスリートの競技会参加は禁止されることになる可能性が高い。しかしここで大きな問題が生じる。

　というのも，遺伝子操作をされて生まれてきたアスリート本人の立場になって考えてみよう。自分は生まれてきたらすでに遺伝子を操作されていて，アスリート向きの身体になっていたのだ。スポーツが好きで良い記録も持っているのだが，遺伝子操作はドーピングであるとの理由で，公式競技に出場することができない。遺伝子操作をしたのは自分ではなく，両親である。自分には何の非もないのに，どうして自分の存在そのものが規則違反とされなくてはならないのか，とアスリートは思ってしまうことだろう。

　自分の意志で決定したわけではないことに対しても，責任を取らないといけないというのは理不尽である。生まれてくる人間の身になって考えてみれば，遺伝子操作を他人によって行われたというだけの理由で，アスリートになる道を絶たれるのは不条理である。しかしながら，もしこのような遺伝子操作を認めれば，競技会は遺伝子改造アスリートの祭典になってしまうだろう。

　どうすればいいのだろうか。

　さらに事態を複雑にしているのは，現在でも，生まれつきの素質によって競技会参加を拒否されるケースがあることだ。女子選手のなかには，生まれつきテストステロン（男性ホルモン）値の高い人がいる。テストステロン値が高いとスポーツに有利であるとの推測がなされている。南アフリカの陸上選手キャスター・セメンヤは，世界陸連（World Athletics）の設定した女子選手へのテストステロン規制が権利侵害であると主張したが，国際スポーツ仲裁裁判所はその意見を退けた。もしこの判断が正しいとすれば，本人の意志がまったく関与していないところの，生まれ持った性質によって，その本人の存在そのものが規則違反であるとする考え方が肯定されることになる。もしこれが肯定されるのなら，遺伝子操作によって能力増強されて生まれたアスリートもまたその存在が規則違反であるという結論になるように思われる。出口のない迷路のようだ。

　まさにこの点にこそ，遺伝子ドーピングの特徴のひとつがあからさまになっている。アスリートが薬物を摂取して競技会に挑むという古典的なドーピング

においては，第三者による強制ではない限り，そのドーピングはアスリート本人や，その周囲のサポートチームの自己決定によって行われるのであるし，薬物摂取をいったんやめて時間がたてば，薬物は代謝によって身体から消滅し，アスリートはもとの身体に戻ることができる。しかしながら，生殖細胞系列の遺伝子操作によるドーピングを行った場合，生まれてきた本人はなんの自己決定もしてないわけだし，その遺伝子操作の影響はその本人が死ぬまで残るのである。さらにはそのアスリートが子どもを作るときに，操作された性質が子どもにまで遺伝する可能性がある。一代限りというわけにはいかないのである。

　薬物ドーピングと遺伝子ドーピングの違いのひとつはここにある。

　そもそも，薬物ドーピングの問題はかなり難問なのだが，本書はさらにその先に開けている遺伝子ドーピングの難問に挑もうとするのである。これは，遺伝子操作テクノロジーなどによって人間の能力をどこまで増強してよいのかという「エンハンスメント」の問題につながる。エンハンスメントは生命倫理の領域で議論されてきたが，実はスポーツ倫理とも深い関係にある。

　ここまで，将来的に可能性のある遺伝子ドーピングについて語ってきたが，そもそも人間の遺伝とスポーツに関わる難しい問題は昔から存在したし，現在でも起こり得る。そして場合によっては，それは人間を対象にした優生学的な議論を招くものである。たとえば，以下のことを考えてみよう。ちょうど植物や家畜を品種改良するときのように，スポーツに秀でた人間たち同士が婚姻してアスリートに適した子どもを作れるような制度を整え，社会全体としてエリートアスリートをたくさん産出できるようにするのである。実際，旧東ドイツでは，本人たちの意向とは無関係にこのようなことが実施されていた。もちろん，スポーツに秀でた両親から生まれた子どもがスポーツに秀でているとは限らない。しかしながら，集団として見た場合，そのような掛け合わせを大規模にすることによって，スポーツに秀でた子どもの集団を効果的に生み出せる期待値はある程度高くなるであろう。これは一種の積極的優生学である。ナチスドイツはレーベンスボルン（Lebensborn）施設において，優秀なアーリア人同士の子どもの産出育成を支援した。これと同じことをアスリートに対しても行い得る。

　優生学に国家優生学と自発的優生学があるように，アスリートの遺伝的選択においても，国家による遺伝的選択と，個人レベルにおける自発的な遺伝的選択が考えられる。国家による遺伝的選択とは，たとえばある国家が国威発揚のためにオリンピックでの金メダル量産の目標を立て，優秀なアスリート同士の婚姻と出産に強力なインセンティブを与えて推奨するような事例である。生まれた子どもは国家からの優先的支援を受けて，エリートアスリートへの道を歩む。

　将来においては，遺伝子操作ではなく，受精卵の遺伝子検査を優秀なアスリートの親に使ってもらうことによって，アスリートに適した遺伝子をもつ受精卵のみを選択して出産し，そうではない受精卵は廃棄するという方法が活用されるかもしれない。このように遺伝的選択と受精卵診断を組み合わせることで，生殖細胞系列の遺伝子操作とはまた異なった方法による広義の遺伝子ドーピングが出現し得る。

　遺伝子判定をアスリートに用いるさらに別の方法もある。それは，アスリートを希望する子どもの身体から体細胞を取り出し，その遺伝子を検査して，その子がどういう種目に向いているのかを事前判断することである（竹村瑞穂がPART Ⅱ CHAPTER 1で言及している）。技術が進めば，遺伝子検査によって，その子が持久力の大事なスポーツに向いているのか，瞬発力のあるスポーツに向いているのか，あるいは動体視力がもっとも大事なスポーツに向いているのかなどが予測できるようになるだろう。この技術が広がっていけば，子どもが自分にもっとも向いているスポーツを早期から目指すことができるようになり，アスリートとして成長したときに自己肯定感を得られやすくなると思われる。間違った競技の道に進む危険性も少なくなる。実は遺伝子検査にはこのようなポジティブな可能性も開けているのである。ただし，これがバラ色かどうかはまだよく分からない。アスリートを希望する全世界の子どもたちが遺伝子検査によって自分のもっとも向いているスポーツの道に的確に進んだとすれば，そこから先のライバルとの競争レベルが現在よりもはるかに高くなるであろうことは明らかであり，そこからふるい落とされたときの絶望感は並々ならぬものになると推察される。もっとも適した分野で落伍したのだから，救いの道はもう

ないかもしれない。これは子どもたちが自己責任によって引き受けるべき性質のものなのだろうか。

　そもそも人はなぜスポーツをするのであろう。スポーツにはさまざまなものがあるが，スポーツの必要条件として，それが競争を含んでいることがあげられる。想像してみれば分かるが，競争を伴わないスポーツというものはほとんどない。オリンピックに代表される競技はすべて競争であり，順位が付く。ということは，スポーツの目的はライバルに勝つことだろうか。これは哲学的な大問題である。

　もし単に勝つためにスポーツをするのだとしたら，薬物ドーピングして勝ったとしても何の問題もないはずである。いっそのこと，ドーピング禁止のルールを廃止して，あらゆる物質や方法を使ってよい競技会を作ってそこで競えばいい。そんなのはスポーツとは言えないとするのなら，その理由は何なのだろうか。広く薬物ドーピングを念頭に置いて，これを考えてみよう。

　たとえば，ドーピングが許されるようになったら，お金のある国の，お金のあるチームが金メダルを独占することになるだろうという反論があり得る。しかしよく考えてみれば，現在の時点ですでにそうなっているのではないか。オリンピックや世界選手権でメダルを独占するのは，先進国や，国策として強力な支援がある国の場合が多く，素晴らしい練習環境，優れたスポーツ教育，スポンサーや国家からの巨額の資金援助などに恵まれたアスリートが好成績を残す場合が多いとされる。現在の国際規模のエリートスポーツは，すでに公平さを欠いている面がある[1]。すでにこのような不公平が許されているのならば，なぜそれに加えてドーピングをすることが許されないのか。ドーピングの不正を批判するのならば，まずその前に現在のスポーツのあり方そのものの不正を批判しなければならないはずだ。

　ドーピングする本人の立場に立ってみれば，また別の視点が開けてくる。もし私が自分の意志によってドーピングをしたとする。その結果，私は競技会で優勝する。私はライバルとの競争に勝ったのであり，その興奮と栄光を独り占めにすることができる。だがもし，このときに誰かがやってきて，私に「お前が強かったんじゃない。お前の使った薬が強かったのだ」と囁いたとすればど

うだろうか。その言葉は，アスリートとしての私の根幹を刺すはずである。私が強かったわけではなく，私を上げ底してくれた薬が強かったのだ。私が勝ったのではない，私を上げ底してくれた薬が勝ったのだ，と。

　私はなんのためにスポーツをしてきたのだろうか。私はきっとこの問いに直面することになるだろう。それはちょうど，独裁国で王の所有するチームがつねに優勝することになっている競技会で今年もまた自分たち国王チームが優勝したときに選手が感じる虚無感と，どこかでつながってるのかもしれない。そういうときにアスリートの胸中に響いているのは「ほんとうは自分はどのくらい強いのか？」という絶望にも似た問いである。自分たちのチームが優勝したのは，それが王の所有するチームだからであるというのは，全員が分かっているのである。上げ底によってつねに勝ち進めるという状況は，それがアマチュアの娯楽ならば問題ないが，スポーツに人生を賭けるアスリートにとっては，自分の実存を根底から崩すかもしれない重大な問いになるはずだ。

　おそらくドーピングが解禁された世界におけるアスリートは，このような問いと戦いながら，競技を行わなくてはならなくなるはずだ。もちろん現在においてもこのような状況はすでに潜在しているのだが，それがもっと露骨に表面化してくるのである。

　ドーピングが暴いていくところの「人はなぜスポーツをするのか？」という問いについては，本書でも何度か問われることになる。スポーツで目指されるのは単なる勝ち負けではないという立場もあり得るだろう。たとえば，長く苦しい練習に耐えきれなくなったとき，試合中で崖っぷちまで追い込まれたとき，そこでどのような精神力を発揮して前に進んでいくのか，その全プロセスを味わい尽くしていくことがスポーツの醍醐味であるし，観客もまたそこに感動するのであるという考え方はあり得る。このような考え方に立つとすれば，ドーピングとは，それらの全プロセスをすっ飛ばして最短距離で成果だけを獲得するものであり，アスリート本人からスポーツの醍醐味そのものを奪ってしまうものであることになる。そして，この点にこそドーピングの悪が凝縮しているということになるだろう。たとえば，あと1秒速く走るために，アスリートはひとりだけで努力するわけではなく，チームメイトやスポーツ科学者らと

一緒に励まし合い，ともに泣き笑いしながら壁を乗り越えようと進んでいくのであり，そこにこそスポーツの美しさがあるのだが，ドーピングするとそのプロセスはすべて不要になってしまい，薬を飲んだらすぐに1秒早く走れるという成果が現われるのである。

　しかし突き放して考えれば，このような批判的言説は単なる懐古的な精神主義にすぎないのであって，仲間との熱い友情や，困難を乗り越えるドラマなどとくに存在しなくとも，アスリートたちが全力で勝負して決着が付けばそれはまぎれもないスポーツなのであり，それ以外のものは戦いに花を添える単なるエピソードにすぎないとも言えそうだ。スポーツをとおして自分は高潔な人間性を磨くことができたから，勝負を決めたあの1点はもはや自分にとっては問題ではない，という崇高な境地にアスリートが至ることはほとんどないであろう。スポーツにとって最高に大事なのは，相手に勝つための最後の1点であり，それを獲得して勝利できてはじめて，その地点から振り返ることで，そこにまで至るプロセスの重要さや美しさやドラマが後付けとして付加価値を持ってくるのだ。しかし，読者のみなさんはこのような考え方に納得するであろうか。

②

　残りのページで，本書の内容を簡単に紹介しておこう。本書の最大の特徴は，遺伝子操作技術や遺伝子ドーピングの検査手法といった医学・生命科学的な知見から，スポーツ倫理・哲学や人間のいのちの哲学まで，学際的な内容が取り上げられていることである。この本が1冊あれば，遺伝子ドーピングに関わる問題についてさまざまな視点から読み解き，理解を深めることができるだろう。

　PART Ⅰは遺伝子ドーピングの可能性とそれに対する対処について考える。CHAPTER 1では，石井哲也がゲノム編集などの遺伝子操作技術の現状を詳細に報告し，その技術がドーピングに誤用された場合のさまざまな問題点を浮かび上がらせる。近い将来可能になるかもしれないのは，アスリートの身体の細

胞を利用した遺伝子ドーピングである。たとえば，アスリートの骨髄から造血幹細胞を体外に取り出して，それに血液をたくさん作れるような遺伝子操作を行い，ふたたび体内に戻す。あるいは，動物の筋肥大を抑制する遺伝子が存在するのだが，アスリートの体内にあるその遺伝子を働かないようにする遺伝子操作を行う。それらの効果は，すでに動物である程度確かめられている。

　石井によれば，このような遺伝子ドーピングをアスリートが行った場合，それを検査するのはかなり難しく，また多くの出場者を検査するのは無理である。また，遺伝子ドーピングは持続的な効果だけではなく，持続的な副作用をもたらす恐れがある。近年，世界的に普及したゲノム編集を受精卵に使えば，生まれながら卓越した運動能力をもつ子どもを生み出すこともできそうだが，期待通りの能力がなかったり，全身に副作用が及んだ子たちはどうなるのだろうか。石井は，遺伝子ドーピングがもたらす問題の根源は，身体への遺伝子介入とその全身性かつ不可逆性にあると説く。

　CHAPTER 2 では，竹越一博による遺伝子ドーピングの検査手法の開発研究について論じられる。とくに竹越が進めている検査手法の開発は，がん診断でよく用いられるリキッドバイオプシーを応用する方法である。これは，血液などを用いた侵襲度の低い方法によって，遺伝子ドーピングの検査を可能にする技術であり，今後の幅広い応用が期待されるものである。本格的な遺伝子ドーピング検査の導入が目指されているいま，まさに重要な開発研究と言える。

　CHAPTER 3 では，戸崎晃明が競走馬などの馬産業における遺伝子ドーピングについて論じている。公正競馬を目的とした遺伝子ドーピングは禁止される。人間の身体に対する医学的介入（ヒトにおける医療）が，動物から応用されることも多いので，競馬におけるドーピングという視点は，ヒトスポーツのドーピングを検討するという点においてもとても重要なものである。本章では，競馬産業で懸念される遺伝子ドーピング技術の種類や特徴，競馬におけるドーピング検査や最新の遺伝子ドーピングの検出法について論じられている。

　PART II は，この問題に対して，広くスポーツ倫理・哲学からアプローチするものである。まず CHAPTER 1 では，竹村瑞穂が，スポーツにおけるドーピングの歴史と，遺伝子ドーピングの倫理についての議論を紹介する。そして，

遺伝子ドーピングが新優生学へと結びつく危険性や，そもそもスポーツをすることの意味は何かといった論点へと結びつけていく。カントの倫理学では，人間が他人を単なる手段としてのみ取り扱うことだけでなく，人間が自分自身の内部の人間性や道徳性を単なる手段としてのみ取り扱うことに対しても否定的なまなざしが注がれている。竹村はこの点に注意をうながし，もしドーピングに人間の内なる人間性を道具化する危険性があるのならば，それがもたらすであろう人間の尊厳の毀損という点からドーピングを批判的に再考したほうがよいと示唆する。これは，カント倫理学が現代においても有効であると思われる重要な点なので，真剣な議論に値するだろう。竹村はさらに，ドーピング問題の考察をとおして，人間が「スポーツをすることの意味の哲学」を形成することを提唱している。今日の倫理学において，「人生の意味の哲学」というジャンルが再興してきているので，スポーツの意味の哲学をそこへと接続する試みは重要である。

　CHAPTER 2 で関根正美は，まさにその「スポーツの意味と哲学」について論じる。関根はポール・ワイスの「卓越論」とハンス・レンクの「達成論」を照らし合わせてスポーツの意味を考える。ワイスは，アスリートがみずから卓越した存在になろうと献身するところにスポーツの本質を見る。これに対してレンクは，みずから目標を設定してそれを達成しようとするところにスポーツの本質を見る。たとえ世界チャンピオンになれなくても，生涯最高のプレイができればその目標は達成されるとするのである。関根はドーピングの問題点を，これらのスポーツの本質が人間から剥奪される点に見ている。そして関根は，アスリートの長い人生のなかで移り変わっていくスポーツの意味という点に注目しており，示唆に富む。

　CHAPTER 3 でアンディ・ミアー（佐良土茂樹訳）は，スポーツにおける遺伝子操作の許容可能性をめぐる議論を引き合いに出しつつ，ドーピングへの反対意見を 6 項目にまとめる。すなわち，欺く行為である点，自然ではない点，アスリートや競技から善性を奪う点，公正性を欠く点，健康に有害である点，強制力とエリート主義という点である。だがそれらすべてに対して有効な反論があり得るので，一義的な結論は出そうにないと述べる。

　PART Ⅲは，哲学的な視点から人間の身体と生命を操作することの善悪を議論するものである。CHAPTER 1 で立花幸司は，一般的なエンハンスメント（人間の能力増強）の善悪両面について考察し，それをスポーツの場面へと応用する。とくに，人間の徳といった視点からエンハンスメントの問題に迫りつつ，人間の在るべき姿について論じている。エンハンスメントは，テクノロジーによって人間の弱点を補い，持って生まれた能力を増強することによって，人間が「なりたい自分」になれるようにサポートすることができる側面が認められる。しかしながら立花は，たとえ勝負には負けたとしても，そうした自分自身を受け入れて打ち克つといった「克己」という概念に，エンハンスメントでは得られない人間の徳の可能性を見出している。スポーツ領域のエンハンスメントに関しても，この視点は大切な指摘であり，ここから学ぶべき点が見て取れよう。

　CHAPTER 2 で坂本拓弥は，ドーピングをしてでも勝ちたいというアスリートの「欲望」に着目する。ルネ・ジラールの言うように，欲望は他者の欲望の模倣であり，勝ちたいという欲望もまたそのメカニズムで動いている。そのような関係性の欲望がテクノロジーと共犯構造を形成しているところに，ドーピング問題の本質があると坂本は示唆している。この指摘は科学文明批判としても有効である。

　CHAPTER 3 で片山善博は，カントによる「人格に基づく尊厳論」を考察したのちに，それとは別方向へ進もうとしたヘーゲルの哲学に着目する。ヘーゲルは，人間の人格と身体がクリアーに分離されるとは考えなかった。実際，私たちがアスリートの身体を見るとき，私たちはそこにアスリートの人格をも見ている。ドーピングされたアスリートの身体は，ドーピングの影響を受けたアスリートの人格——つまり，商業主義の負の側面に規定された人格——としても立ち現われるのである。さらに片山は，アスリート固有の生命活動についての考察を提言している。

　PART Ⅱにおける大岩奈青によるコラムは，国立スポーツ科学センターにおける最新のスポーツ科学の情報が盛り込まれており，人間の幸福に寄与するテクノロジーの在り方について，有益な情報と示唆を提供する。PART Ⅲ最後の

齋藤里香によるコラムも，オリンピアンの視点からのリアルな発信として意義深いものがある。

　付録として，日本のバイオエシックス研究（生命誌研究）を牽引してきた中村桂子へのインタビューが掲載されている。アスリートのドーピングを可能にした生命科学技術と，地球生態系の中で生命として存在している私たち人間とのあいだのあるべき関係性について，たくさんのヒントを与えてくれる。

　遺伝子ドーピングにわれわれはどう対処していけばいいのか。その技術的な可能性はすでに存在するのであるから，これは今のうちに考えておかなければならない緊急の問題である。と同時に，これを考えていくと，生命科学技術によって人間の生まれつきの素質を人工的に改変するのを社会はどこまで許容すべきかという現代倫理学の大問題に直面する。また，ドーピングをしてまでも競技に勝利したいという利己的な欲望がスポーツの根源に組み込まれている可能性もあり，だとしたらそもそもスポーツは人間にとって手放しで賞讃されるべきものではないかもしれない，というスポーツ哲学の根本問題も浮上する。今後，各方面の英知を集めて，これらの問題を考えていかなくてはならない。

　各執筆者，編者のみなさんのおかげで，遺伝子ドーピングをめぐる最先端の書物を刊行することができた。本書の企画を最初に構想したのは編者の竹村瑞穂である。今後の議論が進展することを切に願っている。

注
1) たとえばこのような指摘をしている先行研究に，以下のものがある。R. Gardner（1989）On Performance-Enhancing Substances and the Unfair Advantage Argument. *Journal of the Philosophy of Sport,* 16(1): 59-73.

PART

I

遺伝子ドーピングの最新技術

I

遺伝子操作技術とドーピング問題

石井哲也

はじめに

　スポーツにて遺伝子操作技術を使う遺伝子ドーピングは禁じられているが，近年，懸念は増大している。ゲノム編集の登場で精密な操作が可能となり，ドーピング検査実施をさらに困難にした。加えて，遺伝子操作の飛躍的進歩により，競技に有利な遺伝子操作人間の作出も現実味を帯びている。本章ではまず技術的観点から遺伝子ドーピングを概説し，そして，身体への遺伝子介入がスポーツ界や社会で起こすさまざまな問題を考察する。

1 ●● ドーピングと遺伝子操作技術

　ドーピングの歴史は古く，古代ギリシャ・ローマ時代の勇者が興奮を高めるためコカの葉（コカインを含む）を噛んだといわれている。以下，現代におけるドーピングの定義を確認した後，この不正行為の概念がスポーツ界の外にある医療技術の進歩とともに徐々に広がった経緯をふりかえる。そして，ドーピングにおける遺伝子操作技術の位置づけを俯瞰する。

（1）ドーピングとは

　医療の発展とともに，ドーピングが蔓延し，アスリートが薬剤の不適切な使用で命を落とす事態も起きた。これを受けて，さまざまな競技団体がルールを制定し，検査体制を設けていったが，第三者機関による世界的なドーピングの取り締まりが始まったのは，世界アンチ・ドーピング機構（WADA）が設立された 1999 年のことである。日本アンチ・ドーピング機構（JADA）によれば，

ドーピングとは，「スポーツにおいて禁止されている物質や方法によって競技
能力を高め，自分だけが優位に立ち，勝利を得ようとする行為」をさす。ドー
ピングときくと，禁止薬物を意図して不正利用する行為……というイメージが
強いかもしれないが，それはドーピングの概念の一部にすぎない。意図的であ
るかどうかに関わらず，ルールに反するさまざまな競技能力を高める「方法」
や，それらの行為を「隠すこと」もドーピングに含まれる [JADA 2020]。JADA
はスポーツにとってドーピングが問題である理由は「自分自身の努力や，チー
ムメイトとの信頼，競い合う相手へのリスペクト，スポーツを応援する人々の
期待などを裏切る，不誠実で利己的な行為」であるためと説明し，「すべての
アスリートがフェアであることを支え，アスリートの健康を保護するために，
ドーピングの撲滅を目指す」と宣言している。一方，実際のところ，ドーピン
グ手法の変化を先取りして，検査など具体的対策を執るのは概して困難であ
り，撲滅は容易ではない。

（2）医学の進歩とドーピング概念の拡張

　ある疾患の治療のために開発された薬剤が流通すると，それがドーピングに
不正利用されてきた。医薬品は患者の特定の組織・臓器あるいは全身の機能不
全を解消し，症状の緩和，あるいは治癒をもたらす効果とともに，副作用の程
度の評価を経て規制当局により承認される。健康なアスリートが薬剤を利用す
れば，筋量や持久力などが高まり，競技成績が向上するように思えるかもしれ
ないが，同時に，副作用のリスクも被る恐れがある。医学が進歩し，化学薬剤
に加えて生物製剤が登場すると，ドーピングの概念は拡大し，そして，監視が
複雑かつ困難になりつつある。

（i）医療の効果と副作用の持続性

　手術や機器による療法に加え，工場で大量生産可能な化学物質の薬剤が登場
し，多くの患者に利益をもたらした。化学薬剤の毒性については，患者体内に
おける動態に基づくリスク評価体系（吸収，分解，代謝，そして排泄の英語頭文字か
ら ADME と呼ばれる）が確立されている。しかし，治療を継続するには患者に薬
剤を何度も投与する必要がある。また，膨大な天然化合物や化合物ライブラ

リーの中からある疾患に効果のある物質を探索する過程は膨大な試行錯誤と時間を要し，結局，薬剤候補物質を同定できないことも珍しくない。すなわち，ある疾患に効能を示す化学物質を丹念にスクリーニングする創薬アプローチは，増える医療ニーズを充足するには限界がある。一方，生物医学の進歩とともに疾患の発症原因や進行に関する分子メカニズムが解明された。これを足がかりに，バイオテクノロジーを駆使して体内にある分子を生産し，薬剤として使う生物製剤が登場した。その最初の事例の 1 つは，血糖を下降させるホルモンを遺伝子組換え技術を用いて微生物に産生させたヒトインスリンである。その後，このような組換えヒトタンパク質製剤は世界で，また日本でも数多く承認されている。しかし，ある疾患に効能があっても，タンパク質製剤は化学薬剤と同様，体内で分解，代謝されるため，繰り返しの投与が必要なことには変わりない。糖尿病の患者には組換えインスリンを 1 日に 1, 2 度注射する必要がある。

　これら課題を解消すべく，遺伝子組換え技術を人体に直接適用する遺伝子治療の開発が 1990 年代，アメリカで本格化した。遺伝子治療は，患者体内に治療用の遺伝子を直接導入することで，細胞内に維持され，また導入細胞が増殖し，体内で導入遺伝子からタンパク質が持続的に作られる。遺伝子治療は大きく分けて 2 タイプあり，細胞に治療効果をもたらす遺伝子を組み込み，患者体内に移植する生体外遺伝子治療と，患者体内に直接，毒性の低いウイルスを運び屋として治療用遺伝子を抱かせ，投与する生体内遺伝子治療がある（図1）。

　これら 2 つのタイプの遺伝子治療は，化学薬剤と異なり，一度の治療でより長期の効果がみこめると期待された。一方，こうした遺伝子治療のコンセプトは，逆に欠点にもなりうる。つまり，遺伝子の導入が患者に副作用をもたらす場合，その導入遺伝子は細胞に保有されるため，体内で遺伝子導入細胞が死滅するまで副作用は長期にわたり及ぶことになる [Ishii 2019]。実際に，2000 年初頭にフランスで実施された生体外遺伝子治療試験では，予想外の遺伝子組換えが起き，副作用として白血病が発症して死亡した例が認められる。その後，遺伝子導入法の改良が進み，世界で約 3000 の臨床試験が実施され，いくつかの承認製剤が生まれた [Ishii 2019]。しかし，依然として，遺伝子治療の複

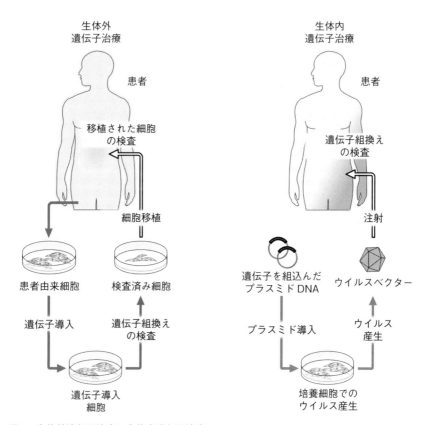

図1　生体外遺伝子治療と生体内遺伝子治療

雑なリスク評価や，人権保護も必要となる患者の長期のフォローアップのあり方についてはまだ議論が続いている［FDA 2020］。

　化学薬剤が解決できない，また，その治療の限界を超えるため，遺伝子操作をベースとした治療法の開発が進められてきた。一方，化学薬剤と異なり，人間という生物の設計図の一部である遺伝子を操作する遺伝子治療は治療効果の飛躍的向上をもたらす期待を集めつつも，治療開発および患者管理の複雑さ，困難さを露呈している。

② ●● 遺伝子操作技術を使うドーピング

　遺伝子治療の開発は長く紆余曲折をたどったが，近年，承認製剤が次々と登場している。これまでの医療とドーピングの関係を振り返ると，遺伝子ドーピングの違反が起きるのは時間の問題とみられる。しかし，目下，有効な検査法は確立・導入されていない。すなわち，遺伝子ドーピングの現状は，実質のところ，1928 年の状況──国際陸上競技連盟は興奮剤の使用を禁止したものの，そのドーピング検査は行っていなかった──と似ているようにみえる。本節では，遺伝子ドーピングの定義を確認した後，遺伝子組換え技術とゲノム編集技術を比較分析し，どのようにドーピングに使うのか，効果はありそうなのか，また，違反を発見する検査は可能なのか考察する。

（1）遺伝子ドーピングの定義

　遺伝子操作技術を使うドーピングのアプローチ，効果や検査を考える前に，定義を確認しておく。WADA が 2020 年 1 月に発表した最新の禁止表国際標準 [WADA 2020] によれば，禁止方法 M3 は以下の通りとなっている。

M3．遺伝子および細胞ドーピング

以下の競技能力を高める可能性のある事項は禁止される：

1．何らかの作用機序によってゲノム配列および／又は遺伝子発現を変更する可能性がある核酸又は核酸類似物質の使用。以下の方法が禁止されるが，これらに限定するものではない：遺伝子編集，遺伝子サイレンシングおよび遺伝子導入技術。
2．正常なあるいは遺伝子を修飾した細胞の使用。

　ここで使われている術語，ゲノム，遺伝子，核酸を以下，簡単に整理する。遺伝子（Gene）とは遺伝情報の 1 単位で，化学的にはデオキシリボ核酸（DNA）

が結合した高分子である。DNA の塩基（A，T，G，C）の配列が情報を担い，ヒトの場合，約 2 万 2000 の遺伝子がある。ゲノムとは Gene + Chromosome（染色体）からなる合成語といわれ，ある生物の生存，生殖に最低限必要な遺伝情報の一式（生物の設計図）を意味する。細胞の核の中でゲノム DNA は 2 本の DNA 鎖が塩基部分で A と T，G と C と対になるように結合した二重らせん構造をとっている。ゲノムにある遺伝子からまずリボ核酸（RNA）に読み取られる（転写という）。具体的には，一本の DNA 鎖の塩基 A，T，G，C はそれぞれ RNA の塩基では U，A，C，G となるように RNA が生合成される過程である。RNA の塩基 3 つの単位で 20 種類あるアミノ酸の 1 つが指定され，次々と指定されたアミノ酸が結合し，人体を形成するケラチンや，生体内で起きる化学反応を触媒する酵素など，さまざまな役割や機能を担うタンパク質が作られる（この過程を翻訳という）。遺伝子が転写，翻訳される過程を含めて遺伝子発現という。ヒトゲノム*には，46 本の染色体に 32 億塩基対の長さの DNA（二重らせん構造をとるため塩基対）が折りたたまれており，この塩基配列に約 2 万 2000 の遺伝子が点在して存在する。ゲノムの遺伝子以外の領域は反復した塩基配列が占めている。

　M3 の 1 の記述から，DNA や RNA，またこれらの類似物質を使い，ゲノムの DNA 塩基配列，遺伝子の発現，あるいは両方とも変える可能性がある，遺伝子操作技術をつかったドーピング，またその可能性がある行為が禁止されていると読み取れる。「ゲノムの DNA 塩基配列」とあるので，遺伝子のほか，反復配列も対象となる。「何らかの作用機序」という定義は，DNA 塩基配列の改変に留まらず，転写や翻訳を含むあらゆる方法も範囲に含める意図がうかがえる。同様に，遺伝子編集（ゲノム編集とも呼ばれる），遺伝子サイレンシング（遺伝子発現を抑制する技術），遺伝子導入（遺伝子組換え技術）が例示されているものの，これら例示に限らないとも付記している。2 もあわせて考えれば，遺伝子治療の 2 つのアプローチ，遺伝子導入された細胞を人体に投与する生体外遺

＊ヒトゲノム　ヒトが有する遺伝情報一式のこと。遺伝情報は 23 対の DNA からなり，各々の DNA が折りたたまれたものが 46 本の染色体（常染色体のほか 2 種の性染色体を含む）として存在する。

伝子治療と，人体に直接遺伝子を投与する生体内遺伝子治療のドーピング利用が禁止されていることが分かる。精読すると，禁止方法 M3 の定義は相当広い印象であるが，今後，生物医学の発展から開発される細胞や遺伝子を操作する技術のスポーツへの不正利用を網羅的に含めて，ドーピングを牽制，警告，そして予防する意図があると考えられる。以下，その理由を，たびたび社会的注目を集める遺伝子組換え技術とゲノム編集技術を比較しつつ，探求していく。

（2）遺伝子組換え技術とゲノム編集技術

　遺伝子組換え技術は 1960 年代から 70 年代にかけて DNA を切断，再結合させる要素技術が確立され，1990 年代頃から治療応用が進められてきた。この遺伝子治療は，遺伝子組換え技術を用いた外来の遺伝子を生体外あるいは生体内の細胞に導入し，ゲノムに遺伝子を組み込むことで治療効果を企図するものである。これに比して歴史が浅いものの，ゲノム編集は，近年，瞬く間に世界中の研究機関に普及し，がんなどの患者の治療開発も進んでいる。まず，遺伝子組換え技術とゲノム編集はどのような違いがあり，また類似点は何か，そして治療応用の可能性を比較検討する。そして，これら遺伝子操作技術をドーピングへ不正利用するアプローチを考察する。

（ i ）相違点

　遺伝子組換え技術は，全く異なる種の間で遺伝子のやり取りを可能にした。以下，段取りを説明する。ある種の細胞から単離した遺伝子を，微生物由来のDNA 鎖を切断する酵素（ヌクレアーゼ）などを利用して，細菌やウイルス由来の DNA（ベクター DNA という）に組み込む。次に，この DNA 構築物を微生物に導入にして増やす。その後，別の種の細胞に DNA の形で，あるいは DNA構築物（ウイルスの場合，RNA の形態もありうる）を保有させた微生物を感染させることで導入する。その結果，単離した遺伝子を含む DNA 構築物が細胞のゲノムのどこかに組み込まれる。自然界では通常，遺伝物質の伝搬は交配が可能な種の間で親から子へと垂直方向に起きるが，遺伝子組換え技術は，種の壁を越えて操作可能にした。組み込まれた外来遺伝子が発現し，タンパク質が作られ，細胞あるいは生物の特徴や機能を変化させることができる。医療で典型的

な例としては先述した，細菌や動物細胞にヒトタンパク質を作らせ，これを精製して生物製剤として使うことである。しかし，外来遺伝子のゲノムへの組み込み頻度は概して低く，遺伝子が数コピー組み込まれてしまう。一方，狙った組み込みを生じさせ，期待する機能を持つ組換え細胞や生物を作るのは容易なことではない。また自然界では生じえない異なる遺伝物質の構成をもつ生物が作り出され，管理が不適切ならば生物多様性に悪影響をもたらす恐れがある［石井 2017：39-63］。そのため，日本を含めて 190 カ国以上が批准するカルタヘナ議定書に基づく各国法令の規制対象となる（日本では当該の法令は，通称カルタヘナ法とよばれ，正式名称は「遺伝子組換え生物等の使用等の規制による生物の多様性の確保に関する法律」）。

　ゲノム編集技術は，遺伝子組換えでは細胞の外で使っていた微生物由来のヌクレアーゼを，細胞の中に直接導入することで遺伝子改変を行う［石井 2017：2-23］。具体的には，ヌクレアーゼに，ゲノム中の標的とする 20 塩基対ほどの長さの DNA に結合するドメイン（タンパク質の部分構造）を付加（たとえば TALEN という手法の場合），あるいは標的 DNA 部位に結合する RNA（ガイド RNA という。たとえば CRISPR-Cas9 の場合）を同時に，細胞に入れると，人工ヌクレアーゼが狙った配列に特異的に結合して二重らせん鎖が切断される。細胞の中では UV などの原因で DNA の一本鎖が切断されても，通常，元通りに修復されるが，二本とも鎖が切断されると修復に失敗して，元とは異なる塩基配列に変わる（数塩基の欠損，挿入，あるいは別塩基への置換の変異）傾向がある。すなわち，ゲノム編集を使えば，UV 等で自然に起きる変異と同様の塩基の変異を，ゲノム中の狙った部位（遺伝子）で高頻度（10 細胞中，数個は標的部位に変異が導入）に起こすことが可能となった。一方，人工ヌクレアーゼとともに，外来遺伝子を同時に細胞に導入すると，ゲノムの狙った部位に外来遺伝子を組み込める。ゲノム編集を使った遺伝子組み込みの頻度は，従来型の組換え技術に比較して 2400 倍に向上したという報告もある［Zou et al. 2009］。遺伝子よりも小さな DNA 断片を導入すれば，ゲノムに内在する遺伝子の特定部分の塩基配列を導入 DNA 断片のとおりに書き換えることもできる。ヌクレアーゼではなく塩基を別の特定の塩基に変換する酵素をつかうと，狙った特定の 1 塩基のみを変

えることができる（塩基編集という［Rees et al. 2008]）。こうした塩基配列の変化
は，アミノ酸への翻訳にも反映され，できあがるタンパク質の形態や機能が変
わる。なお，特定遺伝子を発現できないように変異させる場合は，DNA断片
を同時に導入するより，人工ヌクレアーゼのみ細胞に導入して，塩基の挿入や
欠損の変異を生じさせる方が操作としてはシンプルである。

　遺伝子導入効率が低く，またゲノムへの遺伝子組み込みがランダムであった
遺伝子組換えと異なり，ゲノム編集は，ゲノムの標的とする部位に高効率に遺
伝子組み込みを実行可能にしたばかりではなく，ゲノムのある位置にある遺伝
子を部分的に改変したり，変異させたりすることで，機能を変えることもでき
る。特に，後者の，特定遺伝子を変異させ，機能を喪失させることは高率に達
成できる。結果として，遺伝子組換え技術を使って，外来遺伝子を複数組み込
むのは1ステップずつ進める必要があり，膨大な試行錯誤となり，極めて困
難な作業であった。対して，DNA二重鎖切断を利用して遺伝子操作を行うゲ
ノム編集の場合，特定の標的配列に結合するヌクレアーゼを複数まとめて細胞
に導入すれば多重改変できる。ゲノム編集を使った標的遺伝子の変異について
は，2013年の段階ですでに，同時に異なる5遺伝子を変異させたマウスの作
成が報告された［Wang et al. 2013]。

（ⅱ）類似点

　上述した通り，遺伝子組換えは遺伝子のランダムな組み込みとなり，効率も
高くなく，目的の組換え体を得るには多くの試行錯誤が必要で技術として課題
が多かった。ゲノム編集は，これらの課題をほぼ解消し，効率や精度が大幅に
向上するとともに，多様な遺伝子操作を可能にした。しかし，程度の違いはあ
れ，ゲノム編集も設計通りの遺伝子操作を常に達成できるわけではない。先述
したとおり，哺乳類細胞にてゲノム編集技術を使えば，標的部位での遺伝子組
み込みは組換え技術を使う場合より2千倍以上効率は上がるが，もちろん組
み込みが起きた細胞以外の細胞は組み込みが起きていない。ゲノム編集も完全
な遺伝子操作技術ではない。

　ゲノム編集は，遺伝子組換え技術と同じく，微生物由来のヌクレアーゼを使
うが，標的配列に結合するように細工する。この人工ヌクレアーゼをDNA（遺

伝子）の形態で細胞に導入すると，その DNA 断片が，また CRISPR-Cas9 のガ
イド RNA がゲノムに組み込まれてしまうリスクが動植物の細胞で分かってい
る［Kim and Kim 2016, Ono et al. 2015］。ゲノム編集の一種である塩基編集につい
ても，塩基変換酵素を DNA の形態で導入すれば同じ問題がおこりうる。こう
した外来遺伝子組み込みは遺伝子組換えに他ならず，先述したフランスにおけ
る遺伝子治療試験の事故と同様，組み込まれた生物に悪影響を及ぼす可能性が
ある。なお，遺伝子組換え生物はカルタヘナ法の規制対象だが，ヌクレアーゼ
をタンパク質のみの形で細胞に導入する場合は同法の対象外である［環境省
2019］。また研究機関において遺伝子組換えやゲノム編集を実施するためにヌ
クレアーゼを購入あるいは入手すること自体はライセンスなど必要ではなく，
また使用歴の保管義務もない。

　ゲノム編集について，しばしば指摘されている，もう1つの問題点はオフ
ターゲット変異である。ゲノム編集は個々の研究者が設計した人工ヌクレアー
ゼであり，ゲノムに，標的として選んだ配列（20塩基対ほど）と似た配列があ
れば，それらの部位にヌクレアーゼが結合して，切断し，挿入や欠損の変異を
起こしてしまう可能性がある。塩基編集でも一塩基単位のオフターゲット変異
は起き，このような微細な変異が幾多の遺伝子疾患の原因となりうるため，や
はり深刻な問題である。しかし，オフターゲット変異の問題は単に研究者が慎
重に標的配列を選定すれば解決できるわけでもなさそうである。ヒトゲノムが
個人間で同一ではなく，0.1％ほど塩基配列が異なるゲノム多様性も関係して
おり，慎重に設計してもリスクの低減は限界がある［Ishii 2015］。すなわち，研
究者は通常，リファレンスゲノム（ヒトゲノムの代表として使う，ある人のゲノム情

＊ CRISPR-Cas9　近年，多くの国で利用されている遺伝子改変ツール，ゲノム編集技術の1つ。
Clustered Regularly Interspaced Short Palindromic Repeats-CRISPR Associated proteins 9 の略。細
菌や古細菌が外来性のものに対して免疫系を獲得するために必要な遺伝子の繰り返し配列（CRIS-
PR）と，その近傍に位置する DNA を切断する酵素（Cas）を組み合わせたシステムのこと。この
システムを活用して，ヒトなどの哺乳類を始めとするさまざまな生物種において DNA を切断し，
ゲノムの任意の部位でさまざまな遺伝子改変ができる。CRISPR-Cas9 を利用する場合，プロトス
ペーサー隣接モチーフ（Protospacer Adjacent Motif：PAM 配列）を含む DNA 塩基配列を選定し，
その塩基配列に結合するガイド RNA（GuideRNA：gRNA）を調整する。ガイド RNA は Cas9 を目
的のゲノム領域に導き，効率よく DNA を切断，さまざまな遺伝子改変を可能とする。

報）を用いて標的配列の候補を探し，検討，選定する。しかし，ゲノム多様性がその検討過程を不確かにする側面が現実にある。細胞自体がバイオテクノロジーによる遺伝子操作に耐えられない場合もある。胚の細胞や，老化した細胞ではゲノムが不安定になりがちで，そこにヌクレアーゼを作用させると，想定外の，塩基配列や，大きな場合では染色体レベルの変化が起きることが知られている。その結果，ゲノム編集した細胞あるいは生物が死んでしまう恐れや，生きていても想定外の機能異常や，がんなどの疾患が生じるリスクもある。こうした技術的問題は研究コミュニティで認識されているが，このオフターゲット変異の問題について包括的に検討して，コンセンサスが取れた予測法や検証法などの評価体系は確立してない［Joung 2015］。

　遺伝子操作結果からみるとゲノム編集は遺伝子組換えにとどまらないさまざまな改変を可能としたが，実施条件次第では遺伝子組換えとなってしまう。一方，遺伝子組換え技術と似た遺伝子操作のリスク管理の問題もある。人工のDNA切断酵素などの利用に伴う不確定性や，十分なリスク評価はまだできないためである。しかし，これら遺伝子操作のための試薬の入手はほぼ制限がなく，ドーピングへの不正利用の恐れはないとはいえない。

（iii）治療応用の現状

　上で簡単に触れたが，遺伝子組換え技術を治療応用した遺伝子治療の開発は1990年ごろアメリカで始まり，世界で臨床試験が約3千も実施されるようになったが，リスク評価の難しさや，臨床試験で発生した副作用の問題により，多くの国で規制が厳格化し，2000年初頭以降，しばらく停滞した。2003年，中国でがん遺伝子治療剤 Gendicine が承認されたが西欧諸国がその効果を認めることはなかった。しかし，2014年，リポプロテインリパーゼ（LPL）遺伝子の変異で脂質代謝異常疾患に対する生体内遺伝子治療製剤 Glybera（正常型 LPL 遺伝子が搭載されたアデノ随伴ウイルスベクター）が欧州で承認された後，欧米で規制の見直しが始まり，生体内および生体外の遺伝子治療製剤が次々と承認されるようになった［石井 2017］。それでも目下，日米欧で承認された製剤数は10程度に過ぎない［Ishii 2019］。また，遺伝子治療の問題として薬価が挙げられる。生体内遺伝子治療製剤 Glybera はドイツで1人の患者に投与され，治療効

果が認められたが，患者1人当たりの投薬コストは90万ユーロ（約1億1千万円）と世界最高額を記録した［Regalado 2016］。前代未聞の高額医療のためその後使われることなく，販売企業は結局，製品収載を取り下げたなど，コストの問題が大きく立ちはだかる。

　以上の通り，遺伝子操作をベースにした遺伝子治療やゲノム編集治療のリスク評価の難しさ，規制の急変，開発の緩急，際立つ高額医療の点で特殊であるが，それは医薬品として開発，製造，販売する場合の制約ということに留意する必要がある。遺伝子治療やゲノム編集治療で使われるヌクレアーゼなど試薬は世界中の実験室に普及している現実がある。これら試薬は正規の流通，販売ルートを経ずに入手され，ドーピングに不正利用される可能性は否定できない。

（3）遺伝子ドーピングのアプローチと可能性
（i）選手の改良

個人と組織的な不正利用

　選手が遺伝子ドーピングを企図する場合，遺伝子操作法をどのように使うだろうか。医薬品として開発する場合，基礎研究の段階で，生体外遺伝子治療，生体内遺伝子治療のどちらのアプローチも動物や培養細胞を使った試験でリスク低減が可能である。しかし，前記の通り，両方のアプローチで臨床試験で患者にがん発症や死亡という重い副作用が起きたことがある。すなわち，遺伝子治療のリスクは予見困難な側面がある。一方，遺伝子改変自体に伴うリスク管理の観点では，生体外遺伝子治療は生体内遺伝子治療に比して有利と考えうる［Ishii 2016］。生体外遺伝子治療は患者に投与する前に，体外で遺伝子が設計通りに導入されたか細胞を念入りに検査できる。一方，生体内遺伝子治療は患者体内の一部の細胞で遺伝子が導入されるため，一度投与したら後は患者の容体の推移を見守るしかない。同様に，リスク管理の面で生体内ゲノム編集治療より生体外ゲノム編集治療の方が優位とみなしうる。以上の議論は遺伝子操作を医療に使う場合であるが，ドーピングに利用する場合，人体への投与の段取りが簡便なアプローチが選ばれるかもしれない。すなわち，目的の遺伝子を搭載

したウイルスベクターや細菌のプラスミド DNA の投与のみで済む生体内遺伝子治療あるいは生体内ゲノム編集治療のアプローチの方が，細胞培養，遺伝子操作，改変した細胞の保管などで，細心の取扱いが必要な生体外遺伝子治療や生体外ゲノム編集治療のアプローチよりも積極的に検討されそうである。実際，運動選手による遺伝子ドーピングではないが，バイオハッカーが自社製品プロモーションのため，ゲノム編集の酵素遺伝子を含むプラスミド DNA を自己注射するパフォーマンスを披露したことがある [Zhang 2018]。この生体内ゲノム編集のデモンストレーションは SNS で配信され，少なくとも運動選手がドーピング目的で密かに生体内遺伝子治療のための製剤を自己注射する段取りを世に知らしめてしまった。しかし，組織的に遺伝子ドーピングを企てる場合，生体外遺伝子治療や生体外ゲノム編集治療のアプローチも，運動能力の向上が確からしいのであれば選択されるだろう。具体的には，すでに承認事例がある免疫不全やがんに対する生体外遺伝子治療製剤と同様，骨髄や血液などの体細胞を遺伝子操作し，移植する試みもありえる。

　2014 年，ロシアが国家としてドーピングを実施したことが発覚し，その罰則としてロシアは主要な国際大会への出場が 4 年間停止となったことが記憶に新しい [BBC 2016]。よって，競技で勝利するために遺伝子ドーピングを使うという決意があり，また組織的に準備し，実行する体制もあるならば，生体内，生体外のいずれの遺伝子操作技術も選択肢になりうる。さて，運動選手の個人レベルでは，大きな効果の持続を期待して，遺伝子ドーピング利用を検討する際，自身の健康への悪影響についてはどう考えるだろうか。第 1 節で述べた通り，健康あるいは命を脅かす恐れがある薬剤などは，禁止されているにもかかわらず，競技に不正利用され，ドーピング事件が起きてきた。その経緯をみれば，遺伝子ドーピングを企てる選手の一部は，そのリスクを真摯に考えて思いとどまるとは考えにくい。

遺伝子ドーピングのアプローチ

　体細胞の遺伝子ドーピングで具体的にどのように遺伝子操作するかについては 2 つ可能性がある。1 つに，遺伝子組換え技術あるいはゲノム編集技術を用いてアスリートの細胞内に遺伝子を導入し，その遺伝子が発現することで運動

機能の向上をもたらすやり方である。この方法はゲノム編集を使えば，ゲノム
の狙った部位に遺伝子を組み込むことができ，内在の遺伝子の機能に影響が及
ばなければ，先述のフランスにおける遺伝子治療試験でおきたような白血病発
症といった副作用を回避できるかもしれない。そのような安全な組み込み先は
Genomic safe harbor（GSH，ゲノムの安全な避難場所）とよばれ，その候補として
AAVS1，CCR5 や ROSA26 の遺伝子座*が示唆されている［Sadelain et al. 2012］。
しかし，これら遺伝子座が GSH として実際に有効かはまだ十分確認されてい
ない。もう 1 つの遺伝子操作の方法は，アスリートの体内の細胞に内在する
遺伝子の一部を改変することである。具体的には内在の遺伝子に塩基挿入ある
いは欠損の変異をさせ，機能破壊するか，その塩基配列を一部変えて生じるタ
ンパク質の機能を変える方法である。この遺伝子操作も遺伝子組換え技術より
ゲノム編集の方が実施は容易である。

　以下それぞれの遺伝子操作のドーピング手順を具体的に考えてみよう。まず
遺伝子導入については，すでに承認例がある造血幹細胞*を対象とする遺伝子治
療に沿って考えると，骨髄から造血幹細胞を体外にとりだして遺伝子操作し
て，体内に戻す，あるいは遺伝子操作のためのウイルスベクターを骨髄に穿
刺，注入するアプローチが考えられる。この遺伝子操作を持久力向上のために
ドーピングに利用する場合，どのような遺伝子が導入されるだろうか。導入す
る遺伝子の候補はヒトゲノム研究の成果から見出すことができる。オリンピッ
クで 3 つの金メダルを獲得したスキー選手，エーロ・マンティランタ*選手は，
生来，エリスロポエチン（EPO）受容体遺伝子に変異があり，これが競技に有
利に働いたと考えられている［Epstein 2013］。この遺伝子変異があると過剰な
造血を抑える EPO 受容体の機能不全となり，EPO 産生のブレーキがききにく
くなる。その結果，彼の血中の赤血球数は極めて高くなり，クロスカントリー

＊**遺伝子座**　染色体上に存在する特定の遺伝子の位置のこと。
＊**造血幹細胞**　自己複製と分化をへて，血液の成分となる細胞群（赤血球，白血球，血小板）を生み
　出すことができる幹細胞の一種。
＊**エーロ・マンティランタ**　フィンランドのクロスカントリースキー選手。後年になって先天的に赤
　血球の量が一般の人よりも多いという遺伝的特質を備えていたことが分かった。

スキーで高い耐久性を発揮したと考えられている。彼と同様のタイプの EPO 受容体遺伝子を造血幹細胞に組み込む，あるいは造血幹細胞に内在の EPO 受容体遺伝子を変異させるアプローチが検討されそうである。そのように遺伝子操作した造血幹細胞が体内で自己複製と分化する限り，血液細胞が作られ，全身に行き渡る。その結果，選手の体内で赤血球レベルはマンティランタのように高レベルとなるかもしれない。一方，ゲノム研究の結果から一部の人々で筋肥大をもたらす遺伝子変異が見つかっている。筋肥大を抑制するマイオスタチン遺伝子（MSTN）に変異があると筋肥大となることが判明している。これは短距離走のような瞬発力などで有利となりそうな形質である。実際に，運動選手の中にはこの MSTN 変異を持つ人がいる［Schuelle et al. 2004］。この遺伝子に着眼したドーピングの効果的な実施には，筋細胞でのマイオスタチンの機能を大きく減じる必要があるため，変異型 MSTN 遺伝子の導入ではなく，アスリートの体内の細胞に内在する MSTN を変異させるゲノム編集を利用するであろう。基礎研究としては，トリの足の筋肉組織にウイルスベクターを用いて，MSTN を欠損変異させる CRISPR-Cas9 を送り込んだところ，その生後 14 日のトリの筋肉細胞で MSTN 変異を確認し，転写抑制まで確認されている［Xu et al. 2020］。既述のバイオハッカーが自分の腕の数か所に注射したプラスミド DNA も MSTN を標的とするように作られた CRISPR-Cas9 遺伝子を含むものであった。しかし，この DNA 自己注射に効果があったと客観的に確認はされていない。筋組織の相当な割合の細胞にプラスミド DNA を導入しなければ筋肥大，ひいては運動能力の向上は難しいのかもしれない。したがって，体細胞の遺伝子ドーピングが，運動に直接関わる組織の多くの割合の細胞が遺伝子操作されなければ形質変化は期待できないものの，組織の一部の細胞の遺伝子操作で形質変化が見込まれるのであれば，一定のドーピング効果はあるかもしれない。

遺伝子ドーピングを見抜けるか

　こうした見通しにたつと，違反を承知で遺伝子ドーピングを試みる選手がでてきそうであり，不正行為が行われたか否か検査する必要がある。既述のとおり，ドーピング対策として採血や検尿などで違反の有無を調べられる。造血幹

細胞への変異型の EPO 受容体遺伝子の導入を例にとると，遺伝子を操作した造血幹細胞から作られる赤血球には核がない（ヒトを含む哺乳類では一般的である）が，白血球を調べれば，遺伝子組換えで変異型 EPO 受容体遺伝子の組み込みは同定可能である。つまり，血液検体中の細胞を DNA 検査して，ゲノムに複数の当該遺伝子コピーが挿入されている，あるいは，本来の遺伝子座とは異なる部位に，あるいは GSH の候補遺伝子座に変異型遺伝子のコピーが組み込まれていれば，ドーピング違反の有力な証拠である。一方，ゲノム編集を使って造血幹細胞に内在する EPO 受容体遺伝子を変異させた場合，タンパク質の形態の CRISPR-Cas9 のヌクレアーゼを，EPO 受容体遺伝子を標的とするガイド RNA とともに細胞に導入した場合は，それらタンパク質や RNA は通常速やかに分解されるため，このアスリートが先天的にもっていた変異なのか人為的に遺伝子操作した結果なのか判別困難である。また，この懸念は一塩基単位で改変する塩基編集を利用した場合は顕著にあてはまる。むろん，このような体細胞の遺伝子ドーピングを行った場合，体内にはゲノム編集を受けた血液細胞と遺伝子改変されていない血液細胞のモザイク*となる。しかし，生まれつき遺伝的モザイクの人は存在するため，モザイクをもってドーピングの決定的な証拠とはならない。

　効果は疑わしいが，上腕の骨格筋の一部に MSTN を変異させるゲノム編集を施した場合を考えよう。本遺伝子ドーピングの検体を入手すべく採血や検尿をしても用が足りるものではない。ゲノム編集の酵素などを注射した上腕の骨格筋から生検*をしなければならない。しかし，そもそも，採血や検尿と違い，筋生検は人体への侵襲度が高く，このようなサンプリングを選手全員に一律に求めた場合，ドーピングをしていないアスリートのパフォーマンスを損なう恐れもあるため，第三者による通報やドーピングの可能性を示唆する生体パス*

＊**モザイク**　体の一部が遺伝的に異なる細胞により構成された個体の状態のこと。
＊**生検**　組織の一部または細胞を切り出し顕微鏡などにより詳しく検査すること。生体組織診断，バイオプシーのこと。
＊**生体パスポート**　バイオロジカルパスポートともいう。スポーツ選手において，生体内にもともと存在する物質を一定期間観察し，異常な変動がないかを記録しドーピングの有無を検出する方法。

ポートの確度の高いデータがない限り，筋生検実施のハードルは極めて高そうである。したがって，すべての遺伝子ドーピングを検挙することは現段階では，困難とみられる。仮に筋生検を行っても，MSTN遺伝子を変異させるゲノム編集を先述したCRISPR-Cas9のヌクレアーゼタンパク質を使う場合，内在のMSTN遺伝子に変異があっても，調べた細胞にたまたま変異があるにすぎないと主張されれば，意図的な遺伝子操作の痕跡とは認めがたいであろう。

　したがって，選手の体細胞への遺伝子ドーピングは，遺伝子操作された体細胞によっては，また内在性の遺伝子の一部を改変するゲノム編集が利用されれば，検査の実施自体が困難，あるいは検査を行っても違反認定が難しい可能性がある。

（ⅱ）改良型選手の作出

　遺伝子操作技術の進歩は，アスリートへの遺伝子ドーピングとは別の問題をもたらす可能性がある。それは，技術的には，生体外遺伝子治療に類似した側面があるが，根本的に異なる次元の遺伝子ドーピングである。すなわち，夫婦が自分たちの将来の子が特定の競技に有利となる能力を備えて生まれるべく，遺伝子操作を伴う生殖手技（生殖細胞系列の遺伝子操作）を利用する，いわゆるデザイナー・ベビーの問題である。具体的には，培養系でヒトの誕生に至る可能性がある精子や卵子などの生殖細胞，あるいは1細胞の時期の受精卵（生殖細胞系列とよぶ）に遺伝子操作を行い，遺伝子検査を元に選別された胚を女性の子宮に移植する（図2）。

遺伝子改変人間は古くて新しい問題

　遺伝子工学のヒト生殖への応用に対する懸念の声は遺伝子組換え技術が普及した頃からあがっていた。その重要なものとしては，米国医学，生物医学，行動研究に関する倫理問題検討委員会が1982年に公表した報告書「スプライシングライフ：人間に対する遺伝子工学の倫理社会問題に関する報告書」である[U.S.President's Commission 1982]。その中で，その人の遺伝子操作で区別すべき重要な点は遺伝性，非遺伝性の違いを認識すべきという点が強調された。遺伝性とはデザイナー・ベビー作出における遺伝子操作の結果が生殖を経てさらに先の世代に伝承される特性をさす。後者の非遺伝性とは遺伝子治療の特性，す

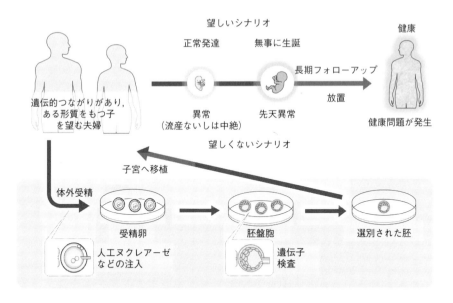

図2　遺伝性のゲノム編集による生殖のフローと起こりうるシナリオ

なわちその影響がその患者にとどまる体内の一部の体細胞を改変する特性であ
る。ゆえに，この報告書は人で非遺伝性となる遺伝子操作は許容しうるが，遺
伝性の操作は格段の注意が必要と指摘したことに意義がある。しかし，遺伝性
の遺伝子操作の諸問題の分析としては十分とはいえない。当時，まだアメリカ
においても遺伝子治療の開発が本格的に始まる1990年の8年前であり，体細
胞よりも，生殖細胞系列の方が遺伝子操作のより高い精度が要求されるため遺
伝性となる遺伝子操作の倫理問題を深く検討する合理性，また問題であるとす
る説得力ある根拠も認めがたい状況であった。しかし，当時から現代にいたる
まで1つ確かに言える問題は，非遺伝性の遺伝子改変では身体の一部の細胞
のみが遺伝子操作される。対して，生殖細胞系列の遺伝子操作の影響は出生子
の全身に及びうる。その影響は目的とする治療効果のみならず，健康を害する
副作用もありうる。全身の細胞が操作されてしまったら，単一の細胞ならとも
かく，人間の身体全体にわたる修復は不可能である。この全身にわたる遺伝子
操作の不可逆性は，遺伝子改変された人が生殖すれば，その次世代にも及ぶこ

とも相まって，生殖細胞系列の遺伝子操作の際立った特徴となっている。振り返ると，遺伝子組換え技術は正確さや効率と技術的問題があり，そのため生殖細胞系列の遺伝子操作に利用することは非現実的であった。一方，90年代末から2000年初頭にかけてアメリカでヒト卵子に第三者のミトコンドリアDNAを注入する不妊治療研究が実施され，この生殖細胞系列の遺伝的操作の不可逆性は，倫理的問題を引き起こした。この卵子細胞質移植のケースの詳細は，改めて第3節で触れる。

ゲノム編集児の作出

ごく最近，生殖細胞系列の遺伝子を直接操作して，遺伝子変異させた子を誕生させる事件が起きた。2018年11月25日，中国の賀建奎・南方科技大学副教授は動画サイトで世界を驚愕させる研究成果を喧伝し始めた［He 2018］。ゲノム編集の1つのタイプ，CRISPR-Cas9を使い，体外でヒト受精卵のCCR5遺伝子をあえて“変異”させ，胎内移植したところ，双子の女児ルルとナナ（仮称）が“健康に誕生”したと主張した。この主張を裏付ける論文は投稿されたが，すべて却下された。しかし，中国当局が賀らは実際にCCR5を変異させた子を誕生させたことを認め，中国の法規に照らして有罪判決をする事態に発展した。彼らの研究の目的を以下考える。賀の動画によれば，マーク（仮称）と紹介された夫はエイズ患者で，妻グレース（仮称）と相談し，洗浄した彼の精子を顕微授精する際，わが子が先々遭遇しうるHIV感染に対する抵抗性をもつように，CCR5遺伝子の一部を変異させるCRISPR-Cas9の酵素を注入する“遺伝子手術”に同意したという。中国ではHIV感染していると差別を受けることがあるとされる。わが子にHIV感染抵抗性を付与し，差別にあうことを回避させてあげたい，そんな親御心が垣間見える。また，先天的にCCR5変異をもち，HIV感染抵抗性をもつ人は欧米に実在するため，科学的に合理性がある研究に聞こえる。このゲノム編集を使った受精卵に内在する遺伝子を変異させる操作は，遺伝子改変の結果からみると，外部から遺伝子を導入する遺伝子組換えや第三者由来のミトコンドリアDNAを注入する卵子細胞質移植と異なり，著しく不自然ではない。賀らの主張に寄ればルルとナナは健康に生まれた。しかし，先天的にCCR5変異をもつ人はウエストナイルウイルスに

感染しやすくなるという知見がある［Grass 2006］。そもそも，CCR5 は白血球の表面に発現するタンパク質で免疫に関与する。また，彼らの実験データは一部公開されているが，オフターゲット変異の有無の検査が不十分である恐れも指摘されている［Regalado 2019］。彼らの研究は，人として誕生に至る可能性がある受精卵を遺伝子改変による HIV 感染抵抗性の付与という科学的目的の達成のために，生まれる子のリスクを顧みずに実行した人実験であると中国の人々を始め世界中から指弾された。中国政府は双子の健康は今後，追跡調査されるというが，この遺伝性の遺伝子操作に同意した親はわが子に施した遺伝子操作の深刻さを痛感し，研究参加に同意したことを後悔しているに違いない。結局，賀と共同研究者である医療者 2 人は中国の法廷で有罪と判決された［Normile 2019］。

　実際のところ，CCR5 を変異させ，生まれる子に遺伝させる操作により，HIV 感染抵抗性の付与が可能なのだろうか。その双子たちに HIV を感染させるとすれば，まさに非倫理的行為であるが，賀らは CCR5 変異児から免疫細胞を採取して細胞実験で感染抵抗性を確認しようとしていた。はたしてゲノム編集を使う生殖細胞系列の遺伝子操作で生まれる子の運動能力に関わる形質を変えることは可能か？　倫理的問題を別とすれば，その回答は「可能」となる。すでにヒツジ，ウシ，ブタなどの家畜の受精卵に MSTN を変異させるゲノム編集のヌクレアーゼを導入して，筋肥大をもたらすことは実証されている［Ishii 2017］。しかし，それら家畜育種実験では多くの受精卵や代理母を使い，流産，オフターゲット変異などが起きており，人でこのような行為を行った場合は，倫理的に問題であろう。

遺伝子改変人間の競技参加は違反か

　体細胞に対する非遺伝性の遺伝子操作自体は，特に生体内遺伝子操作はアスリートが試薬や製剤を入手できれば単独で実施可能かもしれない。一方，遺伝性の遺伝子操作によるドーピングは組織的な支援を受けなければ実行困難であり，また長期プロジェクトとなるから膨大な資金が必要となる。しかし，中国のゲノム編集児の事件は，そうした支援を受けて長期に進めることができる環境であれば，ドーピング目的の遺伝性の遺伝子改変を実行しうることを示唆し

ている。ならば，そのドーピング検査は可能なのだろうか？　生殖細胞系列の
ゲノム編集から生まれる子は，遺伝子治療（遺伝子組換え）とは異なり，標的
（あるいは標的外の）遺伝子の変異部分以外は明らかに異常にはみえない。そう
した変異をもつ子は通常の出産をへて誕生しうるためである。個々のアスリー
トの生物学的状態の変化を把握しておき，ドーピングの判定材料とする生体パ
スポートは非遺伝性の遺伝子改変では有効かもしれないが，遺伝性の遺伝子改
変では生来の遺伝子操作された状態が基準となるため有効ではないようにみえ
る。すべてのアスリートから複数の組織の生検サンプルを提供させ，ゲノム解
析したとしても，ドーピングの確かな証拠が得られるとは考えにくく，またそ
のような検査自体，生検の負荷や個人情報の保護の観点から倫理的に問題とな
り，実施困難となりそうである。仮に，あるアスリートが遺伝性の遺伝子操作
を経て競技に参加したことが判明した場合，ドーピング違反として，記録や勝
利の剥奪，出場停止などの処分が科されるのだろうか？　第1節（1）で説明
したとおり，ドーピングとは「スポーツにおいて禁止されている物質や方法に
よって競技能力を高め，自分だけが優位に立ち，勝利を得ようとする行為」で
あり，意図的であるかどうかに関わらず，ルールに反する競技能力を高める
「方法」や，その行為を「隠すこと」も含まれる。この定義に愚直に従うな
ら，遺伝性の遺伝子操作を経て生まれたアスリートはドーピング違反となる可
能性はある。しかし，遺伝子改変はアスリート本人が生まれる前に実施されて
おり，当人の故意ではなく，また過失でもないことは明らかである。遺伝性の
遺伝子操作を使い，スポーツに秀でたデザイナー・ベビーを誕生させる行為は
ドーピングとみなしうるが，その操作を経て生まれたアスリートその人を違反
者として罰則を科すのは慎重な検討を要するのではないか。

　第2節では，遺伝子ドーピングの定義を確認した後，遺伝子組換え技術に
比べ，ゲノム編集技術はより多様な遺伝子改変を正確で高効率に実施できるこ
と，アスリートがドーピングに不正利用した場合，操作する遺伝子や細胞に
よっては効果がありそうだが，その検査は実施困難となりうることを述べた。
また，ゲノム編集の登場により中国では遺伝性の遺伝子操作の事件が起き，そ
の影響がスポーツ分野に及んだ場合，規制の緩い国で競技に有利になるように

遺伝子操作された子が作出される可能性がありそうである。しかし，その遺伝子ドーピングは家族，そしてスポーツにおいて，遺伝子操作の不可逆性や全身性に起因するさまざまな問題を生みそうである。

③ ●● 遺伝子ドーピングの問題

（1）今取り組む問題か

　2003 年以来，WADA は禁止方法の 1 つとして，競技能力を高める可能性のある遺伝子および細胞ドーピングを明記しているが，今日まで，その違反ケースは知られていない。近い将来，遺伝子ドーピングに手に染めるアスリートが現れる可能性があるため，先取して禁止を打ち出したに過ぎないようにみえる。遺伝子ドーピングを，今，切実な問題として扱うべきだろうか？

　第 1 節で回顧したとおり，ドーピングが医療進展の利益を不正利用して起きた経緯を考えると，遺伝子ドーピングに対する先取対応は一理あるだろう。対して，実際に違反者が出ていないにもかかわらず，潜在的な遺伝子ドーピングの問題に競技団体が多大な労力，時間，コストを投入して対策を講じようとするのは費用対効果に見合わないという意見がありそうである。この意見は，禁止措置の施行に重要な遺伝子ドーピングの検査体系は，身体への遺伝的介入という一見アスリートの身体アイデンティティと重複してみえる結果をもたらすため［Puchowicz et al. 2018］，十分確立されていないことから理解できるところがある。事実上，遺伝子ドーピングは禁止というルールの周知のみが行いうることであるが，はたして，目下ドーピングの脅威が確認できていないにもかかわらず，施行に難がある禁止ルールに意義があるのだろうか。このような指摘に対して，まず，触れなければならないのは遺伝子ドーピングの定義の再確認である。ドーピングの概念にはドーピングを隠すことも含まれる。従来，違反事例が認められていなくとも，遺伝子ドーピングが実際に行われたが発覚していない可能性がある。すでにふれた通り，元チームメイトから告発されるまで，ドーピングをしていたアームストロングは自転車競技大会「7 連覇」を成し遂げた。告発がなければ，その連勝記録は有効であり，今も称えられている

はずである。これはスポーツ哲学上問題である。また，検査体系はまだ確立されていないからといって，遺伝子ドーピングの禁止のルールに意義がないとはならない。再掲となるが，JADAはドーピングを「スポーツにおいて禁止されている物質や方法によって競技能力を高め，自分だけが優位に立ち，勝利を得ようとする行為」と定義している。スポーツの公正の観点で，遺伝子操作の競技利用に問題を認めるため，禁止しているのである。したがって，不正事例の有無やルール施行の可能性が禁止表へのリストアップを妨げることにはならない。

　一方，2011年に開催された2つの国際陸上競技会に参加した2167人の選手を対象に，応答者の匿名を保障するランダム化調査を行ったところ，それぞれの大会で43.6％と57.1％と，およそ半数の選手がドーピングを行ったと推定されている［Ulrich et al. 2018］。この数値は決して好ましい状況ではないが，逆説的にスポーツ哲学の観点からドーピングの問題にとりくむ必要性を強調している。生物医学分野における遺伝子改変技術の進歩を照らして遺伝子ドーピングが行われると予見されるなら，スポーツ団体は遺伝子ドーピング検査体系の確立を進めるとともに，公示，教育，研修，他機関との連携を通じて禁止を周知していかなければならない。しかし，その周知においてはドーピングの一形態として遺伝子ドーピングを説明するにとどまるならば周知の徹底は難しいかもしれない。逆に，遺伝子ドーピング固有の問題点を説明できるなら説得力は増すであろう。

（２）遺伝子ドーピングの問題点

　JADAによるドーピング定義「スポーツにおいて禁止されている物質や方法によって競技能力を高め，……」を眺めても，遺伝子ドーピング固有の問題は見出せない。そこで，「物質や方法によって競技能力を高め」というフレーズを遺伝子操作による介入と帰結の観点から洞察することで，以下，固有の問題

＊ランス・アームストロング　アメリカの元自転車競技の選手。ツール・ド・フランスで7連覇したものの，ドーピング違反によりタイトルが剥奪され，自転車競技からの永久追放の処分を受けた。

を探求する。

（ⅰ）非遺伝性の体細胞の遺伝子操作

　人体を構成する細胞数は 37 兆個と見積もられ，約 260 種類あるとされており，体細胞と生殖細胞に大別される。体の細胞の多くは細胞分裂をしながら身体の恒常性を保っている。細胞の分裂には細胞固有の限界があり，これに達すると寿命となる。上皮細胞の寿命は 1 日程度，赤血球は約 4 カ月，骨の細胞は約 10 年といわれるが，心筋細胞や神経細胞の多くは分裂せずに生涯機能し続ける。

　体内に投与された化学薬剤やタンパク質製剤の多くは数時間から数日で速やかに分解，代謝，排泄される。その介入の効果は体内に留まる時間内となる。第 2 節で述べた通り，遺伝子操作による人体への介入は，生体外遺伝子治療や生体内遺伝子治療（生体外ゲノム編集治療や生体内ゲノム編集治療も含めて）のアプローチを問わず，遺伝子改変された細胞が分裂限界に達して寿命を迎える，数カ月から数年，あるいはそれ以上の長期間，介入の影響が及びうる。遺伝子操作技術をドーピングに利用しようとするアスリートにとって，細胞そのものを操作する介入で効果が持続する「可能性」は大いに魅力があると考えられる。まず，先述した通り，遺伝子ドーピングの検査体系はまだ未確立である。操作する細胞をドーピング検査の対象となりにくい生検が困難な細胞，たとえば筋組織や神経組織などにすればドーピング発覚を免れる可能性は高いかもしれない。また，効果が長期に持続するならば，生体パスポートなどで異常値として発見されるリスクを回避しうる。また，長期にわたる効果により体内投与の機会を競技毎ではなく，競技人生の中で計画すればよいことになる。これにより製剤入手の手間が減り，そこからドーピングが発覚するリスクを減らせるかもしれない。

　しかし，体細胞の遺伝子操作により効果が持続することは，副作用がある場合も同様に身体に悪影響が及び続けることになる。むろん，副作用が認められたら，治療をしなければならなくなるが，体の細胞に施してしまった遺伝子改変自体は元に戻すことはできない。遺伝子操作された細胞が分裂限界を迎え，寿命を迎えるまで症状が続くため，その対処療法を行うほかない。第 1 節に

てふれた，フランスで実施された生体外遺伝子治療の試験でおきた事故［Hace-in-Bey-Abina, Salima et al. 2008］では，被験者の小児 10 人の内 4 人が，がん関連遺伝子の近くに想定外に治療用遺伝子の組み込みが起き，白血病を発症した。彼らは遺伝子組み込み細胞を投与されて 3 〜 6 年ほどたって発症したが，それまで白血病の病変が起き，数年かけて進行していったと考えられる。4 人の内 1 人はがん治療の甲斐なく死亡してしまった。遺伝子ドーピングでこのような副作用が起きたら，記録更新や勝利どころか，競技生活は台無しとなり，最悪の場合は命を落としてしまう。

　ヒト体細胞の遺伝子操作について強調したいのは，目的と異なる操作結果となってもほぼ修復できない点，すなわち人体への不可逆的な遺伝的介入という特性である。遺伝子を操作する技術自体はゲノム編集の登場を見てもわかる通り，改善し，進歩するであろうが，操作する対象であるゲノムは個人間で0.1％ほど異なり，また遺伝子以外のゲノム領域の役割や機能は不明な点が多い。そのため，遺伝子操作による影響はある程度不確定となろう。この不可逆的かつ不確定な介入は，リスクと利益を慎重に比較衡量しつつ，重篤で有効な治療法がない疾患の患者の救済のためなら使用は許容されるが，スポーツにおける記録更新のため，勝利のために使うのは妥当ではない。これが社会で多くの人々が共有する遺伝子操作の利用に対する見方である。しかし，当事者の視点から考え直してみると，遺伝子操作の目的は違うものの，難病の患者にとって，またアスリートにとっても遺伝子操作は一度しかない人生をよりよく生きる拠り所に映る場合もありそうなことに気づく。なぜなら，苦境に直面した人にとって，自己のゲノムあるいはそれを構成する遺伝子を直接操作することは自己の生の在り方を改善あるいは改良する大きな効果があると映りそうだからである［Blendon et al. 2016］。自己に対する直接的かつ不可逆的な遺伝的介入こそ，遺伝子ドーピングの大きな問題点の 1 つであるということを強調したい。この介入特性は遺伝子ドーピング検査を困難にする側面もある。

（ⅱ）遺伝性の生殖細胞系列の遺伝子操作

　1982 年のアメリカのスプライシングライフ報告書では遺伝性の遺伝子操作について深く考察はできていなかった。当時は遺伝子組換え技術の治療（遺伝

子治療）の開発が始まる 10 年ほど前であり，遺伝性の遺伝子操作の問題を現実の問題として検討し難い状況があった。第 2 節で述べた通り，近年，多様な遺伝子改変を高効率に実施できるゲノム編集技術の登場により生殖細胞系列の遺伝子操作の実行性が向上した。実際，中国では遺伝子変異児の作出事件が起きたことを紹介した。その影響がスポーツ分野に及んだ場合，規制の緩い国で競技に有利になるように遺伝子操作された子が生み出される可能性がある。この遺伝子ドーピングは家族，そしてスポーツにおいて，どのような帰結をもたらし，その主要な問題点は何か？

・親が子の誕生を決めること

　現在，先進国では親となる機会は一生に一度か二度しかない。その貴重な機会に，リスクのある生殖細胞系列の操作を使おうとする夫婦が現れるだろう [Ishii 2018]。1978 年，イギリスにおいて，卵管閉塞で不妊の女性が体外受精を受けて女児が生誕した。そして体外受精は原因が不明な不妊に，またレズビアンカップルなどの家族形成のために使われるようになり，またたくまに世界中に普及した。1990 年には男性不妊の治療のため，顕微鏡下で卵子を保持し，1 つの精子をピペットで強制的に受精させる顕微授精が実施され，挙児に至った。体外受精と顕微授精の登場により，ヒト配偶子を体外で 1 つずつ操作し，受精，発生させ，胚を選別し，女性の子宮に選ばれた胚を移植することができるようになった。

　1997 年，アメリカの生殖医療クリニックは遺伝性の遺伝子操作を行い，世界初の生誕を達成したと報告した [Cohen et al. 1997]。それは細胞核ではなく細胞内小器官ミトコンドリアを操作する顕微授精の一種で，卵子の質に起因すると考えられる不妊の治療研究として実施された。ミトコンドリアは細胞の中で生物学的エネルギー ATP を産生する発電所のような役割を担っている。卵子の質劣化とミトコンドリアに関連があると考え，正常に機能するミトコンドリアを外添できないかという生殖研究である。具体的には，不妊女性の卵子に，第三者から提供された卵子のミトコンドリア（核とは異なる DNA を有する）を多く含む細胞質の少量（劣化卵子の体積比にして約 10 ％ほど）を，精子とともに注入

する。この卵子細胞質移植で生まれる子は両親の核ゲノムの DNA と母親と第三者の女性のミトコンドリア DNA と，3 個人に由来する DNA を有することになる。またその子が女性の場合，彼女の子にも第三者の女性由来ミトコンドリア DNA を伝承させることになり，遺伝性の遺伝子操作とみなしうる（男性の場合，受精後ミトコンドリア DNA は分解されるため，その先の世代に影響はない）。操作は異なるが，DNA を外添する点では遺伝子組換え技術と似た側面もある。しかし，この生殖実験は社会から広く非難される結果となった。この生殖手技を受けた女性の中で妊娠中，同じ染色体異常（XO：X 染色体が 1 つ欠損）が 2 人生じ，1 人は流産，もう 1 人は XO の胎児で減胎する手術を受けた。さらに 13 夫婦から 17 人の子が生まれたが，その内の 1 人の子が一種の発達障害と診断を受け，米国食品医薬品局は以後，このような危険な生殖研究は当局の許可なく実施してはならないと通達を出した［Ishii and Hibino 2018］。

　この不妊治療に向けた卵子細胞質移植研究の帰結から垣間見られる親の強い意向は，遺伝的つながりがある子を得たいという希望である。この実験的生殖手法の家族的な意義は，第三者由来の僅かなミトコンドリア DNA は子に受け継がれるものの，父母由来の核 DNA（総 DNA の 99.9 ％を占める）は保持される点である。親子間の遺伝的つながりに拘わる夫婦が，第三者の女性から提供をうけた卵子を直接生殖に利用せず，その一部をつかって不妊治療できるか確かめる生殖研究に同意した。しかし，その実験的な生殖手法ゆえに，染色体異常のあった胎児は流産し，また中絶され，また，出生子の 1 人が発達障害と判明するといった有害事象がおきた。非遺伝性の遺伝子操作では，それに同意あるいは決心した本人がそのリスクを負う。一方，遺伝性の遺伝子操作の場合，その状況が大きく異なり，遺伝的つながりのある子を得たい親の同意の下，実行された遺伝性の遺伝子操作のリスクを直接被るのは，同意をしていない胎児や出生子である。社会的には，ある行為を承知していないにもかかわらず，その損害を被るのは道理に合わないという見方が多勢であろう。しかし，生殖医療の背景には，その見方を堅持しにくい事実がある。私たちの生はすべて親たちが決めた。そして，機会があれば，次は私たちが親として子をもうける。私たちは皆，同意して誕生していないし，また私たちの子をもうけるにあたり，

その子の同意を得ることもできない。

・親による子のための遺伝子改変

　近年，生殖細胞系列の遺伝子操作は不妊治療目的ではなく将来の子の福祉の
ためなら許容するという動きがあった。2015 年，イギリス議会は，卵子や受
精卵で核移植を行い，細胞質をほとんど置換するミトコンドリア提供と呼ばれ
る２つの手技を法的に解禁する決定を行った［Ishii and Hibino 2018］。卵子中の
ミトコンドリア DNA の遺伝子変異が原因となり，中枢神経や筋肉に異常をき
たすミトコンドリア病の子への遺伝を予防する目的である。生殖細胞系列の遺
伝的操作を目的問わず法や公的指針で禁止する国は多いが，イギリスは世界初
の明確に認める国となった。この章を執筆している 2021 年 7 月現在，イギリ
スではまだミトコンドリア提供の成功例はないが，イギリス外ではミトコンド
リア提供を不妊治療目的で提供するクリニックが現れた。ウクライナにある生
殖医療クリニックはミトコンドリア提供で健康な子が誕生したと発表し，ウク
ライナ国外からこの手技を希望する夫婦を受け入れているという［Nadiya
2020］。イギリスでは遺伝子疾患の遺伝予防と不妊治療は目的が全く異なり，
区別可能という見解にたっている。一方，ミトコンドリア病の子を授かった女
性はその前に何度かの流産を経験していることがおおく，病気の遺伝予防でミ
トコンドリア提供を受けることは，不妊治療ともみなしうるため両者の区別は
実質困難にみえる。

　生殖医療は，ひとたび社会に導入されると目的を変えて利用が拡大する傾向
がある。よって，卵子細胞質移植やミトコンドリア提供を使用して，スポーツ
に有利な子をもうけようとする夫婦が現れそうである。世界レベルのアスリー
トの遺伝的解析から，特定のタイプのミトコンドリア遺伝子が持久力に関係す
るかもしれないとする研究報告が度々発表されてきたが，慎重な解析からその
ような遺伝子タイプがあるという根拠は目下ないというのが定説になりつつあ
る［Rankinen et al. 2016］。それでも，正確な遺伝学的知識をもたず，偏向した遺
伝子の見方をする夫婦が特定タイプのミトコンドリア DNA をもつ第三者の女
性から卵子を提供してもらい，自分の子を長距離選手として活躍できるように

遺伝的にデザインしたいと希望したら，その生殖ニーズに応えようとするクリニックも現れるだろう。だが，ミトコンドリア提供を使っても，完全にミトコンドリアを置換できるわけでなく，この手技から生まれる子は2人の女性由来のミトコンドリア DNA を継承するため，DNA 検査をすれば，遺伝性の遺伝子操作によるドーピングを行ったと判定できそうである。

　将来のわが子がアスリートとして大成することを願う夫婦が，規制の緩い国に渡航して，ゲノム編集を使い，たとえば EPO 受容体遺伝子や，MSTN 遺伝子を変異させる遺伝性の遺伝子操作で子をもうけるとしたら，ドーピング検査は有効に機能するのだろうか。また，有効だとしてもそのように誕生した人を違反とすることは妥当だろうか。ミトコンドリア DNA の操作と異なり，ゲノム編集を使った操作は現在のところ，非常に判断が難しいといわざるをえない。一方，倫理的な見地からこの遺伝子ドーピングの正当性を考えることはできる。こうした夫婦は皆，冷静に子と親にとっての遺伝子操作の不可逆性のリスクと獲得する形質がもたらす利益の内容や程度を適切に比較考量できるだろうか？

・子への不可逆な遺伝子改変の強制

　ドーピングは通常，アスリート本人が特定競技で記録更新をめざし，また勝利するために行う。すなわち，アスリート本人の決意あるいは同意をもってその本人に施される。遺伝性の遺伝子操作は生殖細胞や胚に対して行われるため，生まれていない本人は決意も同意もできない。その遺伝子操作の影響は期待通りに全身の細胞に及びうる。その結果，持久走あるいは短距離走といった，特定のタイプの競技に適する身体を子に与えるかもしれない。しかし，生後，それとは別の競技に関心を持った場合，子にとって親の希望に基づいて設計された身体を強制されたと映るかもしれない。そのように感じた子は親の期待に沿ってその競技の練習を懸命に続けるとは考えにくい。スポーツが本人の関心や意向を尊重しながら行われる文化活動なら，そのような身体の強制は倫理的に問題がある。

　逆に，遺伝性の遺伝子操作の結果，期待通りの遺伝子改変にならなかった場

合も慎重に考える必要がある［Ishii and de Miguel Beriain 2019］。親の観点から考えると，妊娠中に出生前診断を受けて，胎児が意図された遺伝子改変となっていないことが判明したら，卵子細胞質移植でもそうであったが，人工妊娠中絶を選択することもありえる。胎児の全身におよんだ遺伝子改変は修復できないためである。しかし，そうしたリスクがある遺伝性の遺伝子操作を利用したことによりわが子をあきらめる結果となり，多くの親は悲嘆するであろう。もし，子の誕生後にその期待通りではない結果が判明した場合，親子関係は順調に育まれるであろうか？　最悪の結果として，意図しなかった遺伝子改変により子が先天異常やがんなどを負った場合，その親にとって受け入れがたい結果であろう。親よりも受け入れがたいのは，そうして生まれた本人である。なぜなら，親が希望したスポーツのためにそのような害を強制されたからである。しかし，親はその子に産まれる前に遺伝子操作が行われた事実を伝えるとは考えにくい。卵子細胞質移植を利用した親たちのほとんどは子にその遺伝性の遺伝子操作から生まれたことは伝えていない。しかし，これは到底，道理に合うようにはみえない。

　したがって，スポーツのための遺伝性の遺伝子操作から生じる緒問題の根源は，将来の子への遺伝子介入とその全身性かつ不可逆性と考えられる。

おわりに

　本章では，まず，遺伝子操作技術をスポーツに不正利用する遺伝子ドーピングは，競技で，また社会で問題を引き起こし，スポーツの公正さを損なうため禁じられていることを振り返った。また，体細胞の遺伝子ドーピングは予想外の遺伝子改変となった場合，その修復は困難であり，アスリートに健康リスクをもたらしうることや，遺伝子操作技術の飛躍的進歩でドーピングを「隠すこと」が容易になり，検査を困難にしている現状を確認した。一方，近年，普及したゲノム編集を生殖細胞系列の遺伝子操作に利用し，その効果を全身の細胞に波及させ，特定の競技に有利な人間を作出する行為が現実味を帯びつつあることを指摘した。しかし，遺伝性の遺伝子操作は，このように生まれる人の意思を無視して，ある競技に特化した身体を，また先天的に健康リスクを強制す

るため，文化活動としてのスポーツに脅威となるであろう。

　遺伝子ドーピングを防ぐためには，スポーツ界で禁止ルールを設けるのみでは限界がある。社会で広く強制力をもつ法規制の制定が有力な選択肢となるが，遺伝子操作技術は医療応用の可能性があるため，医療や生命倫理の分野と連携していく必要がある。こうして制定される社会的な規範の下，遺伝子操作技術の実行に必要な試薬の流通や利用者の制限などが施行可能となるかもしれない。しかし，そのような社会規範を制定・施行できても，遺伝子ドーピングを完全に防ぐことはできないだろう。ドーピングに手を染める人々の徳に問題があるためである。彼らは社会からの信頼に基づくスポーツの公正を無視して，記録更新や勝利必達，またそれがもたらす利益のため，自身に，また自分たちの将来の子に禁じられている遺伝子介入を施す。アスリート自身に，またその親になりたい夫婦の徳に問題がある以上，遺伝子ドーピングはなぜ問題なのか教育や研修などを通じて啓蒙していくことが不可欠である。その際，遺伝子ドーピングが社会で広く引き起こす諸問題の根源は，身体への遺伝的介入の不可逆性また全身性にあると強調することは有意義であろう。

文　献

Araki, Motoko, and Ishii, Tetsuya.［2016］Providing Appropriate Risk Information on Genome Editing for Patients. *Trends Biotechnol.* 34(2): 86-90.

BBC［2016］Russia state-sponsored doping across majority of Olympic sports, claims report. *BBC* https://www.bbc.com/sport/36823453（2020年7月1日アクセス）

Blendon, Robert et al.［2016］The Public and the Gene-Editing Revolution. *N Engl J Med*; 374: 1406-1411.

Cohen, Jacques et al.［1997］Birth of infant after transfer of anucleate donor oocyte cytoplasm into recipient eggs. *Lancet.* 350(9072): 186-187.

Epstein, David［2013］*The Sports Gene: Inside the Science of Extraordinary Athletic Performance.* p.266-281. Current, published by the Penguin Group, NY, USA.

G. Pope, Jr., Harrison et al.［2014］Adverse Health Consequences of Performance-Enhancing Drugs: An Endocrine Society Scientific Statement. *Endocr Rev.* 35(3): 341-375.

Glass, Willian G. et al.［2006］CCR5 deficiency increases risk of symptomatic West Nile virus infection. *J Exp Med.* 203(1): 35-40.

Hacein-Bey-Abina, Salima et al.［2008］Insertional Oncogenesis in 4 Patients After

Retrovirus-Mediated Gene Therapy of SCID-X1. *J Clin Invest.* 118(9): 3132-3142.

He, Jiankui [2018] About Lulu and Nana: Twin Girls Born Healthy After Gene Surgery As Single-Cell Embryos https://www.youtube.com/watch?v=th0vnOmFltc（2020年7月1日アクセス）

Hutchinson, Brendan et al. [2018] Social validation: a motivational theory of doping in an online bodybuilding community. *Sport in Society.* 21(2): 260-282.

I. G. Holt, Richard et al. [2009] The history of doping and growth hormone abuse in sport. *Growth Hormone & IGF Research.* 19(4): 320-326.

Ishii, Tetsuya [2017] Genome-edited livestock: Ethics and social acceptance. *Animal Frontiers.* 7(2): 24-32.

石井 哲也 [2017]『ゲノム編集を問う――作物からヒトまで』岩波新書 1669。

Ishii, Tetsuya [2018] Global Changes in the Regulation of Reproductive Medicine. In: Skinner M., editor. *Encyclopedia of Reproduction 2nd Edition. Volume V: Reproductive Medicine Assisted Reproduction*: Elsevier; p.380-386.

Ishii, Tetsuya [2019] Raising Gene Therapy for Unmet Medical Needs in Japan. *JMA J.* 2 (1): 73-79.

Ishii, Tetsuya and Hibino, Yuri. [2018] Mitochondrial manipulation in fertility clinics: Regulation and responsibility. *Reprod Biomed Soc Online.* 5: 93-109.

Ishii, Tetsuya and de Miguel Beriain, Iñigo. [2019] Safety of Germline Genome Editing for Genetically Related "Future" Children as Perceived by Parents. *CRISPR J.* 2(6): 370-375.

JADA [2020] アンチ・ドーピングとは　https://www.playtruejapan.org/about/（2020年6月29日アクセス）

環境省 [2019] ゲノム編集技術の利用により得られた生物であってカルタヘナ法に規定された「遺伝子組換え生物等」に該当しない生物の取扱いについて．平成31年2月8日　環自野発第 1902081 号。

Kayser, Bengt et al. [2007] Current anti-doping policy: a critical appraisal. *BMC medical ethics,* 8, 2. doi: 10.1186/1472-6939-8-2

Keith, Joung J. [2015] Unwanted mutations: standards needed for gene-editing errors. *Nature* 523, 158.

Kim, Jungeun and Kim, Jin-Soo. [2016] Bypassing GMO regulations with CRISPR gene editing. *Nature biotechnology* 34, 1014-1015.

Kimmelman, Jonathan. [2008] The ethics of human gene transfer. *Nat Rev Genet.* 9(3): 239-244.

Lundby, Carsten et al. [2013] The evolving science of detection of 'blood doping'. *Br J Pharmacol.* 165(5): 1306-1315.

Nadiya [2020] World Map of Our Patients. http://dl-nadiya.com/（2020年7月1日アクセス）

Normile, Dennis [2019] Chinese scientist who produced genetically altered babies sentenced to 3 years in jail. *Science* https://www.sciencemag.org/news/2019/12/chinese-scientist-who-produced-genetically-altered-babies-sentenced-3-years-jail

マカー, ジュリエット [2014]『偽りのサイクル──堕ちた英雄ランス・アームストロング』洋泉社。

Ono, R. et al. [2015] Double strand break repair by capture of retrotransposon sequences and reverse-transcribed spliced mRNA sequences in mouse zygotes. *Scientific reports* 5, 12281, doi: 10.1038/srep12281.

Puchowicz, Michael J. et al. [2018] The Critical Power Model as a Potential Tool for Anti-doping. *Front Physiol.* 9: 643. doi: 10.3389/fphys.2018.00643

Quirk, Frances H [2009] Health psychology and drugs in sport. *Sport in Society.* 12(3): 375-393.

Rankinen, Tuomo et al. [2016] No Evidence of a Common DNA Variant Profile Specific to World Class Endurance Athletes. *PLoS One.* 11(1): e0147330. doi: 10.1371/journal.pone.0147330

Rees, Holly. A. & Liu, David. R. [2018] Base editing: precision chemistry on the genome and transcriptome of living cells. *Nature reviews. Genetics* 19, 770-788.

Regalado, Antonio [2016]. The World's Most Expensive Medicine Is a Bust. MIT Technology Review. May 4, 2016. https://www.technologyreview.com/2016/05/04/245988/the-worlds-most-expensive-medicine-is-a-bust/（2020 年 7 月 1 日アクセス）

Regalado, Antonio [2019] hina's CRISPR babies: Read exclusive excerpts from the unseen original research. MIT Technology Review https://www.technologyreview.com/2019/12/03/131752/chinas-crispr-babies-read-exclusive-excerpts-he-jiankui-paper/（2020 年 7 月 1 日アクセス）

Sadelain Michel et al. [2012] Safe harbours for the integration of new DNA in the human genome. *Nat Rev Cancer.* 12:51-58.

Savulescu, Julian et al. [2004] Why we should allow performance enhancing drugs in sport. *Br J Sports Med.* 38(6): 666-670.

Schuelke Markus, et al. [2004] Myostatin mutation associated with gross muscle hypertrophy in a child. *N Engl J Med.* 350:2682-2688.

Tebas, Pablo et al. [2014] Gene Editing of CCR5 in Autologous CD4 T Cells of Persons Infected with HIV. *N Engl J* Med. 370:901-910.

U.S. Food and Drug Administration (FDA) [2020] Cellular & Gene Therapy Guidances. https://www.fda.gov/vaccines-blood-biologics/biologics-guidances/cellular-gene-therapy-guidances（2020 年 6 月 29 日アクセス）

U.S.President's Commission for the Study of Ethical Problems in Medicine and Biomedical and Behavioral Research. [1982] *Splicing Life. A Report on the Social and Ethical Issues of Genetic Engineering with Human Beings*. November 1982.

UCI [2012] Union Cycliste Nationale Press Conference on the Biological Passport. Jun 8, 2012. https://www.uci.org/news/2012/uci-press-conference-on-the-biological-passport-152862（2020 年 7 月 1 日アクセス）

Ulrich, Rolf et al. [2018] Doping in Two Elite Athletics Competitions Assessed by Randomized-Response Surveys. *Sports Med*. 48(1): 211-219.

WADA [2020] 2020 年禁止表国際基準（日本語翻訳）https://www.playtruejapan.org/code/provision/world.html（2020 年 7 月 1 日アクセス）

Wang, Haoyi et al. [2013] One-Step Generation of Mice Carrying Mutations in Multiple Genes by CRISPR/Cas-Mediated Genome Engineering. *Cell*. 153(4): 910-918.

Xu, Ke et al. [2020] Effective MSTN Gene Knockout by AdV-Delivered CRISPR/Cas9 in Postnatal Chick Leg Muscle. *Int J Mol Sci*. 21(7): 2584.

Xu, Lei et al. [2019] CRISPR-Edited Stem Cells in a Patient with HIV and Acute Lymphocytic Leukemia. *N Engl J Med*. 381: 1240-1247.

薬事日報 [2019]【中医協で了承】「キムリア」薬価は 3349 万円 -CAR-T 療法，保険適用へ 5 月 17 日 https://www.yakuji.co.jp/entry71950.html（2020 年 7 月 1 日アクセス）

Zhang, Sarah. [2018] A Biohacker Regrets Publicly Injecting Himself With CRISPR. FEBRUARY 20, 2018 https://www.theatlantic.com/science/archive/2018/02/biohacking-stunts-crispr/553511/（2020 年 7 月 1 日アクセス）

Zou, Jizhong et al. [2009] Gene targeting of a disease-related gene in human induced pluripotent stem and embryonic stem cells. *Cell Stem Cell*. 5(1): 97-110.

I

CHAPTER 2

遺伝子ドーピングの検査手法の開発研究について

竹越一博

はじめに

　「遺伝子ドーピング」は，ゲノム編集技術の登場により不正利用が非常に懸念されている。遺伝子ドーピングとは，治療を目的としない競技力向上が目的（エンハンスメント）の人体における遺伝子改変である。従って，遺伝子操作を行った組織にのみ改変遺伝子が発現し，これまでは血液や尿からは検出が不可能とされていた。当然，アスリートから遺伝子検査目的で筋生検をはじめ各種の組織生検を行うことは，侵襲性が高く事実上不可能である。

　現在，いくつかの遺伝子ドーピング検査法の研究が進められているが，技術的にも倫理的にも課題は少なくない。その中で，とくに，がん診断で利用されている血中 cell free DNA（cfDNA）を用いる体細胞変異の非侵襲的検出技術「リキッドバイオプシー」の応用は極めて有用と思われる。ただし，遺伝子ドーピング技術のみならず，その検出法の開発技術自体がさまざまな倫理的な問題を内包しており，社会的な側面からの理解も必須である。つまり，単に検査法を開発すれば済む問題ではなく，実装に至る前にスポーツ倫理を初めとする学際的な議論が必要であることを強調したい。

＊ cell free DNA（cfDNA）　細胞が破壊されたり死滅して生じる DNA のこと。健常者ではその多くが血球系細胞に由来し，がん細胞由来のものはこれと区別される。

① ●●競技スポーツ界におけるドーピング検査

　遺伝子ドーピングの検査法について述べるまえに，まず，競技スポーツ界におけるドーピング検査の歴史について触れておきたい。竹村によれば，競技者に対して公式のドーピング検査を実施するようになったのは，20世紀後半である［竹村 2017］。19世紀より続く多くのドーピング報告を背景に，1999年に世界アンチ・ドーピング機構（WADA）が設立され，ドーピングの取り締まりが一元化されるようになった。スポーツ界におけるドーピング検査は，WADAが設立される以前は，各国際競技連盟に依存していたのである。

　ドーピング検査が一元的に導入された当初，ドーピング検査は，競技期間中にのみ行われていた。しかし，この方法だと，蛋白同化ステロイド*など長期的な効果がある薬剤を適切に検出できないことが判明してきたのである。大会が始まる前に服用を中止すると，競技会中のドーピング検査では検知できないが，薬剤が体内から排出された後も効果は持続するため，不正にドーピング検査をすり抜けることが可能となる。この問題が明るみになると，当該問題に対処するために，競技期間外における検査の実施が始まった。居場所情報登録選手*が対象となるが，該当競技者は居場所情報の提出が義務付けられており，プライバシーにもかかわる形で検査が実施されているのが現状である。このように，ドーピング技術が進展すれば，それを取り締まるための検査方法も厳しくなり，さらに競技者のプライバシーが制限されることにつながる，といった構図が見えてくる。

　また，年々ドーピング検査は厳しく取り組まれてきている。ドーピング技術が高度化し，それに対応するためにドーピング検査も強化せざるをえないのが現実である。一例を挙げるならば，各競技者の生化学，生理学的な変化を継続

＊**蛋白同化ステロイド**　物質からタンパク質を作り出す作用を有する化合物の総称。治療で広く使用されるステロイド（副腎皮質ホルモン）とは異なり筋肉増強性を有する。副作用として，精神的，身体的な変化を生じる。
＊**居場所情報登録選手**　事前通告なしのドーピングの競技外検査のために，居場所情報を提供する必要があるが，その検査対象となる選手のこと。

的に観察することができる生体パスポートの登場などが指摘できよう。

　さらに，遺伝子ドーピングの場合は，検査の対象が究極の個人情報である遺伝情報に及ぶ事実を忘れてはならない。これまで以上に，ドーピング検査方法に内在する倫理的問題については，慎重に考える必要性がある。

②●● 遺伝子ドーピングへの対応の重要性

　21世紀を迎えヒトゲノムが解析されて以降，スポーツ界でも遺伝子操作を援用したドーピング，いわゆる「遺伝子ドーピング」に対して注目が集まった。2003年には，そのような懸念を背景にWADAが策定している「禁止表」に，遺伝子ドーピングが「禁止されるべき方法：M（method）」として組み込まれた。2012年以降は，「CRISPR-Cas9」というゲノム編集技術が登場し，当技術がスポーツ界において遺伝子ドーピングとして悪用される懸念が年々高まっている。実際，2018年には，WADAによってこのゲノム編集技術を用いた遺伝子ドーピングが禁止事項（M3）として追加・明記されたのである。

　PART Ⅰ CHAPTER 1でもみたように，現在，遺伝子ドーピングは，その検出は非常に困難とされており，確立された検出方法が世界的にみても存在しないことは極めて問題である。公には，遺伝子ドーピングによる規則違反は世界的にも1例も報告されていない。しかしながら，実際に遺伝子操作技術やゲノム編集技術を用いたドーピングを施行，あるいは施行を試みた者がいる可能性は否定できず，今後もその可能性は存在しつづけるなど，状況は不透明である。

　このように，技術の急速な発展に伴い，遺伝子ドーピングに対する懸念は年々高まっており，遺伝子ドーピングに対する取り組みは非常に注目されている［読売新聞 2019］。ゲノム編集技術の不正な使用を含めた遺伝子ドーピングの検出法を確立することは急務であるとともに，極めて重要である。

③ ●●遺伝子ドーピングとは──その検出困難性について

　遺伝子ドーピングと一言で言っても，その内実はどのようなものであろうか。まずは，その具体的に想定されている技術を確認しておきたい。2020年時点でのWADAによる遺伝子ドーピングの定義は，以下の通りである。

　1）何らかの作用機序によってゲノム配列および／または遺伝子発現を変更する可能性がある核酸又は核酸類似物質の使用。以下の方法が禁止されるが，これらに限定されるものではない。遺伝子編集，遺伝子サイレンシングおよび遺伝子導入技術

　2）正常な，あるいは，遺伝子を修飾した細胞の使用

　この定義をみてもわかるように，遺伝子ドーピングの射程は広範囲に及んでいる点がうかがえるだろう。ゲノム編集技術の進歩はすさまじいものがあり，禁止の対象をなるべく広範囲に設定しておきたいという意図が見て取れる。すなわち，外因性遺伝子の導入による遺伝子ドーピングだけではなく，たとえばゲノム編集技術による内在遺伝子の微細な改変なども視野に入れられている。

　具体例を挙げると，赤血球増加により持久力向上に寄与するEPO遺伝子の改変など，特定遺伝子に狙いを定めて検査するのではなく，それ以外の遺伝子が狙われる可能性がある場合は，全ゲノム解析をすることが想定されよう。しかしながら，すべてのゲノムを解析するということは，特定個人の遺伝情報をすべて知ることにつながり，倫理的に大きな問題を含むのである。このように，検査技術が確立されたとしても，実用化に至るまでには，大きな壁が立ちはだかる。

　先述したように，遺伝子ドーピングの検査手法の開発も実装に至るまでには困難を伴っており，世界的にも実用化が確立されていない状況である。現実的な問題として，経済的課題，技術的課題，さらには倫理的課題が山積する中で，1つずつ研究を前に進め，検査手法を確立していくことは，競技スポーツ界にとってもきわめて重要である。

　改めて説明をするが，遺伝子ドーピングの1つに，治療を目的としない競技力向上が目的（エンハンスメント）の体細胞操作がある。この体細胞操作とは，遺伝子治療と同様に，ある組織に限定して人為的に変異を導入することで，後天的な変異つまり体細胞変異を作ることである。理論的には，「CRISPR-Cas9」を始めとするゲノム編集技術を用いてある限定した組織の「内在性遺伝子」に体細胞変異を導入する場合，もしくは「外因性遺伝子」をベクターなどにより特定の組織に限定して発現させた場合，いずれにおいても，それらは限局して発現しているため，血液や尿からは検出が不可能で遺伝子ドーピングの探知は困難であるとされた［Takemasa et al. 2012］。他方，現役のアスリートから遺伝子検査目的で筋生検や組織生検を行うことは，侵襲性を考えると事実上不可能であることから，非侵襲的，あるいは侵襲度が低い検体（血液や尿）を用いた遺伝子ドーピングの検出法開発が必要不可欠と言えよう。

　以上のような困難性がある中で，日本では2020年東京オリンピックは，1年延期後の2021年に終了しているが，今後も国を挙げてこの検出法開発を推進する必要があろう［竹越 2020-2021］。以下，遺伝子ドーピング検査開発研究の最前線について説明する。

④ 遺伝子ドーピングの低侵襲的検出法の開発
——リキッドバイオプシーのコンセプトの応用

　リキッドバイオプシーとは，ガンの遺伝子診断の方法で，腫瘍組織を用いず，血液・尿中の腫瘍由来の cfDNA（cell-free circulating DNA=cfDNA）組織に特異的で後天的な遺伝子変異（体細胞変異）を確認する手法のことである。

　腫瘍組織からは常に体細胞変異を起こした腫瘍細胞が産生されて，その一部は cfDNA として流血中に放出されていることから，より感度と精度が高くなったとされるドロップレットデジタル PCR（droplet digital PCR, 以下，ddPCR）や次世代シーケンサー（next-generation sequencer, 以下，NGS）を用いて腫瘍の診断や治療効果の判定に用いられる。たとえば肺がんの診断では，以前は侵襲的な開胸手術や肺生検を行い肺がん腫瘍組織から DNA を得ていたが，最近はさ

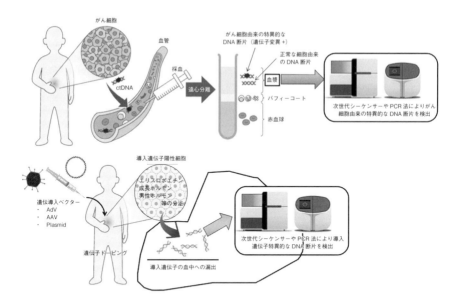

図 1　リキッドバイオプシーの原理（上段）と遺伝子ドーピング検査への応用（下段）
実験医学　2016 年 4 月号　Vol.34 No.6 より引用，一部改変

　まざまな遺伝子変異を，リキッドバイオプシーによって末梢血からの cfDNA
を利用することで，侵襲的な手技なしで反復して得られることからすでに実用
化されている［竹越 2020］。

　以上から検査能力の優れた遺伝子ドーピングの非侵襲的な検出法としては，
リキッドバイオプシーを応用することが好ましいと思われる。そこで筆者ら
は，「遺伝子ドーピング」において，血中 cfDNA を用いる「リキッドバイオプ
シー」のコンセプトの応用が可能かどうか，動物モデルを用いて下記のように
実証を進めてきた。

＊**ドロップレットデジタル PCR**　（バイオラッド社のデジタル PCR 技術）これまでに使用されている
　PCR による解析法とは異なり，検量線を作成することなく DNA の絶対定量が可能な技術。極限ま
　で希釈したサンプル DNA を微小区画に分散し，増幅させた PCR 産物を測定する。
＊**次世代シーケンス**　DNA/RNA の配列を決定する技術の中で，長い DNA 塩基配列を同時に決定で
　きる技術で，ゲノムすべてを解読することも可能である。

① アデノウイルス[*]を用いた遺伝子ドーピング動物モデルを作成し，末梢血の血球分画が最も最適な検体であることを証明した。ただし，アデノウイルスに組み込んだ遺伝子は mCherry と呼ばれるサンゴ由来の遺伝子で，翻訳されると赤色に光る以外に機能はない [Sugasawa et al. 2019]。

② 遺伝子ドーピングへ使用されうるエリスロポエチン（EPO）遺伝子を組み込んだ Naked plasmid の検出系を確立した [Aoki et al. 2020]。

③ プラスミドを用いた遺伝子ドーピング動物モデルの構築：レポーター遺伝子（ルシフェラーゼ：翻訳されると光る以外に機能はない。）であるルシフェラーゼ発現プラスミドを，遺伝子治療研究に使われるカチオン性ポリマーと共にマウスの腹腔へとして投与し，血中 cfDNA からルシフェラーゼを含むプラスミドの情報が検出可能であることを示した [Sugasawa et al. 2020]。

④ アデノウイルスに「実際に生体で機能する遺伝子」として，ヒトのエリスロポエチン遺伝子（hEPO）を組み込み赤血球が増加するモデルを作製した。アデノウイルスに機能する遺伝子，今回はヒトのエリスロポエチン遺伝子（hEPO）を組み込みマウスに静脈注射した。アデノウイルスは肝臓に集まり，同所でヒトエリスロポエチンタンパクへの翻訳から血中への放出を経て，実際に赤血球が増加するモデルを作製した。本モデルにおいても，上記①②③で証明した方法により末梢血の血球分画から外因性 hEPO を検出できた [Sugasawa et al. 2021]。

「リキッドバイオプシー」の技術的な問題点としては，人為的に改変した DNA が極めて微量な場合が想定され，同定が困難な点が予想されることである。もし遺伝子ドーピングを行った場合，アスリートの血液中の cfDNA の大部分が白血球などの正常細胞由来の DNA で占められており，このような場

＊**アデノウイルスベクター**　2本鎖 DNA のウィルス。遺伝子を運ぶベクターとして利用され，感染した細胞の核に DNA を移行させることができる。染色体に取り込まれることはなく，一過性で子孫に受け継がれることはないという特徴がある。

表1　遺伝子ドーピング検査の「遺伝子検査」の中の立ち位置

	先天性（生殖細胞系列変異） Germline	後天性（体細胞変異） Somatic
単一遺伝子病 （病気の診断が可能）	医学的な診断の根拠として使われる場合が多く，標準的な診断法とされる場合もある （例；褐色細胞腫の遺伝子診断） 不変 親兄弟に遺伝する 不利益もあるので倫理のハードルが高い	肺がん，膵がん，大腸がん等々が多い （臨床で使われる） 遺伝しない **遺伝子ドーピング**
多因子遺伝病 （病気のリスク判定，診断はできない）	ヘルスケア関連企業の体質遺伝子診断 （DTC：肥満，高血圧，IQ など医学的には診断の根拠にならない	
使用可能な検体	核（核の中に DNA）がある組織なら OK（頬の粘膜，かみの毛，採血した白血球（リンパ球））	変異のある組織のみに限局 （例；肺がんなら肺生検） 但し cfDNA は例外的に末梢血や尿から検出可能

合，NGS を用いて DNA の配列決定を行う際に，微量な人的変異と配列決定時のエラーとの判別が困難となる。NGS では同一の領域の塩基配列を何度も読むことができ，この回数をデプスと表現する。デプスを大きくすることで従来法よりも格段に微量な変異の同定が可能となる（deep sequence 法）。すなわち，遺伝子ドーピングの改変遺伝子が「外因性遺伝子」もしくは「内在性遺伝子」のどちらであっても，ターゲットになる改変遺伝子が「ごく微量」かつ「分解を受けて一過性の発現」が想定される場合は，極めて微量の改変遺伝子の検出が求められることになり，NGS の deep sequence 法に適応となろう。変異の位置がわかっているときは定量 PCR の1つであるデジタル PCR が最も感度が高い（たとえば一本釣り）。しかし，変異の位置がわからない場合は NGS が有用である（たとえば底引き網）。

　技術的には NGS のデプスを大きく設定することは有効であるが，他方でどのようなタイミングで NGS の deep sequence 検査を施行するは全く不明で，検査の回数および間隔の設定の問題（1回でいいのか？　複数回必要なのか？　その

場合の間隔は？）等々，今後の検討課題は多い。更に，NGS のデプスを大きくすることに伴う検査費の高騰は問題になろう。

⑤ ●● 検査の実装を考えた場合の倫理的問題について

「遺伝子ドーピングそのもの」のみならず「遺伝子ドーピング検出法の運用」はさまざまな倫理的な問題を内包している。従って，検出法の実装に至る前に，スポーツ倫理学を初めとする学際的なアプローチが必要である。

　まず NGS を用いる検査法自体が倫理的に問題になることが予想される。すなわち，NGS 技術によるゲノム・遺伝子解析の急激な高速化は，多数あるいはすべての遺伝子を一度に解析することを可能にしており，多数・網羅的な遺伝子解析の観点から，新たな考え方や体制が求められる。遺伝子ドーピング検出検査も，がん細胞のゲノム・遺伝子検査と同様に本質的にヒト体細胞遺伝子の検査であるが，意図しない生殖細胞系列の遺伝子変異の同定につながる可能性も有り，いわゆる 2 次的所見の懸念もある。

　2 次的所見について具合的に説明をすると，たとえば，10 種の遺伝子を同時に調べるパネル検査で本来目的としない想定外の遺伝子に病的変異が見つかる場合や，網羅的な体細胞遺伝子検査から生殖細胞系列の遺伝子変異が想定可能で同定できるといった場合が想定され得る。このような 2 次的所見について，即命に係わる場合を除いて目的外には使用しないという原則を共有することなど，具体的な対応法の整備が求められる［日本医療研究開発機構 2020］。

　一方で，即命に係わる場合であっても治療法が確立されていない場合などについては，その事実を知りたくないと思う競技者もいるかもしれない。この「知らないでいる権利」の保障などについて検討しなければならない事項も多く，ルール整備の前に，倫理学的な議論を深化させる必要性があろう。

　加えて対象が「がん患者や難病患者」ではなく，「健康なアスリート」を対象に NGS を用いた遺伝子ドーピング検出検査を施行する場合，「スポーツの公平性の担保」という大義名分のもと，医療倫理の原則の 1 つである「自己決定権」よりも「スポーツの倫理」が優先しやすいという，新たな問題が生ず

る可能性がある。

　言うまでもなく，医療における患者の自己決定権の尊重は，基本的な医療倫理の１つに規定されている。この自己決定権を担保するプロセスとして，インフォームド・コンセントという概念がある。一方で，スポーツの現場でアスリートを対象に行う検査のインフォームド・コンセントは形骸化しやすく形式的な同意書になりやすい。実際，ドーピング検査では同意書はあるものの，拒否するとそれだけでドーピング違反に問われる現状がある。

　たとえば，遺伝子検査の特殊性を考慮して，アスリート本人の意志で遺伝子ドーピング検査を拒否した場合，はたしてそれは「検査の拒否によるドーピング違反なのか（スポーツ倫理）」，はたまた「自己の意志で検査を拒否できるという当然の自己決定権の行使（医療倫理）」なのか，答えを出すのは困難であるが，このような両者の二律背反的な問題が生じうることを理解しておく必要がある。以上より，今後，仮に遺伝子ドーピング検査法が確立されたとしても，これを本当にアスリートに課すことが可能かという問題に対しては，慎重な議論が不可欠である［竹越 2020］。

おわりに

　「遺伝子ドーピング」については，ゲノム編集技術の登場により実用化が非常に懸念されている。対策として，がん診断で利用されている「リキッドバイオプシー」を最適な検査法として研究を進めている。技術的には，特に NGS の応用が鍵となるが，それに伴う検査費の高騰は問題となろう。更に，「遺伝子ドーピングそのもの」のみならず「遺伝子ドーピング検出法の運用」はさまざまな倫理的な問題を内包しており，検出法の実装に至る前にスポーツ倫理を初めとする学際的な議論が必要である。アスリート自身の「遺伝リテラシー」獲得を目指したアンチ・ドーピング活動強化にもつなげていく必要がある。

　本章により「遺伝子ドーピング検査」のさまざまな問題点を知っていただけ

＊**インフォームド・コンセント**　治療や治験を受ける立場の者が，事前に利益のみならず，リスクや負担も説明を受け，その内容を十分に理解し，自らの意思において同意する一連のプロセスのこと。

れば望外の喜びである。

文　献

Aoki, K. et al.［2020］The detection of trans gene fragments of hEPO in gene doping model mice by Taqman qPCR assay. *PeerJ*. Feb 25; 8:e8595. DOI: 10.7717/peerj.8595. eCollection 2020.

日本医療開発研究機構［2020］ゲノム医療における情報伝達プロセスに関する提言―その 1. URL: https://www.amed.go.jp/news/seika/kenkyu/20200121.html（2021 年 4 月 29 日アクセス）.

Sugasawa, T. et al.［2019］Detection of Transgenes in Gene Delivery Model Mice by Adenoviral Vector Using ddPCR. *Genes*, 10:6.

Sugasawa, T. et al.［2020］Detection of Multiple Transgene Fragments in a Mouse Model of Gene Doping Based on Plasmid Vector Using TaqMan-qPCR Assay. *Genes*, Vol. 11, 750 （web 掲載 14 ページ）, (IF: 3.759), DOI: 10.3390/genes11070750. PMID: 32640671. *Double first author.

Sugasawa, T. et al.［2021］Proof of Gene Doping in a Mouse Model with a Human Erythropoietin Gene Transferred Using an Adenoviral Vector. *Genes*, 12（web 掲載 22 ページ）.

Takemasa, T. et al.［2012］Fundamental study of detection of muscle hypertrophy-oriented gene doping by myostatin knock down using RNA interference. *J Sports Sci Med*, 11:294-303.

竹越一博［2020］特集　今知りたい !!　遺伝子ドーピングとその検査――リキッドバイオプシーの応用を主にその社会的側面を含めて. 実験医学, 7：1877-1882. 羊土社.

竹越一博［2020-2021］AdV/AAV ベクターを用いたヒトエリスロポエチン遺伝子ドーピングモデルの構築と, ロボットテクノロジーを融合した検査法の開発. スポーツ庁委託ドーピング検査研究開発事業.

竹村瑞穂［2017］ドーピングの倫理学. 友添秀則編著『よくわかるスポーツ倫理学』. ミネルヴァ書房. pp.64-77.

Yanazawa, K. et al.［2021］Development of a gene doping detection method to detect overexpressed human follistatin using an adenovirus vector in mice. *PeerJ* 9: e12285 DOI: 10.7717/peerj.12285.

読売新聞［2019］遺伝子ドーピング対応急げ. 朝刊 26 面サイエンスオピニオン科学欄.

I

CHAPTER 3

馬産業における遺伝子操作技術と遺伝子ドーピング問題

戸崎晃明

はじめに

　現在，約 500 品種のウマが世界中に存在するが，これは，人類がウマを役畜としてさまざまに利用するため選抜育種（Breeding）した結果である。ウマを利用したスポーツである「競馬」において，従来どおりの選抜育種による競走馬の改良は許容されるが，遺伝子操作による改良は禁止されている。本章では，馬産業における遺伝子ドーピング問題と対策について述べるとともに，家畜への遺伝子操作とフェアスポーツについて考える。

① ●● 人類とウマとの関係

（1）家畜としてのウマ

　ウシおよびブタが食料（食肉・搾乳）を主とした家畜であるのに対し，ウマは労役（移動・運搬）を目的として人類に利用されてきた。家畜ウマの元になった野生種はすでに絶滅したが，現在，世界中に約 500 もの品種として飼養され，競馬や馬術，ポロなどのスポーツをはじめ，さまざまに利用されている。

　ウマに多様な品種が存在するのは人類がウマを利用しやすいように改良した結果である。小型の品種では体重が 70kg 程度であるが，大型の品種では

＊**選抜育種**　品種改良において，有用な表現型をもつ個体群を選抜し，その個体群同士のかけあわせを繰り返して育種すること。

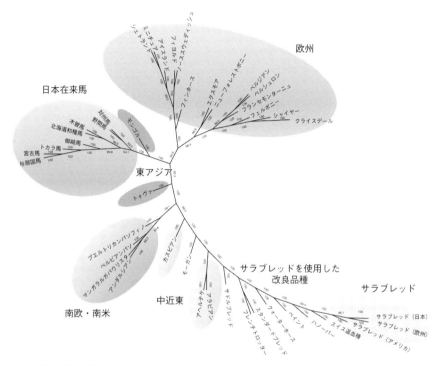

図1　遺伝情報を基に作成した 40 品種の系統関係（[Tozaki et al. 2019] より引用・改変）

1000kg を超える。これらは，すべて同数の染色体（2n=64）をもち同一種であることから，体の大きさを無視すれば交配は可能である（図1）[Tozaki et al. 2019]。

（2）ウマの利用

　現在，ウマの主な利用は，競馬および馬術などのスポーツであるが，アニマルセラピーや愛玩動物，食肉，農業における労役などにも利用されている。

（i）競馬（Horseracing）

　さまざまなスタイルの競馬（平地競走，障害競走，繋駕速歩競走など）があり，60

＊繋駕速歩競走　競走馬に繋駕車を引かせて競走する競馬。

カ国以上で開催されている。競馬は，競技者（騎手など）にとってはスポーツ，ファンにとっては賭事であることから公正に施行されなければならない。また，生産者にとっては，強い競走馬を選抜する場でもあり，勝利を重ねた競走馬のみが，次世代に子孫を残す種牡馬あるいは繁殖牝馬になることができる。このため，不正に競馬が開催されれば，競馬が選抜育種の場として機能しなくなる。

（ii）スポーツ（Equestrian Sports）

ブリティッシュ馬術としては，馬場馬術や障害飛越，総合馬術，エンデュランス，馬車競技など，ウエスタン馬術としては，レイニング（ウエスタンの馬場馬術）やバレルレーシング（タイム競技），カッティング（人馬が仔牛を群れから引き離す競技），ロディオ（荒馬に騎乗する競技）などが知られる。アルゼンチンなどでは，ポロも人気である。

（iii）その他

ウマは，動物介在療法の1つであるホースセラピー*（Equine-assisted therapy）において，古くから利用されている。

②●● 競馬産業のドーピング・コントロール

競馬には，スポーツ，賭事および生産の少なくとも3つの重要な側面があり，これらにおいて不正はゆるされない。

（1）公正競馬とドーピング問題

公正競馬*（Racing Integrity）における懸念事項の1つがドーピングであり，日本においてドーピングは「競馬法*」で禁止され，違反した場合には各種制裁（出場停止処分など）に加え，刑事罰が科せられる。

＊ホースセラピー　馬を使った動物介在療法の1つ。
＊公正競馬　ルールに則って公正に施行される競馬。
＊競馬法　日本における競馬の開催，勝馬投票券，払戻金等など，競馬に関する事項を定める法律。

　ドーピングにおける禁止物質は，興奮薬や利尿薬などの低分子化合物が中心であるが，近年，分子生物学や分子遺伝学などの発展により，遺伝子操作技術の不正利用である遺伝子ドーピングが懸念されはじめた。そのため，国際競馬統括機関連盟は，競馬規則の共通ガイドライン「競馬と生産および賭事に関する国際協約（International Agreement on Breeding, Racing and Wagering, https://www.ifhaonline.org/)」において，2020 年に遺伝子ドーピングの禁止を明示的に示す改訂を行った。

（2）競馬産業における遺伝子ドーピング

　競馬産業における遺伝子ドーピングは，実施時期と手法の相違から，（ⅰ）生産期における遺伝子ドーピング，（ⅱ）育成・競走期における遺伝子ドーピングの大きく 2 つに分類される（図 2）。

（ⅰ）生産期の遺伝子ドーピング

　生産期において懸念される遺伝子ドーピングは，受精卵などに外部の遺伝子を導入あるいはゲノム編集を加え（*in vitro* 操作），遺伝子改変動物を作製する行為である（図 2a）。

　ウマは単胎（多産ではない）であり季節繁殖動物（発情期：2 〜 7 月）であることから卵採取などの困難さはあるが，すでにゲノム編集で改変された胚の作製に成功している（後述）。

（ⅱ）育成・競走段階の遺伝子ドーピング

　育成・競走段階において懸念される遺伝子ドーピングは，従来からある低分子化合物を利用したドーピングと類似し，生後動物への遺伝子ドーピング物質の投与である（図 2）。この場合，遺伝子ドーピング物質を直接的に体内に投与する手法（*in vivo* 操作）（図 2b），血球系幹細胞などを採取して体外で遺伝子操作を加えた後に再び体内に戻す間接的な投与（*ex vivo* 操作）（図 2c）に分けられる。

　ドーピング規制において運動能力を向上させる成長ホルモンやアナボリックステロイドなどの利用が禁止されているのと同様に，これらと類似の作用を示す遺伝子を体内に投与することは，遺伝子ドーピングとしても個別の遺伝子を

生産段階の遺伝子ドーピング（遺伝子改変動物）

a）*in vitro* 操作

移植　　　誕生

受精卵の遺伝子改変操作
（遺伝子導入・ゲノム編集）

妊娠馬

遺伝子改変動物

育成・競走段階の遺伝子ドーピング

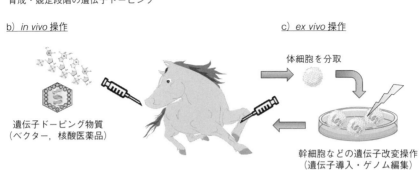

b）*in vivo* 操作

c）*ex vivo* 操作

体細胞を分取

遺伝子ドーピング物質
（ベクター，核酸医薬品）

幹細胞などの遺伝子改変操作
（遺伝子導入・ゲノム編集）

図2　競馬産業における遺伝子ドーピング
生産段階の遺伝子ドーピングは，受精卵などを遺伝子操作することで遺伝子改変競走馬を作出する行為である（a）。育成・競走段階の遺伝子ドーピングは，生後の競走馬に直接的（b）あるいは間接的（c）に遺伝子ドーピング物質を投与する行為である。

指定することで明確に禁止すべきだろう。その理由としては，アナボリックステロイドでは生殖機能障害や攻撃性増加などの副作用が知られ，競技の公正性だけでなく，競走馬の健康と福祉を脅かす可能性が指摘されているからである。

（3）遺伝子ドーピングの技術

　競馬産業で懸念される遺伝子ドーピング技術には，遺伝子導入（Gene Transfer），遺伝子抑制（Gene Silencing），ゲノム編集（Genome Editing）の3つの手法がある（図3）。これらは，遺伝子ドーピングを目的に作製された技術ではなく，もともとは遺伝子治療を念頭に開発された技術である。以下に，それぞれの手法について述べる。

a）遺伝子導入

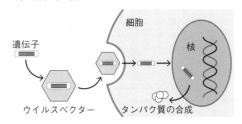

b）遺伝子抑制

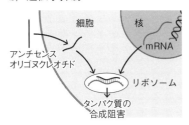

c）CRISPR-Casシステムによるゲノム編集

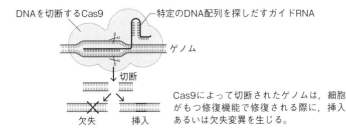

図3　競馬産業における遺伝子ドーピングで懸念される技術

競馬産業における遺伝子ドーピングでは，a）遺伝子導入（Gene Transfer），b）遺伝子抑制（Gene Silencing），c）ゲノム編集（Genome Editing）の3つの技術が主に懸念されている。

（i）遺伝子導入

　遺伝子治療としては，遺伝子導入法（Gene Transfer）が一般に知られ［Hirsch et al. 2016］，導入された遺伝子はトランスジーン（Transgene）と呼ばれる（図3a）。

　先天性疾患の治療法の1つに，酵素補充療法がある。機能欠損した酵素（タンパク質）の補充を目的に，正常な酵素を体外から導入する治療法である。遺伝子導入法による治療は，タンパク質の代わりに遺伝子を投与し，投与された遺伝子からタンパク質を産生させて治療に利用する。

　酵素補充療法では当該酵素を継続的に投与し続けなければならないが，遺伝子導入法による治療では一度実施すれば10年以上の長期にわたって治療効果が期待できる場合がある。

　本法が遺伝子ドーピングとして利用される場合には，運動能力に対してポジティブ（正）に機能する遺伝子が対象となるだろう。例として，造血作用のあるエリスロポエチン遺伝子を導入することで，増加したエリスロポエチンによって赤血球数が増え，結果として持久力が向上するかもしれない。

　遺伝子導入には，アデノ随伴ウイルス（Adeno-associated virus: AAV）ベクターやプラスミドベクターなどが利用されるが，AAV ベクターを全身投与（静脈注射）した場合には，同ベクターが精液中に移行・残存するとの報告もあり，遺伝子治療（ドーピング）中の生殖行為は注意を要する。

（ii）遺伝子抑制

　タンパク質の産生過程では，ゲノム（全遺伝子情報）から mRNA に転写され，翻訳作業を経てタンパク質が合成される。遺伝子抑制（Gene Silencing）は，mRNA に相補的に結合するアンチセンスオリゴヌクレオチドを人工的に作製し，体内（細胞内）に投与することで，遺伝子発現を抑制する（図 3b）[Chi et al. 2017]。製薬企業では，現在，遺伝子抑制をコンセプトとした核酸医薬品の開発が進んでいる。なお，核酸医薬品は，20 ～ 40 塩基程度の核酸あるいは核酸アナログ（後述）で構成される。

　本法が遺伝子ドーピングとして利用される際には，ネガティブ（負）に機能する遺伝子が対象となるだろう。例として，筋肉量を抑制するミオスタチン遺伝子のアンチセンスオリゴヌクレオチドを投与することで，ミオスタチンの筋肉抑制効果が抑制され，結果として筋肉隆々になるかもしれない。

（iii）ゲノム編集

　ゲノム編集（Genome Editing）あるいは遺伝子編集（Gene Editing）は，標的となる DNA 配列を狙って置換，挿入あるいは欠失させる技術である（図 3c）。近年，簡便かつ確実に標的とする遺伝子の改変が可能となったことで，ゲノム編集の臨床応用が現実のものになりつつある [Lino et al. 2018]。

　競馬産業において利用される際には，生産期の遺伝子ドーピングである遺伝子改変動物の作製に利用される懸念がある（図 2a）。本技術を用いて，安全な酪農を目的に「角のない牛」が開発されるなど遺伝子改変動物はすでに存在する [Carlson et al. 2016]。馬においても，ミオスタチン遺伝子をゲノム編集技術

で破壊した胚（7日）の作製にすでに成功している［Moro et al. 2020］。

　CRISPR-Cas システムのゲノム編集では，標的ゲノムが切断された後に，相同組換え（Homologous Recombination）よりも非相同末端結合（non-homologous end joining）によってゲノムが修復されやすい。このため，遺伝子抑制と同様に，ミオスタチン遺伝子などのネガティブ（負）に機能する遺伝子が標的になり，当該遺伝子は機能喪失あるいは機能低下する。ミオスタチン遺伝子を両アレルで破壊した場合は運動能力および体型に影響を及ぼすだけでなく，筋肥大によって舌肥大や呼吸困難，歩行問題のほか，牝馬では難産の恐れもある。これらの形質は，生涯にわたって現れるだけでなく，繁殖に利用されれば次世代に遺伝継承されて集団内からの排除が困難になる。このため，競馬産業にとっては最も懸念すべき遺伝子ドーピングである。

③ ● 遺伝子ドーピング・コントロール

（1）競馬におけるドーピング検査

　アンチ・ドーピングのための有効な施策の 1 つは，ドーピング検査の実施である。競馬におけるドーピング検査は，競技会内検査（In Competition Test: ICT）と競技会外検査（Out of Competition Test: OOCT）に分けられる。ICT においては興奮薬や利尿薬などの短期的に作用する物質が対象になり，OOCT においてはアナボリックステロイドなどの長期間にわたって運動能力に影響を及ぼす物質が対象になる。

　遺伝子操作技術による影響を考慮すれば，構築された改変細胞は体内にある限り作用し続け，長期にわたって運動能力に影響する。このため，遺伝子ドーピング検査は OOCT として実施すべきだろう。検査法の開発には多くの時間と費用を要するため，直ちに検査体制を構築して検査を開始することはできない。しかし，検査を実施しなくとも，将来の検査に備えて，検査材料の採取および保管することは，遺伝子ドーピング行為への抑止的な効果をもたらす。

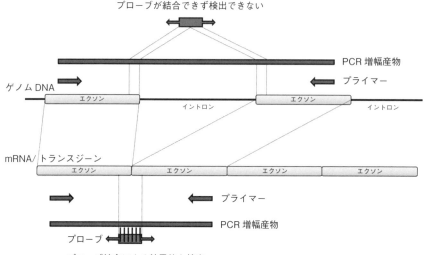

図4　競馬産業における遺伝子ドーピングの検出技術

遺伝子導入法による遺伝子ドーピングの検出技術を示した。異なるエクソン上にPCR増幅するためのプライマーを設計し，エクソン・エクソンの接合部分にプローブを設計することで，トランスジーンを特異的に検出できる。ゲノムにはイントロン配列が含まれることから，プローブでは検出されない。（[Tozaki et al. 2020] より引用・改変）

（2）遺伝子ドーピングの検出法

　ここでは，競馬産業において懸念される遺伝子ドーピング技術である（ⅰ）遺伝子導入，（ⅱ）遺伝子抑制，（ⅲ）ゲノム編集（遺伝子編集）への対策としての検出法を紹介する。

（ⅰ）トランスジーンの検出

　遺伝子治療あるいは遺伝子ドーピングに利用されるトランスジーンは，ゲノム上の遺伝子構造とは異なり，エクソンのみで構成される（図4）。このため，エクソンにPCR増幅のためのプライマーを設計し，隣接する2つのエクソンの結合部にプローブを設計することで，トランスジーンのみを特異的に検出できる（図4）。多数の検出法が開発されているが，概ねこの検出法を採用している [Tozaki et al. 2020]。

　一方，この検出法には，ドーピングを企図した者が意図的にトランスジーンのプライマーおよびプローブ領域の塩基配列を変更した場合に検出が困難となる欠点がある。アミノ酸のコドン表をみれば第3コドンは多様であるため，第3コドンを変更することで，検査法を無力化させることは可能かもしれない。

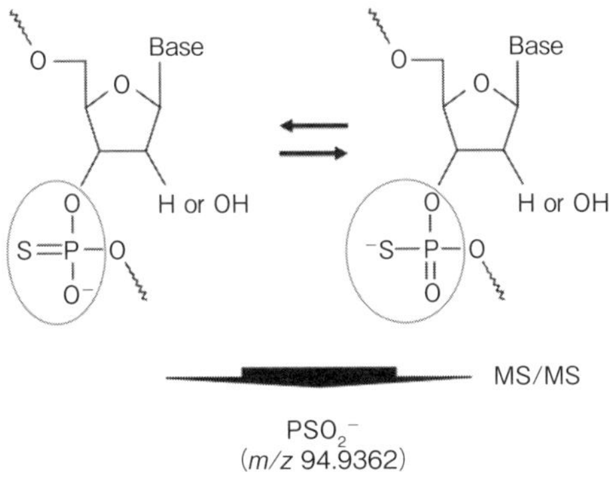

図5　核酸医薬品の検出技術

核酸医薬品に使用される核酸アナログは，ヌクレアーゼ耐性を目的にリン酸基部分がS化修飾されている。このS化修飾部分は，体内に存在しないことから，質量分析装置でPSO$_2^-$（m/z 94.9362）が検出されれば，核酸医薬品の使用を疑うことができる。（[Tozaki et al. 2018] より引用・改変）

（ⅱ）核酸医薬品の検出

　アンチセンスオリゴヌクレオチドなどの核酸医薬品は，20〜40塩基の核酸で構成されるが，未修飾の核酸配列はヌクレアーゼで容易に分解される。このため，医薬品として利用するには，血流中でも安定に存在する核酸アナログを利用する必要がある。

　構造安定のために利用される核酸アナログとしてS化されたオリゴ核酸（Sオリゴ）が利用される（図5）。Sオリゴは，核酸のリン酸部のO（酸素原子）をS（硫黄原子）に置換するホスホロチオアート修飾（S化）され，S化によって核酸と核酸をつなぐリン酸ジエステル結合部の修飾によってヌクレアーゼ耐性となる。

　この修飾に使用されたS基は生体内に存在しない成分であることから，質量分析装置で体内からS基を含む「SO$_2^-$」が検出されれば，核酸医薬品の利用を疑うことができる［Tozaki et al. 2018］。

（ⅲ）ゲノム編集の検出

　ドーピングのための標的となる遺伝子の塩基配列を決定し，ウマに存在しない塩基配列を検出あるいは親子のゲノムを比較して矛盾する塩基配列を検出するといった手法を想定できる。しかし，2万を超える遺伝子が存在するため，

すべての遺伝子を検査することは容易ではない。

　筆者らは，次世代シーケンス技術（Next Generation Sequencer）で全ゲノムをシーケンスする手法の実用化を目指しているが［Tozaki et al. 2020］，全塩基配列情報の取得にウマ 1 頭あたり少なくとも約 12 万円（1000 ドル)かかり，データ解析にかかるサーバの準備など，費用や解析に要する日数の面で検討の余地が残る。

④ ●● ウマの遺伝学的研究と利用

（1）遺伝学的研究

　2007 年に「Horse Genome Project」が完了し，ウマの全遺伝子情報は解読された［Wade et al. 2009］。現在，解読情報を基に競走能力，体型，遺伝病，歩様，毛色，性格などの原因遺伝子が同定され［Tozaki et al. 2010; 2017］，遺伝学的検査をとおして馬産業全般に利用されている。遺伝学的検査には少量のゲノム DNA で検査が可能であることからサンプルとして毛髪（毛根）を利用する場合が多いが，馬主および管理者以外の他者が勝手に毛髪を採取して検査を依頼することもあるため，血液採取も推奨されている。なお，いずれの生体サンプル採取も馬にとっては低侵襲性と言える。

　競走能力に関連する遺伝子として筋肉量を調節するミオスタチン遺伝子［Tozaki et al. 2010］，性格に関連する遺伝子として従順さに貢献するセロトニン受容体遺伝子［Hori et al. 2016］などが同定され，特にミオスタチン遺伝子は出走すべきレースの選択，次世代生産における好ましい配合（牡馬と牝馬の選択）などに利用されている。

（2）遺伝学的検査の利用

　ミオスタチンは，筋肉量を抑制するように機能するため，体内のミオスタチン量が増加すれば筋肉量が減少し，減少すれば筋肉量は増加する。

　サラブレッド競走馬では，MSTN 遺伝子の転写量を調節するプロモーター領域の散在性反復配列の挿入（Insertion: In)・欠失（Deletion: Del）により，ミオ

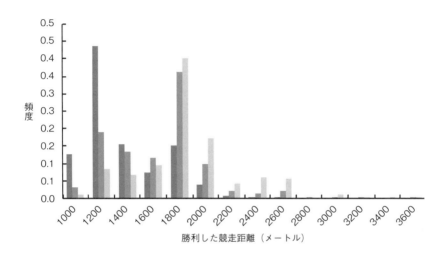

勝利した競走距離（メートル）

図6　ミオスタチン遺伝子の遺伝型と距離別勝利度数の関係

1,023頭のサラブレッド競走馬（雄）の勝利した競走距離を，遺伝型別に集計した。「In/In型（左）」は筋肉量が多く短距離適性，「Del/Del（右）」は筋肉量が少なく長距離適性，「In/Del（中央）」は両者の中間傾向を示した。（［Tozaki et al. 2012］より引用・改変）

スタチン量が変動する［Rooney et al. 2018］。この変動が筋肉量と筋繊維タイプ（速筋・遅筋）の組成を変え，距離適性に影響を及ぼす（図6）。

　競馬のレースは主に1000〜3000mの間で施行され，1000mといった短距離に強い競走馬もいれば，3000mといった長距離を得意とする競走馬もいる［Tozaki et al. 2012］。遺伝情報のみで決まるわけではないが，ミオスタチン遺伝子の遺伝学的検査をとおして，個々の競走馬にあったレースを選択するトレーナーやオーナーは増えている。

（3）遺伝学的検査の容認

　ゲノムあるいは細胞への遺伝子操作は禁止されているが，選抜育種を目的として，遺伝学的検査を利用することは容認されている。遺伝学的検査は，動物

が本来もつ遺伝情報を解読するのみであり，遺伝子操作を加えているわけではないからである。

　また，ウシやブタなどの家畜は，野生動物を人類が利用しやすいように選抜育種することで誕生した。従来は肉量や乳量などの表現型情報を利用して改良していたが，最近では肉量や乳量に関連する原因遺伝子が同定されていることから，遺伝情報が選抜育種に利用されている。

　競走馬においては，肉量や乳量などの代わりに走能力を指標（競走成績など）として改良が行われてきた。家畜改良の経緯を考えれば，走能力の指標に遺伝情報を利用することも受け入れられるだろう。しかし，遺伝学的検査によって得られたデータは，遺伝子ドーピングを目的とした場合では基礎データとなる可能性もあることから，そのためにも遺伝学的検査を利用した遺伝子ドーピング検査技術の発展は不可欠である。

（４）遺伝子ドーピングの可能性

　ヒトのスポーツ分野では，遺伝子ドーピングは 2000 年代初頭から懸念されはじめた。しかし，現在まで，検査法が未熟であったということもあり，遺伝子ドーピングが実施されたという話は，公には報告されていない。ここでは，遺伝子ドーピングの実現性について，筆者の所感を述べる。

　遺伝子ドーピングは，運動能力の向上を目的にした「遺伝子操作技術の不正利用」である。低分子化合物のドーピングでは，すべてではないが医療用医薬品の不正利用によるドーピングが多い。医療用医薬品は一般に流通していることから簡単に入手することが可能であり，また，錠剤あるいは注射剤であることから服用も容易である。

　遺伝子治療薬の入手と服用はどうであろうか。おそらく，入手困難あるいは現状では入手しても服用が困難であり，さらに目的とするドーピング効果を得ることも難しいだろう。主な理由は，医薬品として流通している遺伝子治療薬が極めて少なく，薬効も運動能力を増強させるものではないからである。推定の域はでないが，現状では，不道徳な研究者あるいは研究機関が，独自に遺伝子ドーピング物質を構築して利用することが懸念される。

　ベクター（遺伝子を体内運ぶ道具）に目的遺伝子を組み込み，体内に投与（筋肉注射など）する手法「プラスミド型遺伝子治療」あるいは「AAV 型遺伝子治療」は，すでにウマにおいても臨床研究され，治療効果が期待されている。これらの治療薬は市販されていないものの，研究施設での作製や研究受託メーカーに作製を依頼して入手することは容易である。

　また，遺伝子改変動物の作製は，マウスやラットのみならず，ウシやブタなどの家畜においてもすでに確立した技術である。後述するように，ポロ競技に使用するウマを対象に，クローン馬作製が産業化していることから，これを応用することで，遺伝子改変競走馬の作製も可能と考えられ，警戒しなければならない。

⑤ ●● 最新技術の馬産業への応用と動物の権利

（1）クローン動物の利用と産業化

　クローン動物の作製と利用はサラブレッド競馬（国際競馬統括機関連盟）においては禁止されているが，馬術競技においては禁止されていない［Campbell 2018］。2012 年に国際馬術連盟（Fédération Equestre Internationale: FEI）は，クローン馬の利用を容認するメディア発表を行っている。というのも，競技成績には遺伝情報だけではなくトレーニングなどの環境要因も大きく影響を及ぼすため，クローン馬が必ずしも元の競技馬と同等の成績を残すとは限らないからだ。また，作製されたクローン馬のゲノムは，必ずしも元の個体のゲノムと完全に一致するわけではないことも理由の１つにある。

　しかし，個々の国あるいは地域におけるクローン動物の規制はさまざまである。欧州連合では，2013 年に，欧州委員会がウマを含む５種の動物の食用クローンを禁止する法案を決定した。また，欧州議会は，すべての加盟国に直接適用される規制も作成すべきとし，食品目的以外にも，あらゆる目的でのクローン動物は禁止されるべきとしている。日本においては，食肉の供給体制の改善を目指して体細胞クローン牛の食肉利用の研究が行われてきたが，消費者から食の安全性を懸念されたことで流通は未だ行われず，クローン動物に関す

る研究活動も縮小傾向にある。

　アメリカでは連邦あるいは州政府としてクローン馬の作製を禁止しておら
ず，クローン馬作製がビジネス化され，2016 年までに 220 頭のクローン馬が
生産された（なお，アメリカにおいては，食用を目的とした馬の屠畜は禁止されている）。
さらに，アルゼンチンではポロ競技馬としてクローン馬の登録が認可されたこ
とから 2016 年までに 126 頭が生産され，クローン動物は，スポーツ分野にお
いて積極的に利用されている［Gambini & Maserati 2018］。

　また，クローン技術は，絶滅危惧種の保全にも利用されている。アメリカの
サンディエゴ動物園では，絶滅の危機にあるモウコノウマ（Przewalski's Wild
Horse）の保全を目的に，1980 年に凍結保存した細胞からゲノムを取り出し，
ウマの卵に移植することで体細胞クローンを 2020 年 8 月に誕生させた。モウ
コノウマは集団サイズが小さいことから近交係数の上昇が懸念されており，誕
生させたクローン馬を利用して遺伝的多様性の改善を試みるようである。ク
ローン技術の功罪はあれ，一部の国では特定目的で産業利用されているのが現
実である。

（2）動物の権利

　動物が人類から搾取されずに生存する権利である「動物の権利（Animal
rights）」は，野生動物ではない家畜であっても有するべきだろう。しかし，家
畜は，役畜として利用されるために生産されることから，生存の代償として権
利が制限されているのも事実である。

　競走馬（サラブレッド）は競馬に利用されることから動物の権利は制限されて
いるが，公正競馬あるいは競走馬の健康と福祉を目的として遺伝子操作は禁止
され，また，適切な飼養および防疫管理，高度な獣医療の提供などの恩恵（適
切な福祉）を受けている。

　国際競馬統括機関連盟は，競走馬の栄養，飼養，健康，行動およびメンタル
の管理のためのガイドラインを構築し，また，レースおよびトレーニング時の
制限事項など（レース時の鞭の使用回数など）を定め，健康と福祉を目的として競
走馬の適切な管理に努めている。健康と福祉を考慮した競走馬の生産・飼養管

理は,「家畜の権利」として貢献していると思われる。

おわりに

　ウマは家畜化されたことで,絶滅を免れた生物種である。今日まで,従来通りの育種選抜を経て改良・構築された品種は500を超えるが,今後,ウマが人類にとっての役畜であり続けるためには,ゲノム編集などによる遺伝子改変技術によって積極的な改良を進める必要があるかもしれない。一方,競馬で利用される競走馬のように,直接交配だけで生産を行う伝統的な育種のみを是とする考え方もある。家畜は,人類の役畜として管理・維持されているという側面があることから,好ましい役畜になるよう積極的な改良を試みることは決して悪いことではないだろう。しかし,動物の福祉や権利,フェアスポーツなどを考慮した場合,どの程度の育種技術を許容すべきかを議論していくことは重要である。

　先に述べたとおり,競馬は強い競走馬を生産することを目的の1つにしているが,競走能力だけに注力して繁殖能力が低下した場合には遺伝継承が困難になる。そのため,競走馬の育種では,育成期や競走期,繁殖期における形質と表現型を総合的に勘案する必要があるだろう。この点において,詳細なゲノム情報解読と遺伝学的研究は,ウマの福祉や権利,産業利用促進を目的とした精密獣医療＊(Precision Veterinary Medicine),精密育種＊(Precision Breeding)に貢献すると考えられる。しかし,これらの情報は遺伝子ドーピングなどで不正に利用される懸念もあることから,ゲノム情報リテラシーの教育と啓蒙活動は,今後,ますます重要になるだろう。

注

1)ゲノム上の遺伝子は,アミノ酸をコードするエクソン配列およびコードしないイントロン配列から構成される。ゲノムからmRNAに転写される際に,イントロン配列は除外される。

＊**精密獣医療**　ゲノム情報を利用することで個体レベルで最適な治療法を選択して施すこと。
＊**精密育種**　ゲノム情報を利用して最適な品種改良を施すこと。

文　献

Campbell M. L. H.［2018］Is cloning horses ethical? *Equine Vet Educ*. 30: 268-273.

Carlson D. F., Lancto C. A., Zang B., et al.［2016］Production of hornless dairy cattle from genome-edited cell lines. *Nat Biotechnol*. 34: 479-481.

Chi X., Gatti P., Papoian T.［2017］Safety of antisense oligonucleotide and siRNA-based therapeutics. *Drug Discov Today*. 22: 823-833.

Gambini A. & Maserati M.［2018］A journey through horse cloning. *Reprod Fertil Dev*. 30: 8-17.

Hirsch M. L., Wolf S. J., Samulski R. J.［2016］Delivering transgenic DNA exceeding the carrying capacity of AAV vectors. *Methods Mol Biol*. 1382: 21-39.

Hori Y., Tozaki T., Nambo Y., et al.［2016］Evidence for the effect of serotonin receptor 1A gene（HTR1A）polymorphism on tractability in Thoroughbred horses. *Anim Genet*. 47: 62-67.

Lino C. A., Harper J. C., Carney J. P., et al.［2018］Delivering CRISPR: A review of the challenges and approaches. *Drug Deliv*. 25: 1234-1257.

Moro L. N., Viale D. L., Bastón J. I., et al.［2020］Generation of myostatin edited horse embryos using CRISPR/Cas9 technology and somatic cell nuclear transfer. *Sci Rep*. 10: 15587.

Rooney M. F., Hill E. W., Kelly V. P., et al.［2018］The "speed gene" effect of myostatin arises in Thoroughbred horses due to a promoter proximal SINE insertion. *PLoS One*. 13: e0205664.

Tozaki T., Miyake T., Kakoi H., et al.［2010］A genome-wide association study for racing performances in Thoroughbreds clarifies a candidate region near the MSTN gene. *Anim Genet*. 41 Suppl 2: 28-35.

Tozaki T., Hill E. W., Hirota K., et al.［2012］A cohort study of racing performance in Japanese Thoroughbred racehorses using genome information on ECA18. *Anim Genet*. 43: 42-52.

Tozaki T., Kikuchi M., Kakoi H., et al.［2017］A genome-wide association study for body weight in Japanese Thoroughbred racehorses clarifies candidate regions on chromosomes 3, 9, 15, and 18. *J Equine Sci*. 28: 127-134.

Tozaki T., Karasawa K., Minamijima Y., et al.［2018］Detection of phosphorothioated（PS）oligonucleotides in horse plasma using a product ion（m/z 94.9362）derived from the PS moiety for doping control. *BMC Res Notes*. 11: 770.

Tozaki T., Kikuchi M., Kakoi H.,［2019］Genetic diversity and relationships among native Japanese horse breeds, the Japanese Thoroughbred and horses outside of Japan using genome-wide SNP data. *Anim Genet*. 50: 449-459.

Tozaki T., Ohnuma A., Kikuchi M., et al. [2020] Microfluidic quantitative PCR detection of 12 transgenes from horse plasma for gene doping control. *Genes* (*Basel*). 11: 457.

Tozaki T., Ohnuma A., Kikuchi M., et al. [2020] Detection of non-targeted transgenes by whole-genome resequencing for gene-doping control. *Gene Ther*. doi: 10.1038/s41434-020-00185-y.

Wade C. M., Giulotto E., Sigurdsson S., et al. [2009] Genome sequence, comparative analysis, and population genetics of the domestic horse. *Science*. 326: 865-867.

PART

Ⅱ

スポーツ倫理・哲学からみた
遺伝子ドーピング

Ⅱ

CHAPTER 1

遺伝子ドーピングの倫理学

竹村瑞穂

はじめに

　ドーピング問題は，スポーツ界でも大きな倫理的課題の1つである。オリンピックでは1968年に正式にドーピング検査が導入され，アンチ・ドーピング教育は，年々強化されてきたと言える。一方，皮肉なことに，ドーピング・コントロールが強化されればされるほど，ドーピングの技術自体も向上してきた。21世紀に入ると，遺伝子治療技術を応用する「遺伝子ドーピング」が懸念の対象となる。本章では，これまでのドーピング問題の基本的見解に加え，遺伝子ドーピングの倫理学的問題について説明をする。

① ●● スポーツ界におけるドーピングの基礎知識

　「ドーピング（doping）」という用語が英語の辞書に収録されたのは，1889年のことである［Müller 2010］。ドーピングという語の由来は諸説あるが，ミュラーによれば，ドーピングという語は，競走馬を興奮させるために用いたアヘン含有薬（ドープ）を意味したという。この薬を指すドープの語が「競走馬に違法な薬物を使用すること」という意味をもつようになり，さらに転じて，1900年前後，イギリスにおいて芝生の上で行うスポーツにも適用されたという［Müller 2010］。

　じつは，ドーピングという用語が誕生する以前にも，ドーピングと同じような行為は行われていた。紀元前3世紀には，すでに幻覚作用のあるキノコを利用するなど，植物由来の刺激物質が競技力向上のために用いられていた［Müller 2010］。近代社会において，競技スポーツ界でとくにドーピング問題が

顕在化するようになったのは，19世紀以降である。近代スポーツにおける初期のドーピング事例は，1865年に開催されたドーバー海峡水泳大会である［Müller 2010］。資料によれば，1879年から開催された「6日間自転車競技大会 (six-day bicycle races)」やプロボクシングなどでもドーピングが確認されている。この時期はとくに，アルコール，コカイン，カフェイン，ニトログリセリンなど，興奮剤使用によるドーピングが多く見られた。その後，中枢神経系興奮作用のあるアンフェタミンが用いられるようになる［Bartkett et al. 2010:366-369］。1950年代後半には，蛋白同化ステロイド薬も浸透していく。蛋白同化ステロイド薬とは，蛋白同化作用および男性ホルモン作用の両者を併せ持つステロイド薬のことである。筋力増強効果があり，経口でも効果を発揮する。とりわけ，重量挙げ選手や投擲選手などによる使用が確認されている［Bartkett et al. 2010:366-369］。また，1960年代から70年代にかけては，持久力向上を目的とした血液ドーピングに関する実験や研究成果が報告されるようになった。血液ドーピングとは，競技者の血液をあらかじめ抜き取り，試合直前に再び本人の循環系に戻すことによって酸素運搬能力を高め，持久力を向上させる行為のことである。世界アンチ・ドーピング規程には，「自己血，他者血（同種血），異種血またはすべての赤血球製剤をいかなる量でも循環系へ投与したり，再び戻したりすること」などと説明されている。

　医科学技術の進歩とともに，ドーピングの定義は適宜修正されてきた。たとえば，1933年の『ベックマンスポーツ事典』においては，大意としては「興奮性薬剤を使用すること」［Beckmann 1933:709］といったシンプルな説明であった。その後，1963年の欧州評議会一般教育委員会における定義では，「異常な量や異常な方法である場合，また使用意図が能力向上である場合は，生理的物質であってもドーピングである」というように，生理的物質であっても場合によってはドーピングに抵触することが示されるようになる。現在は，世界アンチ・ドーピング機構が発行している「世界アンチ・ドーピング規程」（2021年）において，「ドーピングとは，本規程の第2.1項から第2.11項に定められている1つまたは2つ以上の，アンチ・ドーピング規程に関する違反が発生すること」と定義されている（表1を参照）。なお，遺伝子ドーピングは，「禁止方

表1 世界アンチ・ドーピング規程におけるドーピングの定義

項	内 容
2.1	競技者の検体に，禁止物質またはその代謝物もしくはマーカーが存在すること
2.2	競技者が禁止物質もしくは禁止方法を使用すること，またはその使用を企てること
2.3	競技者による検体の採取の回避，拒否または不履行
2.4	競技者による居場所情報関連義務違反
2.5	競技者またはその他の人が，ドーピング・コントロールの一部に不正干渉を施し，または不正干渉を企てること
2.6	競技者またはサポートスタッフが禁止物質または禁止方法を保有すること
2.7	競技者またはその他の人が，禁止物質もしくは禁止方法の不正取引を実行し，または不正取引を企てること
2.8	競技者またはその他の人が，競技会（時）において，競技者に対して禁止物質もしくは禁止方法を投与すること，もしくは投与を企てること。または，競技会外において，競技者に対して競技会外で禁止されている禁止物質もしくは禁止方法を投与すること，もしくは投与を企てること
2.9	競技者またはその他の人が，違反関与を行い，または違反関与を企てること
2.10	競技者またはその他の人が，特定の対象者と関わること
2.11	競技者またはその他の人が，当局への通報を阻止し，または当局への通報に対して報復する行為（第2.5項の違反を構成しない場合）

（「WORLD ANTI-DOPING CODE 2021」を参考に筆者が作成）

法」に抵触する。

　WADA は，「世界アンチ・ドーピング規程」に付随して，「国際基準」を作成しており，その中の1つである「禁止表国際基準」において，禁止される物質や方法が具体的に示されている。この「禁止表国際基準」は，毎年1回は見直され，改訂されているものであるが，禁止方法に遺伝子ドーピングが登場するのは 2003 年からである。遺伝子ドーピングの説明の変化については，「3. 変化する遺伝子ドーピングの定義」の項において，後述するものとする。

② ●● 遺伝子ドーピングの登場とスポーツ界の対応

　2003 年3月に，コペンハーゲンで開催された第2回アンチ・ドーピング世界会議において，遺伝子治療技術を応用する方法である遺伝子ドーピングが議

論され，禁止の対象となった。それに加えて同じ時期に，アメリカ・アンチ・ドーピング機構や（USADA）や，オランダドーピング問題センター（NeCeDo）といった各機関も遺伝子ドーピングの危険性について指摘している［Schneider and Friedmann 2006: 9］。このように，スポーツ界は，比較的早い段階から遺伝子ドーピング問題を現実的な懸念事項として見做してきた。

　また，シュナイダーとフリードマンは，スポーツ組織だけではなく科学界においても遺伝子ドーピングの危険性について認知されるようになったことを指摘している。たとえば，アメリカアドバンス科学機構やアメリカ遺伝子治療協会は，2003年にはすでに年次会議において遺伝子ドーピングの問題を取り上げていた［Schneider and Friedmann 2006］。さらには，アメリカ政府によってもこの問題は重要視され，生命倫理学に関するアメリカ大統領審議会においても遺伝子ドーピングの問題が取り上げられることとなり，倫理学分野における大きな問題の1つとして認識されるに至った。

　2002年には，WADAによる遺伝子ドーピングに関する会議「バンベリー・ワークショップ」が開催されている。このワークショップの目的は，まずもって，遺伝子治療技術がスポーツ界に持ち込まれることによって想定され得る危険性とはなにか，明確にすることであった。そして，スポーツ関係者のみならず，遺伝学者や倫理学者，公共政策者，弁護士などが多数集まり，学際的な視点から議論が展開された。このワークショップで採択された「遺伝子ドーピングに関する決議案」においては，「遺伝子操作技術には，計り知れない治療効果の期待があるものの，一方，スポーツ競技者の能力向上のために誤用される可能性も大いにある」ことや，「遺伝子操作技術の誤用を防ぐためには，科学者，倫理学者，競技者，スポーツ当局，医師，専門職従事者，製薬・生物工学産業，政府を含めた公的機関の協同の努力が不可欠である」といったことが示されており，遺伝子ドーピングに対する学際的な対応や政府レベルでの対応が，早い段階で示されていたことが確認できる。

③ ●● 変化する遺伝子ドーピングの定義

（1）WADA による定義の変遷

　先述したように，遺伝子ドーピングはすでに 2003 年には禁止の対象として含まれていた。禁止表国際基準に示された初期の遺伝子ドーピングの定義は，簡潔に「競技能力を高める可能性のある内因性遺伝子の発現を修飾する，細胞または遺伝因子の移入あるいは細胞，遺伝因子または薬物の使用は禁止される」という説明であった。それが，それぞれの禁止表国際基準を確認してみると，遺伝子ドーピングとしての範囲の明確にするために，たびたび定義が変更されてきた。たとえば，初期の簡潔な定義から，2010 年には以下のように，より具体的な説明になるように修正されている。

▶2010 年

M3．遺伝子ドーピング

下記の競技能力を高める可能性のある事項は禁止される。

　1）細胞または遺伝因子（DNA，RNA 等）の移入：

　2）遺伝子発現を変化させる薬理学的あるいは生物学的物質の使用

　また，2018 年には新たな遺伝子操作技術を念頭に，さらに詳細な加筆修正が下記の通り加えられた。なお，時期を同じくして日本においても，2017 年に，日本学術会議の「医学・医療領域におけるゲノム編集技術のあり方検討委員会」より「我が国の医学・医療領域におけるゲノム編集技術のあり方」という内容について提言（2017 年提言）が出されている。直接 WADA の遺伝子ドーピングの定義とは関与はないが，技術の発展とそれに伴う倫理的問題の顕在化という状況が垣間見える。

▶2018 年

M3．遺伝子ドーピング

以下の競技能力を高める可能性のある事項は禁止される

　1）核酸ポリマーまたは核酸類似物質の使用

　2）ゲノム配列の変更および遺伝子発現の転写および／またはエピジェネ*

　　ティック調節の変更を目的に設計された遺伝子編集用物質の使用
　3）正常な，あるいは，遺伝子を修正した細胞の使用

　さらに，2019 年には遺伝子ドーピングのタイトルも変更され，「遺伝子および細胞ドーピング」と，「細胞」という文言が加えられている。付言すれば，外傷の治療においては，増強の目的ではなく治療の範囲内にかぎり，肝細胞の使用は禁止されていない。また，遺伝子編集により修飾可能な過程を適切に示すために，新たに「転写後制御」という文言が加えられている。

2019 年

M3.　遺伝子および細胞ドーピング
　1）核酸ポリマーまたは核酸類似物質の使用
　2）ゲノム配列の変更および／または，遺伝子発現の転写制御，転写後制御，またはエピジェネティック制御の変更を目的に設計された遺伝子編集用物質の使用
　3）正常な，あるいは，遺伝子を修正した細胞の使用

　そして，2020 年 1 月に WADA が発表した最新の禁止表国際基準では，遺伝子サイレンシングと遺伝子導入が新たに遺伝子ドーピングの方法として加えられた。遺伝子発現を変え得るあらゆる機序が反映されるように，「遺伝子発現の転写制御，転写後制御，エピジェネティック制御」という文言は，「何らかの作用機序によって遺伝子発現を変更する可能性がある」と，非常に抽象的な説明に変更され，網羅的かつ広範囲にカバーできる表現となった。このような定義修正の背景には，第 3 世代の CRISPER-Cas9 といったゲノム編集技術の誕生など，生命科学技術の急速な進歩が存在することがうかがえる。

＊**エピジェネティック**　DNA 塩基配列の変化によらない遺伝子発現を制御, 伝達するシステムのこと。
＊**転写後制御**　RNA レベルでの遺伝子発現制御のこと。
＊**遺伝子サイレンシング**　特定の遺伝子の発現が行われないようにする遺伝子発現の不活性化のこと。
＊**遺伝子導入**　生物学的，物理学的方法などによって，外来遺伝子を細胞の外から中へ入れること。

表2　遺伝子ドーピングの定義の変遷

年	定義の内容
2010 年	1）細胞または遺伝因子（DNA，RNA 等）の移入 2）遺伝子発現を変化させる薬理学的あるいは生物学的物質の使用
2018 年	1）核酸ポリマーまたは核酸類似物質の使用 2）ゲノム配列の変更および遺伝子発現の転写および／またはエピジェネティック調節の変更を目的に設計された遺伝子編集用物質の使用 3）正常な，あるいは，遺伝子を修正した細胞の使用
2019 年	1）核酸ポリマーまたは核酸類似物質の使用 2）ゲノム配列の変更および／または，遺伝子発現の転写制御，転写後制御，またはエピジェネティック制御の変更を目的に設計された遺伝子編集用物質の使用 3）正常な，あるいは，遺伝子を修正した細胞の使用
2020 年	1）なんらかの作用機序によってゲノム配列および／または遺伝子発現を変更する可能性がある核酸又は核酸類似物質の使用。以下の方法が禁止されるが，これらに限定されるものではない。遺伝子編集，遺伝子サイレンシングおよび遺伝子導入技術 2）正常な，あるいは，遺伝子を修飾した細胞の使用

▶2020 年◀

M3. 遺伝子および細胞ドーピング

1）なんらかの作用機序によってゲノム配列および／または遺伝子発現を変更する可能性がある核酸又は核酸類似物質の使用。以下の方法が禁止されるが，これらに限定されるものではない。遺伝子編集，遺伝子サイレンシングおよび遺伝子導入技術

2）正常な，あるいは，遺伝子を修飾した細胞の使用

この WADA の定義に示されている「遺伝子および細胞ドーピング」の詳細な説明は，本書の PART Ⅰ CHAPTER 1 で，石井がわかりやすい説明を行っている（19 〜 21 頁参照）ので，改めて当該箇所を確認いただきたい。石井の説明をふまえると，最新の遺伝子ドーピングの定義は，DNA 塩基配列の改変，転写や翻訳を含む遺伝子発現手法，ゲノム編集，遺伝子サイレンシング，遺伝子導入など，極めて幅広い範囲が禁止の対象となっている。そして，スポーツ界で実際に禁止の対象となっているのは，基本的には操作，改良することが念頭に置かれていると言える。

（2）遺伝子ドーピングに結びつきかねない技術

一方，たとえばムンテは，遺伝子ドーピングに結びつきかねない技術として，遺伝子や細胞の操作だけにとどまらず，遺伝子の特徴を調べるという点も指摘する［Munthe 2000］。具体的に遺伝子ドーピングに結びつく可能性がある技術として，①スポーツゲノミクス，②体細胞操作，③生殖細胞系列操作，④遺伝的選択，の4点をあげている。

スポーツゲノミクス

まず，①のスポーツゲノミクスである。「ゲノミクス」とは，生物学の諸問題をゲノムの視点から研究する分野のことである。この分野においては，遺伝子操作技術を用いてより効果的な能力向上のための薬物開発などにより，パフォーマンスを向上させることなどが指摘されている。また，競技力向上に関連した栄養作用や代謝作用などの側面において，新たな効果を生み出す可能性が示唆されている。このような技術利用のことを，スポーツゲノミクスという。

体細胞操作

②体細胞操作は，操作の対象が体細胞の場合のことを言う。したがって，操作の影響は本人のみに及び，子どもや孫に反映することはない。マウスのレベルでは，1990年代にはすでに遺伝子操作による筋作用や筋機能の向上が報告されている。たとえばインスリン様成長遺伝子を細胞に導入することによって，マウスの骨格筋を肥大させる事例報告がある［Barton-Davis et al. 1998］。あるいは，細胞外部からDNAを導入し，遺伝的形質を変化させた，形質転換動物を用いた実験成功例も2001年に報告されている［Musarò et al. 2001］。また記憶力向上など，知力に関する実験成功例も報告されている［Sandel 2007］。

生殖細胞系列操作

体細胞操作とは異なり，③の生殖細胞系列操作は，受精卵が操作の対象となる。すなわち，人間を「製作」することにつながり，スーパーアスリートを生み出すことにつがなる技術と言える。体細胞操作とは異なり，遺伝子操作の影響が次世代に続く点が特徴である。

遺伝的選択

　④の遺伝的選択は，現状，WADA の禁止対象にはなっていないが，個人の遺伝情報を使用して，特定のスポーツに対する適性を判定することである。たとえば，筋力に関わる遺伝子のタイプを調べ，短距離型か長距離型かを把握し，その適性に合わせて種目を選択するといったことが想定される。その科学的有効性の程度がどのようなものであれ，成人したアスリート自身が，正確な科学的認識や遺伝子判定の適切性などの説明を受けた上で，本人の自由意志に基づいて種目を変更したり，当該技術をトレーニングに活かすこと自体に問題があるわけでは決してない。このような研究は，アスリート本人の幸福に寄与する範囲内で今後も意欲的に進められていくであろう。

　一方で，国家やコーチ，あるいは親などの第三者が強制的に選手や子どもの遺伝情報を調べ，乳幼児期のうちからどのようなスポーツ種目に向いているかを把握し，本人の意志を尊重しない形で子どもを選り分けるようなことが生じれば，プライバシーの問題含め，スポーツの自由参画の阻害という問題が生じてくる。遺伝情報を読み解くという技術は，使い方によっては倫理的に大きな問題を含み得るということは，念頭に置く必要があるだろう。

④ ●● 遺伝子ドーピングの倫理学

（1）ドーピング禁止根拠をめぐって

　スポーツ倫理学という学問分野では，「スポーツの競技においてドーピングは禁止するべきである」というルール自体の正当性，禁止根拠の妥当性についてさまざまな論点が議論の対象となってきた。

　なお，ドーピングの禁止根拠について考える際，まず理解するべきことは，「ドーピング禁止というルールを前提として考える場合」と，「ドーピング禁止という規則そのものの正当性について考える場合」と区別することである。前者の場合，なぜドーピングをしてはいけないのか，その理由は，「ルールで禁止されているからである」という以外の答えはない。大前提としてルールによってドーピングは禁止されている，規則に反してはならない，ゆえにドーピ

ングはしてはいけない，という道徳的推論となる（そして，この場合は，「規則に
違反してはならない」以上のことには言明しておらず，ドーピング禁止という規則の可否や
正当性については検討し得ないものである）。ここで考えたいのは，後者の規則その
ものの正当性についてであることを付言する。

　先行研究においては，① 不正，② スポーツの歪曲化，③ 非自然性，④ 有害
性（社会悪・身体への影響）の 4 点が論点として挙げられる［Schneider 2004］。以
下，各々の立場について確認していく。

不　正

　まず，ドーピングを禁止する道徳的理由として，不正であるとする見方があ
るが，これは，ある選手がドーピングをした場合，不正にほかの選手よりも有
利な状態になり得るからである。不正である，という禁止理由の正当性を考え
た場合，問題は，「ある行為が不正となるのは，その行為を禁止する規則があ
る場合のみ」だという点である。①の不正というのは，規則を破ることが不正
なのであり，ドーピングが不正であるためには，ドーピングはしてはならない
という規則がすでに存在していることが前提となる。したがって，ドーピング
は禁止されるべきという判断の直接的な理由を，不正であるという点に見出す
ことは，じつは困難である。

スポーツの歪曲化

　つぎに，②のスポーツの歪曲化という理由についてであるが，これは，道徳
的原理ではなく，形而上学的原理から導かれるものである。わかりやすく言え
ば，ドーピングはスポーツの本質に反するが故に禁止するべきである，とする
立場である。しかし，なぜスポーツがドーピングを含むものとして社会的に構
築され得ないのか，明確な理由を示すまでには至っていない。また，そもそ
も，スポーツの本質とはなにか，はたしてスポーツの本質はあるのか，という
問いについても普遍的な答えがあるわけではない。

非自然性

　③の非自然性であるという理由は，文字通り，ドーピングは自然に反するか
ら禁止するべきであるという意見である。シュナイダーは，この立場において
2 つの問題が喚起されると指摘する。それは，第一に，何がいったい不自然で

あるのかが不明瞭であることである。第二に，改良されたスパイクやシューズが認められる不自然性がある一方で，テストステロン*など自然界に存在する物質が禁止されており，判断の一貫性に欠けるという点である。

有害性

最後に，④の有害性という禁止理由について確認する。有害性という禁止理由には，2つの意味が含まれている。1つは，社会にとって有害であるという，社会的悪の意味である。選手は子どもたちの模範的存在になるべきだという規範は，この立場においてよく指摘されることである。もう1つは，使用者（選手）にとって有害であるという場合である。

前者の社会的悪の場合，ドーピングが禁止されているからこそ，ドーピングは悪であるという道徳的価値判断が下される。すなわち，ドーピングは社会にとって有害であるという視点も，ドーピングは禁止されるべきであるという規則，ルールの前提のもとに成り立っている。本来は，このような社会的判断以前に，その規則自体の根拠が求められなければならないであろう。

また後者の場合は，ドーピングが使用者の身体や生命にとって有害であるから禁止するべきとする立場である。ここで確認したいことは，ドーピングには2つの位相があり，旧東ドイツにおける国家による強制的ドーピング実践*のような，他者による強制的ドーピングと，いわゆる個人の自己決定に基づいて実践されるセルフ・ドーピングとに大別されるということである。当然，他者による強制的ドーピングは人権上，法的にも倫理的にも許されない行為であるため，禁止するべきだという根拠の提示は容易である。旧東ドイツにおけるドーピング実践では，多くの選手が情報を与えられないままドーピングをさせられ，また深刻な副作用に苦しんだ者や死亡者も出るなど，まさに他者の身体や生命を脅かすことが生じていたのである。しかし，セルフ・ドーピングの場合は，ドーピングの副作用という危険性も承知の上で自己の判断に基づいて実施

＊テストステロン　男性ホルモンの一種であるステロイドホルモンのこと。
＊旧東ドイツにおける国家による強制的ドーピング実践　東西ドイツが統一する前，旧東ドイツにおいて，国家保安省主導で強制的に行われたドーピング実践のこと。

する行為である。成人と未成年との区別は設ける必要があるが，この場合によく指摘されるのは，成人の自己決定による行為の結果を想定し，保護するべきである（から，ドーピングは禁止にするべきである）とするこの見解そのものがパターナリズムにすぎない，ということである。パターナリズムとは，個人の利益保護を目的とし，個人の生活に干渉し，自由や権利を制限することをいう。すなわち，個人の私的な範囲における自由や愚行権（私的自由の範囲内において，愚かであると思われるようなことでもすることができる権利のこと）を侵害する行為であるというもので，ドーピング禁止の根拠を根底から揺るがす見解であると言える。

　一般的な道徳として「ドーピングはしてはいけない」というフレーズはよく耳にする言説であり，それは疑われることなく社会において受け入れられていると言えるだろう。しかし，先述してきたように，ドーピング禁止というルールそのものの根拠の提示や，ルールの妥当性を論理的に説明することは，じつはそう簡単なことではない。さらに，遺伝子ドーピングの場合には，遺伝子が物質と捉えられがちであることなどから，一層複雑な問題が生じてくる。

（2）遺伝子ドーピングの禁止根拠をめぐって

　情報が明解に与えられている状況で，判断力のある成人の私的な範囲における自由（私的自由）においては，その本人の自由は侵害できない，という考え方がある。また，身体，生命について述べるならば，自分の身体はまさに自分自身に所有権があるのであり，それゆえ，いかように処理，処分しても自由であるという見解に結びつきやすい。

　ましてや，遺伝子は生物学的に見れば物質である。人格ではない物質を操作することについては，身体以上にその処分や操作が容認され得るといった論が展開されやすいかもしれない。たとえば，自由，自律，人格という概念は，生命倫理学の基盤として位置づけられてきたが，この自由や自律が尊重される範囲は人格に限定されるという議論が，いわゆる人格論の中で展開されてきた。その代表的な論者として，トゥーリーがいる。

　トゥーリーは，「嬰児は人格をもつか」という論文の中で，① 何があるもの

を人格にするのか，② 何があるものに生存する権利（道徳的諸権利）を与えるのか，という問いを立て考察をしている［Tooley 1972］。その問いに対するトゥーリーの応答の1つは，「X は人格である」ということは，「X は生存する（重大な）道徳的権利を持っている」ことと同義である，とするものである。すなわち，人格と人間（ヒト）は互換性のある用語ではないことを示し，有機体すべてが人格であるわけではないと述べる。トゥーリーによれば，「自己意識」が人格なのであり，道徳的諸権利を有するということになる。

　トゥーリーに従えば，生物学的に物質であるとされる遺伝子などは，道徳的諸権利を持たない。仮に親が受精卵を操作，改良し，子どもをデザインしたとしても，その操作の対象が人格でない限りにおいて，親の自由が優先されるという論理展開が可能である。これは，人工妊娠中絶における，非人格である胎児よりも，人格としての親の権利が優先される，という主張と似た論理構造を持つ。[3]

　スポーツ界における遺伝子ドーピング問題に対して，容認する姿勢を示す研究者もいる。たとえば，タンブリーニは，遺伝子操作の問題を，「一般的な問題」と「スポーツに関連する問題」の2つに分けて論じた［Tamburrini 2007］。「一般的問題」とは，スポーツの文脈に関わらず遺伝子を操作することに対する一般的な倫理的問題のことである。たとえばタンブリーニは，遺伝子改変に危険性や副作用があったとしても，社会的成功を収めるためにどんな危険性を選択するかは，個々人に決定する権利があると述べる。そして，それは他者に危害を及ぼさない限りにおいて認められるのであり，それはスポーツの領域でも同様であるべきだと主張する。

　さらに，タンブリーニは，遺伝子を操作して身体的能力を向上（仮に出来たとして）させた場合でも，スポーツの価値を損ねることはないと述べる。彼は，スポーツの文脈に関連する倫理的問題として，① 努力や忍耐，犠牲などを払わずに良い結果のみを手にすること，② 公平性の問題，③ ゲームの破壊，といった3点を挙げるが，いずれの視点も遺伝子ドーピングを禁止する根拠にはならないと言う。たとえば①の視点について，つぎのような興味深い見解を示している。

遺伝子操作技術によってむしろ個々人の身体的特性の均一化が図られ，それゆえ遺伝子的に差異が少ない方が，より勝利するために努力や犠牲といった性質がスポーツにおけるパフォーマンスにとって決定的な要素となるだろう。生まれもった遺伝的要素が幸運であるかどうかではなく，勝敗をわけるその小さな差異というのは，完全に個々人の卓越性に依拠することができる。［Tamburrini 2007：263］（強調部分は引用者による）

　②についての公平性については，生まれながらの遺伝子的特性の違いを考慮するならば遺伝子改変を導入しない現状こそより不公平な状態であるとして，全く批判に耐えられない視点だと述べる。③のゲームの破壊については，よいゲームの条件を，a）フロー，b）スキル，c）チャレンジ，d）刺激，e）ドラマ性，f）楽しみ，の6要素を挙げ，このいずれもが遺伝子操作によって損なわれることはない，すなわちゲームを破壊することはないと主張する。とくに，b）スキルの点について言えば，遺伝子操作を認めた方がより向上する，ポジティブな影響を与えるのだと示唆している［Tamburrini 2007］。
　遺伝子ドーピングについて，同様に積極的に容認しようとする姿勢を見せているのが，サヴァレスキュである。彼は，医師による安全な管理のもと，スポーツ界でもドーピングを認めていくべきであり，そのほうが安全性も公平性も保証されるとの認識を示している。テレグラフ誌においては，サヴァレスキュによる「道徳的により良い子どもに育ち得るよう遺伝子を選択することは倫理的義務であるとして，積極的に親に選択権を与えるべきだ[4]」とのコメントも紹介された。

（3）遺伝子ドーピングの倫理学

　遺伝子ドーピングには，これまでのドーピングとは質的に異なる倫理学的問題が認められると同時に，その問題性は非常に複雑である。既存のドーピングとは異なる遺伝子ドーピングの倫理学的問題性は何かという点に加え，その問題性は，選手の身体生命といった一般的な生命倫理学的問題と，スポーツの文脈にかかわるスポーツ倫理学的問題とにまたがるからである。

表 3　遺伝子操作の分類

		操作対象	
		体細胞	生殖細胞系列
操作目的	治療目的	A：非遺伝的 倫理的問題はないとされる	B：遺伝的 治療目的であったとしても，操作対象が生殖細胞系列の場合は，倫理的問題をめぐり是非が存在する
	エンハンスメント目的	C：非遺伝的 倫理的問題をめぐり是非が存在する	D：遺伝的 これまでとは質的に異なる倫理的問題が存在する

　あるいは，ムンテは遺伝的選択について指摘したが，遺伝情報をもとにした強制的なスポーツ選手の育成という，操作という枠を超えた倫理的問題も生じ得る。

　遺伝子操作ということに特化すれば，操作対象と操作目的が複数存在し，とくに操作目的については明確な線引きをすることが難しいという特徴もある（表 3 を参照）。

　表 3 にあるように，操作対象が体細胞であっても，その操作目的がエンハンスメント目的である場合は，その倫理性については是非が存在する。また，操作対象が生殖細胞の場合，操作目的が治療目的であっても，歴史的には否定されてきた経緯がある。森岡の指摘によれば，生殖細胞の遺伝子治療については，1992 年にアメリカの「責任ある遺伝学のための会議（the Council for Responsible Genetics: CRG）」が示した否定的見解が世界的なコンセンサスとして受け入れられてきたという［森岡 1995］。それは，操作や改良が次世代にわたり影響を与えることに起因する。

　このように，治療目的の生殖細胞系列操作の場合，否定的見解のみが存在するわけではない。森岡は，ウォルターズの見解を踏まえつつ，「生殖系列細胞の遺伝子治療に賛成する根拠の 1 つは，その効率性である」［森岡 1995］と指摘している。遺伝性の病気の場合，疾病の因子を生殖細胞系列操作によって取り除くことができれば，個々人がそれぞれ体細胞操作による治療を受けるより

も，より効率的に治療を行うことができるということである。

　さて，このような見解は，いわゆる「有害な」遺伝子を取り除くことがよいことである，という前提のもとに成り立っているように思われる。しかしながら，「有害な」遺伝子とは，いったいどのような遺伝子のことであろうか。サンデルは，耳に障がいのある夫婦が同じく耳に障がいのある子どもを望み，その望みをかなえるために，家族五世代にわたって聾である精子提供者を探し，妊娠出産した実例をあげている［Sandel 2007］。この夫婦には批判が殺到したと指摘されているが，夫婦にとっては聾であることは障がいではなく，むしろポジティブな固有の特質であると考えていたわけである。一方で，多くの健常者が，聾であることは障がいであり，できれば避けるべき特質であるという見解を有していたことを浮き彫りにもしている。はたして聾は有害なのであろうか。ほかの疾病に関する特質はどうだろうか。目の色や髪の毛の色，身長の高低などはどうだろうか。

　このように，何が有害な（あるいは望ましい）遺伝子や特質であるかを特定することは，容易ではないケースもある。さらには，何かが有害であると広く社会で受け入れられてしまった場合，人間の優性劣性が相対的かつ意図的に顕在化し，有害な特質を有したと見なされる者が排除の対象になりかねないという問題も指摘できるだろう。

　付言すれば，世界保健機構（WHO）は，生殖細胞系列操作は医学的にも必要はなく，今後行わないように声明を出しており，[5] 治療目的の生殖細胞系列操作については，法的にも倫理的にも各国の足並みがそろわない状況となっている。

　そして，後述するが，エンハンスメント目的の生殖細胞操作の場合は，これまでのドーピング問題とは質的に異なる倫理的問題を引き起こす。それは，人間とはなにか，といった人間の根本に関与する問題である。さらに，操作の対象が生殖細胞かつエンハンスメント目的である場合，身体能力が増強されたその子どもは「ドーピングされた子ども」として見なされる。しかし，操作された当事者であるその子どもは自分の意志に基づいてエンハンスメントしたわけではなく，操作した人間は第三者である。このようなケースの責任の所在をど

こに求めるのかという，帰責の根拠の問題が指摘できる。自分の意志ではなく「ドーピングされてしまったアスリート」を，はたしてスポーツ界からドーピング違反だとして排除するのだろうか。

　将来的に，一般社会で生殖細胞を含めて遺伝子操作によるエンハンスメントが許容されていった場合，スポーツ界においてのみドーピング禁止を維持することは大きな矛盾を生み出すことであろう。逆に，スポーツ界で遺伝子ドーピングが拡大したり，明るみになるようなことがあれば，一般社会に対してより大きな影響を与える可能性も認められる。能力の向上といったエンハンスメントの問題を含む（遺伝子）ドーピング問題は，もはやスポーツ界だけの問題ではないのである。

　さて，表2のカテゴリーCおよびDは，治療を超えた能力向上のための操作となり，疾患に対して施す医科学的介入ではなく，より優れた状態にすることを目指した措置であることは確認してきた。現状，スポーツ界は，遺伝子ドーピングといった遺伝子治療技術の不適切使用は認めていないものの，疾患に対する遺伝子治療は選手も受ける権利があるという見解を示している。しかし，当初は治療目的であったにもかかわらず，結果として能力の増強につながってしまったという事態も想定し得る。また，そもそも「治療」と「エンハンスメント」の概念区別は，双方において重層性かつ連続性が認められることから，グレーゾーンに関しては極めて困難であるという問題も指摘できる。

（4）金メダリストを創ることの何が問題か
新優生学への懸念

　さて，エンハンスメント目的であり，かつ操作の対象が生殖細胞系列である場合は，これまでの人間の概念を揺るがしかねない倫理的問題性が含まれる。スポーツの文脈に即して言えば，身体能力の高い，体格に恵まれた子どもを手に入れたいという欲求は，何がどのように問題なのだろうか。

　「優生学」という言葉を一度は聞いたことがあるだろう。チャールズ・ダーウィンが唱えた進化論を基盤とした優生学は，フランシス・ゴルトンによって提唱された。優生学とは，簡単に言えば，「優れた形質をもつ人間を増やし，

劣った形質も持つ人間を増やさないようにすること」を目的とした，社会改良運動として知られている。優生学が政治的イデオロギーと結びついたとき，たとえば，第二次世界大戦中にナチス・ドイツが繰り広げた行為のように，悲惨な結果を招き得る。最終的に生殖管理による人種改良といった国家的優性政策は，人権上の問題から終息を迎えた。

　しかし，2003 年にヒトゲノムの解読が完了したことが契機となり，優れた形質を持つ人間を増やすことを意図した積極的優性学が再び注目を集めている。かつての優生学と異なる点は，国家的な強制による政策ではなく，個人の欲望に基づいている点である。このような個人レベルでの優生学を新優生学というが，その究極が，生殖細胞操作によるデザイナー・ベビーであろう。

　デザイナー・ベビーとは，受精卵を遺伝子操作することにより，親が思い通りの性質や能力を手に入れるためにデザインし，創りあげる子どものことを言う。現実的に，受精卵の段階で特定の遺伝子を操作すれば，「青い目」をした「金髪」の子どもを作ることは可能である。同様に，受精卵の段階で身体能力や運動能力に関わる特定の遺伝子を突き止め，恵まれた体格を持ち，酸素運搬能力に長けており，筋発揮能力に優れた子どもを先天的にデザインし，足が速くなる子どもを作ることは，不可能とは言えない。技術的に可能であれば，自分の子どもを優秀なスポーツ選手にしたい，オリンピック選手にしたい，地位と名誉とお金を手に入れさせたいと望む親は（それが結果として現実に達成し得るかどうかに関わらず），少なくないかもしれない。金メダリストを目指すために子どもをデザインする試みである。このような試みは，これまでのドーピングとは質的に異なる倫理的問題が含まれている。

手段化される人間

　本書で石井が指摘したように，生殖細胞操作を意図した遺伝子ドーピングにおいて特徴的なことは，操作する者（親）と操作されるもの（子ども）が異なるという点がある。そして，この介入の全身性および不可逆性こそが問題の根源であると述べた。受精卵の段階では，操作される者は何の判断もできず，意見を述べることもできない。そのような状態下でなされた行為によって得られた形質や特徴は，子々孫々，世代を超えて受け継がれることになる。

　このような事態について，松田も，「生殖細胞への遺伝子的介入は一方的であり，不可逆的で修正不可能である。過去の威力が未来を永久に縛り続けることになる」［松田 2005：140］と批判しているが，この「侵襲性」が問題視される。当然，このような侵襲性により，生殖に関する偶然性も奪われ，人間の固有性——かけがえのなさ——も失われていくだろう。つぎに，「先天的な人間の手段化」も問題である。親の望む通りにデザインされた子どもは，親の欲望の対象，すなわち何らかのある目的に適合した形で製作される。「金メダリストをデザインする」ということは，「金メダルをとるという目的のために意図的に予めデザインする」ということなのであり，後天的に「願わくばこうなってほしい」という気持ちとは一線を画す。いわば，生まれながらにして手段化された子どもを生産することにつながる。操作された子どもが親の望み通りに作られなかった場合，その親にとって子どもの価値はどのように保証されるだろうか。この「侵襲性」と「先天的な手段化」という倫理的問題によって浮き彫りとなる重大な問題は，「生命の尊厳」が脅かされないということである（生命の尊厳については，本書の **PART Ⅲ CHAPTER 3** に詳述されているので，参照されたい）。

　尊厳（Würde）とはわかりにくい概念であるが，それは価格（Werte）と対比して語られ得るものである。価格はほかのあるものの等価物として代替が可能であり，それは物件と呼ばれる。相対的価値しか持たない物件は，つねにあるものの手段としてしか存在しない。それに対して人間は，他の何物によっても代え難く，価格では測るべきではない唯一無二の存在として物件から区別される。そこにあるのは商品としての価値，すなわち相対的価値ではなく，絶対的価値としての尊厳である。したがって人間の生命は，単に手段としてのみ利用されるのではなく，つねに同時に目的として扱われなければならない，のである[6]。

　とはいえ，「よりよくありたい」「よりよくあって欲しい」という気持ちは，極めて自然な感情であるとも言えるだろう。それはスポーツに関わる人間も同様である。

　遊びとしてのスポーツ。スポーツは教育である。スポーツの本質はフェアプレイである——。よく耳にするこれらの言説は，間違っているとは言えない

が，スポーツの本質とは言えない。むしろ，スポーツの外在的性質，あるいは外在的目的として重要視されてきた諸性質である。スポーツの核となる要素は競争性であり，その内在的目的は勝利追求にある。この論理がスポーツにある限り，勝利追求に対する欲望も際限はない。テクノロジーは，その欲望と相まって，スポーツを進歩，発展させてきた。その一端は，ドーピング技術の歴史にも見て取れる。薬物ベースのドーピングが浸透した後には，1970年代に血液ドーピングに関する研究報告がなされ，現在は遺伝子ドーピングである。生命科学技術がさらに進歩したとき，次にくるドーピング技術はどのようなものだろうか。

　ここまでくるとバイオテクノロジーに畏怖を感じずにはいられないが，問題はテクノロジーではない。そうではなくて，テクノロジーを扱う人間の欲望といかに向き合うか，である。

本来の意味における幸福追求を求めて

　人間には幸福追求権があり，自分の欲望を満たす自由もあると考えられている。完全性を求めてよりよくなろうとすることの何がいけないのか，それを自分の子どもにしてあげようとすることの何がいけないのか。個人の自由ではないか，という声を，たとえば自由至上主義者（リバタリアン）たちは支持する。この場合，遺伝子治療技術やゲノム編集技術を用いて身体能力を高めたいと思う人は実行し，そのような行為に嫌悪感を持つ者は拒否するようになる。個人の自由として前者に規制をかけなければ，体細胞操作から生殖細胞操作へ，またさらに次の段階へ，とどんどん進むことになる。そのときに問われるのは，もはや個々の人間の在りようではなく，類概念としての人間存在についてである。個人の自由の範囲を超えた「人間とは何か」という根本的な問題にすでにスポーツ界は直面しているのである。

　このような場合，私的な範囲における欲望だからといって，何をしても自由であるとは言えなくなる。個人としてのではなく，類的人間存在としての欲望

＊**自由至上主義（リバタリアニズム）**　個人の自由を尊重する立場。他者の身体，生命，私的財産を侵害しない限り，各人の望む行為や選択は尊重されると考える立場。

の在り方を考えなければならないだろう。決して欲望の感情それ自体を否定するわけではなく，個人の自由を最大限尊重しつつも，私的な自由の中にも一定の義務を課すことが重要となってくる。その自己に対する義務の必要性について論じた哲学者に，たとえばドイツの哲学者であるイマニュエル・カントがいる。

　カントは，他者の尊厳を尊重するだけではなく，自分自身の尊厳もまた大切にせよと説く。たとえば，勝利追求という特定の目的に対して，手段としてのみ扱うような身体，生命への棄損行為は許されないわけであるが，それが他者だけではなく自分自身にも向けられる。自己義務の内実は，「自己の人間性を破壊しないこと」と表されるが，この考え方に従えば，物質だから何をしてもよい，というような考え方には陥らない。人間の尊厳を破壊しかねない行為を，しかも何か他の目的のためにのみ行うことによって，自身の人間性や道徳性を破壊してはならないという，内なる規制が見いだされる［Kant 1785］[7]。

　個人の自由を規制するのが社会や他者によってではなく，また，個人の自由を最大限尊重しつつ各人の行き過ぎた欲望に歯止めをかける規制として，この自己義務の概念，自分自身に対する責務という考え方は，現代社会においてこそ見直されるに値すると言えるのではないだろうか。その背後には，人間の生命，いのちに対する見かたそのもの——思想——が問われているに違いない。

⑤　「スポーツの価値」から，「スポーツをすることの意味の哲学」へ

　本書でも確認してきたように，生命科学分野の研究領域における進歩は非常に目覚ましいものがある。第三世代のゲノム編集技術である CRISPER-Cas9 の登場により，従来の遺伝子組換え技術よりも効率よく遺伝子を改変できるようになった。このような技術の確立は，われわれが生きる社会において，さまざまな幸福や恩恵とともに，多大な影響も与えることになる。たとえば石井は，遺伝子ドーピングの時代からゲノム編集ドーピングの時代へ移行しつつあると指摘している［石井 2017］。

　まず考えるべきことは，ドーピングはもはやスポーツ界においてのみ問題となるわけではないという点である。知的向上や性格の修正など，治療を超えた能力向上を意図したエンハンスメント自体が社会に受け入れられるようになれば，なぜ身体的エンハンスメントはいけないのか，という問題に直面する。一般社会において身体的エンハンスメントが許容されるようになれば，スポーツ界においてのみ禁止することの正当性をいかに担保し得るだろうか。スポーツに関心のある者もない者も，このエンハンスメントの問題は社会問題として共有される必要があるだろう。科学技術の進展に見合うような，学際的な協同に基づく倫理的議論の活性化，そして法的整備も期待される。

　あるいは，個々人の遺伝情報の収集や分析が，個人のトレーニングやパフォーマンス向上のために健全な範囲で活用されることを超え出て，個人の自由意志を無視した形で恣意的に選手選別のために悪用されるような可能性も想定する必要があろう。何をどのように規制するかを明確にすることは，技術をすべて否定するのではなく，健全な使用へともたらし，人類の幸福に寄与することに近づくはずである。そのためにこそ，正しい科学的知識や情報の提供，教育的活動は必要不可欠である。

　再述するが，遺伝子ドーピング問題やエンハンスメントの問題に対しては，社会全体が向き合っていくことが重要である。本書の PART Ⅰ CHAPTER 2 で竹越が指摘したように，遺伝子リテラシー教育は今後必要不可欠となろう。また，「人間とは何か」，「人間がスポーツをする意味とは何か」といった視点を持ちつつ，エンハンスメント教育とスポーツ文化教育を両立させていくことが，今後のアンチ・ドーピング教育においては肝要となる。

おわりに

　スポーツは，スポーツの本質として，なにか金科玉条のごとく定まった内実があるわけではない。ゆえに，曖昧なこのスポーツの本質なるものを根拠として何らかの規範（道徳的判断）を見出すことは困難である。次世代に文化としてのスポーツを継承していくためには，今後のスポーツの在り方をどうするべきか，われわれが考え，合意形成を目指し，「スポーツの倫理（Ethics *of* sports）」

を形作っていく必要がある。そこでは，スポーツの価値ではなく，むしろ，（人間にとって）スポーツをすることの意味の哲学が求められていよう。

　　追記：本章の原稿は，これまでに筆者が執筆した以下の諸論文，論考を部分的に
　　修正し，採用した箇所があることを付言する。

　竹村瑞穂［2015］人間の尊厳を破壊するドーピング──金メダリストをデザインす
　　ることの何が問題か？。『現代スポーツ評論』32，77-85。
　竹村瑞穂［2018］遺伝子ドーピングの形而上学──遺伝子を操作することの道徳性
　　をめぐって。『日本福祉大学スポーツ科学論集』1，11-20。

注

1）「国際基準」には，「禁止表国際基準」のほか，「検査およびドーピング捜査に関する国
　際基準」「治療使用特例に関する国際基準」「プライバシーおよび個人情報の保護に関す
　る国際基準」および「分析機関に関する国際基準」がある。
2）バンベリー・ワークショップにおける決議案全文については，以下を参照されたい。
　Schneider, A and Friedmann, T.［2006］*Gene doping in sports: The Science and ethics of*
　genetically modified athletes. Elsevier. pp.74-76.
3）トゥーリーの人格論に対する批判の1つは，非人格切り捨て論であるという指摘であ
　る。また，自己意識が人格であるとするような人格概念の再考も求められた。
4）Alleyne, R.［2012］genetically engineering "ethical" babies is a moral obligation, says
　Oxford professor. *Telegraph.* URL: http://www.telegraoh.co.uk/news/science/science-
　news/9480372/Genetically-engineering-ethical-babies-is-a-moral-obligation-says-
　Oxford-professor.html を参照されたい（2021年8月9日アクセス）。
5）以下を参照されたい。https://www.who.int/news-room/detail/26-07-2019-statement-on-
　governance-and-oversight-of-human-genome-editing（2021年8月9日アクセス）
6）ドイツの哲学者である，イマニュエル・カントの思想に基づくこの考え方については，
　たとえば以下の論文を参照されたい。竹村瑞穂［2014］競技スポーツにおける身体的エ
　ンハンスメントに関する倫理学的研究：より「よい」身体をめぐって.『体育学研究』
　59(1)：53-66.
7）たとえばカントは，「…人間は物件ではなく，したがってたんに手段としてのみ扱われ
　ることはできず，かれのあらゆる行為に際していつも目的それ自体として見られなけれ
　ばならない。それゆえ，私は，私の人格のうちにある人間を勝手に処理し，それを損
　なったり駄目にしたり殺したりすることは出来ない」［Kant 1785: 429］と述べる。

文　献

Alleyne, R. [2012] genetically engineering "ethical" babies is a moral obligation, says Oxford professor. *Telegraph*. URL: http://www.telegraph.co.uk/news/science/science-news/9480372/Genetically-engineering-ethical-babies-is-a-moral-obligation-says-Oxford-professor.html（2021年8月9日アクセス）

Bartlett, R., Gratton, C. and Rolf, C. G. [2010] *ENCYCLOPEDIA OF INTERNATIONAL SPORTS STUDIES*. Routledge. 366-369.

Barton-Davis, E.R. et al. [1998] Viral mediated expression of insulin-like growth factor I blocks the aging-related loss of skeletal muscle function. Proceedings of the national academy of science, 95. pp.15603-15607.

石井哲也 [2017]『ゲノム編集を問う──作物からヒトまで』岩波書店。

Kant, I. [1785] *Grundelegung zur Metaphysik der Sitten.* Akademie ausgabe IX, Kant's Gesammlete Schriften. Walter de Gruyer & Co.

森岡正博 [1995] 生殖系列細胞の遺伝子治療をめぐる倫理的問題。千葉大学編『生命・環境・科学技術の倫理資料集』所収。URL: http://www.ethics.bun.kyoto-u.ac.jp/genome/genome95/31morioka.html（2021年8月9日アクセス）

Müller, R.K. [2010] History of Doping and Doping Control. In: Thieme, D. and Hemmersbach, P. (Eds.) *Doping in Sports, Handbook of Experimental pharmacology, 195.* Springer.

Munthe, C. [2000] Selected champions: making winners in the age of genetic technology. In: Tännsjö, T. and Tamburrini, C. (Eds.) *Values in sport: Elitism, nationalism, gender equality and the scientific manufacture of winners.* Taylor & Francis.

Musarò, A. et al. [2001] Localized Igf-1 transgene ex-pression sustains enlargement and regeneration in senescent skeletal muscle. *Nature Genetics*, 27. pp.195-200.

Sandel, M.J. [2007] *The case against perfection. Ethics in the age of genetic engineering.* Belknap Harvard.

Schneider, A. [2004] Doping. In: Torres, C. R. (Ed.) *The Bloomsbury competition to the philosophy of sport.* Bloomsbury.

Schneider, A and Friedmann, T. [2006] *Gene doping in sports: The Science and ethics of genetically modified athletes.* Elsevier.

竹村瑞穂 [2014] 競技スポーツにおける身体的エンハンスメントに関する倫理学的研究──より「よい」身体をめぐって。『体育学研究』59(1), 53-66。

竹村瑞穂 [2015] 人間の尊厳を破壊するドーピング──金メダリストをデザインすることの何が問題か？。『現代スポーツ評論』32, 77-85。

竹村瑞穂 [2018] 遺伝子ドーピングの形而上学──遺伝子を操作することの道徳性をめぐって。『日本福祉大学スポーツ科学論集』1, 11-20。

竹村瑞穂［2018］アンチ・ドーピング教育を抜本的に問い直す——遺伝子ドーピング時代に向けて。『現代スポーツ評論』38, 80-88。

Tamburrini, C. ［2007］ After doping, what? The morality of the genetic engineering of athelets. Miah, A, and Eassom, S. B.（Eds.）*Sport technology: history, philosophy and policy.* Emerald.

Tooley, M. ［1972］ Abortion and Infanticide. *Philosophy & Public Affairs*(2): 37-65.（Stable URL: http://www.jstor.org/stable/2264919）

WADA（2021）World Anti-Doping Code 2021.

Ⅱ

CHAPTER 2

スポーツの意味と哲学

関根正美

はじめに

　スポーツの本質が勝利を目指すものであるならば，遺伝子ドーピングはスポーツが目指すものを獲得する有効な手段といえるだろう。しかし，そこには違和感があるのではないか。その違和感が何に由来するのか，そしてわれわれはスポーツと共に，どのように生きる道があるのか。この問いを，サンデル，ワイス，レンクといった哲学者たちの言説を頼りに探ってゆく。スポーツの哲学は必ずしも今のスポーツ界やオリンピックを守るための思想ではなく，われわれ自身を問うことである。

① ●● 遺伝子ドーピングによるシナリオ

（1）競争原理の徹底化

　今のところスポーツの世界も一般の社会も，ドーピングは悪であるとの合意ができている。この共通認識があるかぎり，スポーツでのドーピングが解禁されることはないであろう。だが，社会がドーピングの弊害よりもドーピングによる競技のスペクタクルを望むようになれば，事態は変わるかもしれない。

　近代スポーツは，最初からトーナメントによる実力ナンバーワン決定戦を行っていたわけではなかった。有名なラグビーの歴史でたとえるならば，事の起こりはラグビー校という校内でのプレイが始まりであった。それが大学で行われるようになって，たとえばケンブリッジとオックスフォードの対抗戦という形になり，競争の度合いを強めていく。その最終形がトーナメントによる実力ナンバーワン決定戦である。近代スポーツは時間の流れとともに競争を明確

にしていく。近代スポーツは競争原理を柱として発展してきた。ドーピングの容認によって競争原理はさらに激化する可能性がある。

　この競争原理を徹底するのであれば，遺伝子ドーピングにかぎらずドーピングそのものによってスポーツの価値が損なわれることはない。ドーピングによって「より速く，より高く，より強く」への人々の憧れは，むしろドーピングを行った競技者たちによって，人々のより望む形となっていくであろう。

（2）テクノロジーがアスリートの価値を決める

　競争原理の激化によってスポーツにおける勝利の地位はますます高くなるだろう。スポーツにおける遺伝子ドーピングは勝利を目的として，それぞれの種目の競技者がより勝ちやすいプログラムを設計し，それが競技者に組み込まれる。しかし，それが新たな問題を引き起こすと考えられる。

　ハーバーマス*は遺伝子工学によるヒトのプログラムについて次のようにいう。「プログラムされた側は，プログラムした側の意図を解釈できるが，修正したり，そういうことがなかったことにすることはできない」［ハーバーマス，三島訳 2004：108］。競技者が事前にプログラム内容の希望を技術者に伝えることが可能であったとしても，いったん操作が始まってしまえば内容はプログラムする側に決定権がある。競技者は，自分がどのような期待をされてプログラムされたのかを知ることはできる。どのようにプレイすればよいのかもわかる。けれども，それに異議を唱え，自分が目指したい身体やプレイスタイルに応じたプログラムに自分で変更することはできない。設計者および技術者と競技者は対等の関係ではない。それは選手とコーチの一般的な関係とは違うものとなる。

　その時，何が起こるか。たとえ試合に勝ったとしても，その評価は競技者のパフォーマンスではなくプログラム設計者と技術者にもたらされる。アスリー

＊ユルゲン・ハーバーマス　（1929-）世界的に活躍するドイツの哲学者（フランクフルト学派）。公共性を重視したコミュニケーション論を積極的に展開した。また，科学技術が社会に与える影響など応用倫理的な著作も多い。

トの勝利は本人の努力や試合での奮闘ぶりではなくテクノロジーのおかげにな
るだろう。これまで勝利に際し称えられてきた競技者の努力や自己克服などに
代わって，テクノロジーそのものが称賛の対象になるだろう。

（3）勝敗に偶然性はない

　もし，遺伝子ドーピングが認められて，通常に広く行われる場合に，スポー
ツの勝敗決定はどのように変わるだろうか。

　遺伝子ドーピングによって作成されたアスリートの能力は，プログラム化さ
れたうえでの決定版である。アスリートに応用された場合，親から受け継ぐは
ずの能力の偶然性が消される。親と子が似ることは，同一であることとは異な
る。通常の生殖によって子が親から受け継ぐ能力は親のコピーではない。似て
いる点はあるけれども「違う」のである。能力さえもプログラム化しうる技術
は，能力の偶然性を消してしまう。原理的には親（コピー元）のデータによっ
て，子（ペースト先）の成績も予測できる。競技の結果が出た後に，遺伝子デー
タの比較によって勝因と敗因を明らかにもできるだろう。たとえば陸上短距離
の決勝レースのあと，遺伝子の解析によって順位があらかじめ決められていた
通りであったことが判明するのではないか。「勝ちに不思議の勝ちあり」とは
野球の故野村克也監督の言葉だが，遺伝子ドーピングが導入されたあとの競技
の世界には「勝ちに不思議の勝ちなし」という世界に変わるだろう。

（4）経済動物としてのアスリート

　もし遺伝子ドーピングをしないと勝てない状況になったら，スポーツはどの
ような世界になっていくだろうか。

　遺伝子ドーピングに限らずドーピング一般は選手個人の力のみで行われるの
ではない。そのことは，現在ではスポーツ関係者にも共有される認識となって
いる。カール－ハインリッヒ・ベッテとウヴェ・シマンクは次のように述べて

＊「勝ちに不思議の勝ちあり」　もともとは松浦静山によるといわれる『常静子剣談』に書かれた言
　葉。（武道書刊行会編『新編武術叢書』，人物往来社，1968年，p.392）

いる。「ドーピングはスポーツ内の関係者の利害がスポーツ外の関係者の期待と結びついたことから生じた現象であるから，それが解決へと至るのはこの体勢が全体として――国際的な次元を含み――互いに整合性のあるやり方で問題に取りかかるときだけである。どの関係者にとってもすべてが絡み合っているということが，重要かつ不可欠のことである」[ベッテ／シマンク，木村訳 2001：295]。スポーツ内の関係者とは，コーチ，医師，役員などであり，スポーツ外の関係者とはマスコミ，スポンサー，観客などである。現代の特にトップレベルのスポーツで行われるドーピングは競技者個人の非道徳的な行為ではなく，関係者が手を貸し圧力をかけることで引き起こされる「複合的な構造やプロセスが絡み合う現象」[ベッテ／シマンク，木村訳 2001：294]なのである。今日のスポーツでドーピングをしてまでも勝ちたいと願うのは，競技者だけではない。さまざまな関係者の利害関係の中でドーピングは仕組まれ，実行される。そして利害関係は，ドーピングが発覚すれば壊れる。[1)]

　実際にソウルオリンピックでのベン・ジョンソンのドーピング騒動について，ハンス・レンクは「専門家集団は，ベン・ジョンソンに陽性反応が出て，それにマスメディアが群がってはじめて何らかの行動に出たのである。スポーツは，ドーピングの濫用によって，今にもその市場価値ならびに広告価値に大きな損失を被りそうなのだ」[レンク，片岡監訳 2000：117]と述べて，市場価値をめぐるスポーツ関係者の利害関係を指摘している。

　遺伝子ドーピングを含むドーピングが容認され，人々が前人未到のパフォーマンスを観たいと願い，それを満たすことで得られる経済的利益に関係者が群がると，アスリートの社会的価値はどのようなものになるだろうか。ドーピングを行うことで勝利や前人未到のパフォーマンスに経済的価値が集中すれば，アスリートの人格や努力の価値は失われる。アスリートに期待される価値は，経済価値に結びつく勝利と驚異的なパフォーマンスを見せることのみである。それらを生み出す（プログラム化する）ことが関係者の経済的な利害に直結して

＊ベン・ジョンソンのドーピング騒動　1988 年ソウル大会で，男子 100m のカナダ代表選手であったベン・ジョンソンがドーピング違反により金メダルを剥奪された事件のこと。

いくことで，これまで人格なども期待されてきたアスリートの価値は経済的なものに集約されていくであろう。アスリートは神話的な存在というよりは経済的利益のために作られた存在となるであろう。

　テクノロジーがアスリートの経済的価値を決定することで，アスリートはテクノロジーによって作り出される経済動物の地位になってしまうかもしれない。はたしてこのようなスポーツにわれわれが関わりたいと思うのか。アスリートは自分の勝利と引き換えに，このようなスポーツ世界に生きたいと思うだろうか。このようなアスリートが観客のヒーローとなるのだろうか。

（5）もう1つのシナリオ

　次に，もう1つの世界を紹介しておこう。それは伝統的なスポーツ観で，スポーツ哲学という研究領域における2人の代表的な哲学者が導き出したスポーツの意味である。両者共にある種の理想主義に支えられている。ここでの理想主義とは，「『現実』と人々が呼ぶものの力に屈したり諦めたり妥協したりせずに，どこまでも『善さ，正しさ，美しさ』を追求していく姿勢が，イデアを恋い求める理想主義の哲学」［納富 2015：231-232］という意味である。また，本章のスポーツ哲学とは，ヤスパース研究者であると同時に柳宗悦研究者の大沢啓徳の次の言葉で表される立場である。「哲学を語るということ——さらにいえば，その哲学を自ら生きようと努めること——は，この広大な宇宙のなかで，じつに小さな，しかしかけがえのない一個の人間が，人間としてどう在るべきかを問いつづけることである。だから哲学をもたないということは，何ら問いを発することなく，現在の状況を無反省に受け入れることであり，それは結局は，今さえよければ，自分さえよければ，それで構わないという消極的な態度に帰着するだろう」［大沢 2018：285-286］。本章においてドーピング，遺伝子ドーピングをスポーツ哲学として考えることは，スポーツに関わるわれわれのあり方を問うことである。

　スポーツの現実はきれいごとだけで済まないかもしれない。オリンピックでは常にドーピング違反があり，スポンサーをはじめとする商業主義に選手が翻弄されている現実もあるかもしれない。また，2012 年の大阪での体罰事件か

らスポーツ界での体罰と暴力の問題が明るみに出されている。「スポーツとは汚い世界でろくなものではない」という認識をわれわれが現状においてもちつつ，スポーツの価値や魅力をテクノロジーに委ねてアスリートの経済動物化を楽しむ道もあるだろう。しかし，次に紹介するのはスポーツやアスリートに「善さ，正しさ，美しさ」を見い出そうとした2人の哲学者の考え方である。それらを通じてわれわれは，遺伝子ドーピングによって司られる世界とは別の世界をスポーツに見ることになるだろう。その2人の哲学者はポール・ワイス（1901-2002）の卓越論とハンス・レンク（1935-）の達成論である。

②●●スポーツの意味へ──卓越と達成の世界

　スポーツ界でドーピングを禁止する理由のうち，特に能力向上という面とかかわりのある理由は「フェアネス（公平性）」である。もしドーピングによって競技能力を向上させたなら，ドーピングをせず自分の身体と努力のみで戦っている相手に比べて不正な手段で能力を向上させているとされる。よって，ドーピングでアドバンテージを得ることはアンフェア（不公平）であるとの理由である。この禁止理由には決定的な弱点がある。それはドーピングを解禁して試合に参加するひと全員がドーピングを行えばアンフェアではなくなる点である。もしドーピングが安全で，医学上の禁止理由が克服されるならば，ドーピングが競技者に解禁されることもありうる。マイケル・サンデルも『完全な人間を目指さなくてもよい理由』のなかで，「スポーツの中での遺伝子増強が道徳的に問題であるとすれば，それは公平性以外の理由によらなければならない」［サンデル，林・伊吹訳 2010：16］と述べている。

　競技者全員がドーピングを行ったとして，それが問題となるのは競技者における道徳だけではない。ドーピングはスポーツの意味と競技者の生き方にも影響を及ぼす。要するに，遺伝子ドーピングが許されるスポーツを競技者が望

＊ **2012年の大阪での体罰事件**　2012年に大阪の桜宮高校のバスケットボール部で生じた体罰，暴力事件のこと。指導者による部長を務めていた生徒への暴力が認められ，またその生徒が自死に至った。

み，遺伝子ドーピングを行う競技者によって争われるスポーツをわれわれが見たり参加したりしたいと思うかであり，そのような世界に生きたいかという問題である。それが明らかになることによって，競技者が納得できるスポーツの意味と，われわれが遺伝子ドーピングに抱く違和感が明らかになるだろう。

　これまでスポーツ哲学の研究者はスポーツ教育の立場と同様に，ドーピングをしてまでも勝つことに意味があるのだとは考えてこなかった。では，スポーツの中心的価値あるいはわれわれがスポーツをする意味の中心は何であると考えられてきたのか。代表的な2つの考えを次に紹介しておこう。

（1）卓越論──ポール・ワイス

　サンデルは先の文献の中で，スポーツ選手が薬物を使用した場合に汚されるのは努力か天賦の才かという問いに対し，一般的には努力と答えるだろうとしたうえで次のように述べる。「だが，努力はスポーツの要点ではないのに対して，卓越性はスポーツの要点である」［サンデル，林・伊吹訳 2010：31］。卓越性とは「優れている」ことを意味し，スポーツにおいて重要なのは「努力したかどうか」ではなく「優れているか」であるとしている。この「優れている」という卓越概念をスポーツの魅力や謎を説明するときのキーワードにすることで，ワイスは何を語ろうとしたのだろうか。

　ワイスはエール大学の哲学教授を務め，形而上学の著作を多く残した人である。彼は 1969 年に "Sport: a Philosophic Inquiry" を著し，1985 年に片岡による日本語訳『スポーツとは何か』が出されている。この著書は長らくスポーツ哲学の基本文献になっている。

　ところでわれわれは，競技者にどのようなイメージを持つだろうか。並外れた身体能力をもち，修行僧のように日々の鍛錬を怠らず，強い精神力をもち，フェアにプレイする人。一方で，鍛え上げた体力を持て余し，粗暴で酒に強く，豪放磊落な人。ワイスが描き出す競技者は前者のイメージである。

　ワイスは競技者について，次のように述べる。「競技者は人間の姿をした卓越である」［ワイス，片岡訳 1985：23］。競技者はすばらしい姿をわれわれに示すのであるが，その姿を人間はただ単に鑑賞するだけではない。「わたしたちを

代表することで，競技者は，私たちすべてを，あたかも完成された人間であるかのようにさせる。私たちは，そのような代表者が達成する事柄によって，喜ばされざるを得ない」［ワイス，片岡訳 1985：21］。ワイスによれば，競技者はわれわれの理想を現実化してくれる存在とされる。競技者が一般人にとって１つの模範像であるとの点では，ドーピング禁止理由の１つに挙げられる「競技者の社会的影響」の基礎となる競技者像である。

　この卓越という考え方に対しては，優れていることを価値の中心に置くことによって勝利至上主義を助長しているのではないかとの批判が可能である。しかし，競技者を卓越した存在であると考えることは，競技者の価値を再認識させることになる。一流の競技者のパフォーマンスを観た時に人は驚き，プレイに対して畏敬の念を抱く。これはスポーツと競技者への素朴な態度であろう。しかし時として，一般に社会的地位のある人間からトップレベルの競技者さえも，その存在を軽んじられることがある。2004 年にプロ野球の選手からなる労働組合が試合のボイコットを検討したことがあった。それに対し，当時の有力球団に力をもつ（長らくその球団のオーナーを務めていた）人物から「たかが選手が」との侮蔑ともとれる批判が選手会に浴びせられた。ワイスの「卓越する存在」としての競技者像は，スポーツで優れている人間への無理解に修正を迫るものであるといえる。

　では，スポーツをする人は，どのようにしたらワイスが語るような「卓越する人」になれるのだろうか。そのための重要な条件が「献身」である。ワイスは献身について，次のように述べている。「他のほとんどの人と異なるのは，彼が献身する点である。その結果として彼は義務を引き受け，それを満たすために並外れた努力をする」［ワイス，片岡訳 1985：260］。スポーツを行うだけで優れた人になれるわけではない。競技者は並外れた努力をすることで優れた人になれるとワイスは言う。

　献身とは，並外れた努力でもって最善を尽くすことであり，１つのことに身を捧げることである。一般に人は日常において卓越することや献身への願望を語る。たとえば，年賀状に「今年は……に尽くす所存です」という表現で決意を書くことなどは，その表れである。だが実際の人生において献身は難しく，

普通の人にとって卓越も献身もたいていは願望に留まる。それが日常的な人間の世界である。競技者もただ強いチームに所属し，大きな試合に出場しただけでは「優れた存在」とはならない。スポーツをして結果を出せば尊敬を集める選手になれるというわけではない。ワイスが考える「卓越せる存在」としての競技者は，一般の人が「そうありたい」と願いながらも実際に行うことは難しい「献身」をなしてみせるスポーツ選手のことである。こうして，スポーツ選手は優れた芸術家や宗教家，科学者などと同じように卓越せる競技者になれるのである。

（2）達成論——ハンス・レンク

遺伝子操作技術は，人間にどのような影響を与えるのか。ハーバーマスは次のように述べている。「遺伝子プログラムとともにわれわれのライフヒストリーのうちに入り込んでくる『他者の意図』が阻害的なファクターとなるかもしれないのは，まずはこうした『自己自身であること』との関係においてであろう」［ハーバーマス，三島訳 2004：97］。達成論とは，ハーバーマスがいうところのライフヒストリー，つまり自分の人生において「自己自身であること」をスポーツで実現する試みである。

スポーツ哲学で達成論を唱えたのは，ハンス・レンクである。彼はドイツのカールスルーエ大学で長く哲学の教授職にあり，1960 年のローマオリンピックでボートのエイトで金メダルを獲得している異色の哲学者である。かれは人間が生きるうえで「自ら目標を掲げてそこに向かって成し遂げる行為」を達成（Leistung, achievement）と呼び，スポーツ哲学の中心概念にしている。

レンクのスポーツ哲学はホモ・ペルフォルマートル（Homo Performator）との人間観から始まる。これは「成し遂げる存在」「達成人」を意味する。レンクは「人間というものは自分の力で何かを成し遂げる存在である」ことを人間の特徴と考える。もっとも達成にも「強制された達成」と「自由に選ばれた達成」の 2 種類があり，レンクが唱えるのは「自由に選ばれた達成」である。レンクはさらに「創造的な企て」という意味も込めて，「独創的達成」（Eigen-leistung）という概念でスポーツの意味に迫る。これは，「成し遂げる存在」と

いうレンクの「人間観が反映した形での，そして人間がそれによって自己を獲得するような自由に選ばれた創造的で独自の達成」[関根 1999：74] という意味である。そして，独創的達成によってもたらされるレンクのスポーツ哲学の要点をまとめるならば，「人が生きていて良かったと感じる時，その実感を媒介しているのがレンクの意図している独創的達成なのである。たとえば，世界チャンピオンになれなかったとしても，自らの意志に基づいて困難を克服し生涯最高のプレーができれば，そこには独創的達成が存在しているといえるであろう」[関根 1999：75] ということになる。

　達成論の要点は，それが努力の道徳的価値にあるのではない。つまり，成し遂げることが道徳的によいものであり，価値があるという理由で達成が推奨されるのではない。また，成し遂げることは社会的な評価につながったり褒めるに値するから価値があるというのでもない。それは道徳的観点や社会的評価とは別の次元で，努力の過程も結果も「自分のもの」であり，努力や結果の源泉が「自己自身」であることが重要である。

　レンクは自身が金メダリストである。にもかかわらず，スポーツには金メダル以上に大事なものがあるという。1960 年のローマオリンピックでの勝利から 55 年が過ぎた 2015 年に，彼はドイツの新聞からインタビューを受けている。その中で，「あなたは（哲学者であると同時に）スポーツマンだったのか」との問いに対し，次のように答えている。「確かにそうです。しかし何が何でも他者を打ち負かさねばならないという意味での競技スポーツ選手ではありませんでした。私は達成スポーツ選手で，自己の達成が重要だったのです」[Frankfurter Allgemeine Zeitung 2015:40]。レンクは他者との競争ではなく，いかに自分の意志で成しえたのかにスポーツの意味を見出していた。レンクの達成論の要点は，スポーツを通じて常に「自己であること」であり，それが自己確証につながる点にある。

③ ●● エンハンスメントと贈与・達成の哲学

　ここからの議論は達成論を軸にして，ドーピングの中心的なテーマである

「能力向上」つまり「エンハンスメント」の問題を考えてみたい。エンハンスメントはスポーツで常に行われているのであるが，人為的になされる場合，どこに問題があるのだろうか。人為的なエンハンスメントを疑問視する立場のマイケル・サンデルとレンクの論を比較考察しながら，人為的なエンハンスメントに反対する根拠を浮かび上がらせてみよう。

（1）サンデルの「贈与」

　スポーツにおけるエンハンスメントの問題に対して，サンデルの「贈与」とレンクの「達成」は異なった主張をしながらも，ともにエンハンスメントへの異議申し立てをしている。両者の主張の違いを検討しながらスポーツでのエンハンスメントに反対する両者の理由を明らかにしてみよう。

　サンデルの考えを理解する鍵は，「生の被贈与性（giftedness of life)」という概念である。これは人間が持っている才能や素質は与えられたものであって，努力によって才能や素質を発展させようとも，われわれには及ばない領域があることを認めるという意味である。サンデルは「生の被贈与性」という概念で，人工的に手を加えてはならない領域に居場所を与えている。彼によれば，われわれが薬物であれ遺伝子の技術であれ，贈与された才能や能力——それは神からなのか両親からなのか偶然なのかはわからないが——に手を加えてしまうことは，人間らしいスポーツを堕落させてしまうという。

　サンデルの考える人間らしいスポーツとは，贈与された才能や能力を温存し発揮することを意味している。その点で薬物や遺伝子操作にせよ，努力までもが「被贈与性」と対立するものとみなされる。この点は，一般にわれわれがスポーツの努力を人間らしさと理解する常識的態度と決定的に異なっている。サンデルは，マイケル・ジョーダンの例を挙げて，次のように述べている。「凡庸なバスケットボール選手が，マイケル・ジョーダンよりもいっそう弛みない鍛錬や練習を積んだからといって，彼がより大きな絶賛やより高額の契約に値するなどとは誰も思わない。スポーツ選手の遺伝子改造の本当の問題とは，そうした選手の存在が，自然な才能の涵養・発揮を尊ぶ人間らしい活動としてのスポーツ競争を，堕落させてしまうことにある」［サンデル，林・伊吹訳 2010：

32-33]。天賦の才を努力よりもスポーツの価値として認めるサンデルの考え方に対して，人によっては努力を軽視していると反感を持つ人もいるであろう。学校の部活動や大学スポーツにおいて，努力することの価値は誰もが認めている。サンデルの考えは，スポーツ界の正統ともいえる常識に対して異端であろうか。それが努力の価値を貶めるものであると解釈されるのであれば，スポーツ関係者にとって（特にスポーツのインテグリティ[5]を主張する人にとっては）にわかには受け入れがたい議論であろう。

　だが，この議論の重要な論点は他にある。それは，天賦の才のような被贈与性の価値を認めることで，競技者への厳しい能力主義・業績主義のプレッシャーを軽くすることができると考える点である。もし，スポーツの勝敗が努力や自分で獲得した後天的能力によってのみ決定されるとしたら，勝っても負けてもすべてが自分の責任になる。サンデルは「われわれは，自らのことを自然や神や運命の賜物とみなしているからこそ，自らがどのような存在であるかについて，完全には責任を負わずに済んでいる」［サンデル，林・伊吹訳 2010：92］と述べる。スポーツのパフォーマンスに「天賦の才」が存在する余地を残しておくことで，競技者はパフォーマンスの成否や出来栄えに対してすべてを背負い込まなくてもよくなる。現実の競技者は，特にプロフェッショナルであればなおのこと勝利至上主義の中でプレイすることを余儀なくされる。負ければ「努力不足」や「準備不足」と非難されることもある。そのような状況の中で，天賦の才は結果に対する競技者の責任を軽減してくれる。それは天賦の才（才能，素質）によってもたらされた勝利は幸運であり，天賦の才（能力不足，欠点）によってもたらされた敗北は不運であるとの解釈が許されることを意味する。

　これまでのサンデルの議論がわれわれに教えてくれるのは，エンハンスメントは「ギフト」としての天賦の才をなくすことで「努力の価値」を切り上げ，競技者の勝敗への責任を拡張してしまう。それとともに天賦の才を消失する危険も併せ持つ。このことから非人間的な行為とされる。

（2）レンクの「達成」

　サンデルの議論とは対照的に，レンクの達成概念は競技者が努力することの中にスポーツの価値や意味を最大限認める方向で進められる。いわばスポーツ哲学としては古典的な議論である。レンクの立場は努力の価値を保ちつつ，エンハンスメントに反対する立場である。

　反エンハンスメントとしての達成論の要点は2つある。1つは自己と勝敗の問題であり，サンデルの主張と対立する議論になる。もう1つは自然と人工の議論であり，この場合の「自然」概念もサンデルの「天賦の才」とは異なり，スポーツに卓越や勝利をもたらすための達成に関連づけられる。

　まず第一の自己と勝敗の議論である。これはスポーツの勝敗という結果に対して自己がどのようにかかわるかの問題である。遺伝子操作の技術は勝敗や結果に新たな責任の問題を引き起こす可能性がある。先に第1節（2）で述べたように，勝利の栄誉が技術者（プログラマー）のものとされるかもしれない一方で，望ましくない結果を得た場合（たとえば敗北）はどうなるだろうか。ハーバーマスは大人がゲノム介入によって望ましい遺伝上の性質を子孫に付与し，遺伝子操作可能な製品としての人間に支配を及ぼすことの影響を次のように述べている。「こうしたことが可能になるならば，新しく生まれた人は，自分のゲノム編集者を問いつめ，自らのライフヒストリーの身体的初期条件が持つ，本人の観点からすれば望ましくない帰結に対する責任を取らせることも生じかねないのである」[ハーバーマス，三島訳 2004：29]。望ましくない帰結の責任をゲノム作成者に問い詰めることは，スポーツでの敗北を操作された遺伝子のせいにすることに通じる。

　だが，勝利の場合はさらに深刻な事態が起こることが予想される。第1節（2）で述べた「技術者の勝利」の裏で，競技者は試合の順位や記録といった結果以上に重要なものを失うかもしれない。たとえばオリンピックでの陸上の短距離種目を考えてみよう。競技者は最後のわずか9秒のために4年間という長い人生を捧げる。競技者は4年間に経験するだろう挫折や故障，それらへの恐怖と心理的葛藤を克服してオリンピックのスタートラインに立つ。4年間の間にそれらをすべて克服し，勝利を得た時，その勝利が医学者や技術者の

ものであったとすれば，競技者の 4 年間は意味を失ってしまう。

　競技の責任の主体が競技者から遺伝子技術者へ移るというのは，勝利も敗北も競技者に意味をなさなくなることである。それは競技者の自己の問題に関わる。ドーピング（とりわけ遺伝子ドーピング）によるエンハンスメントは，勝利も敗北も競技者の自己から離れたところに移る。競技者にとって結果までの出来事は自己のものでなくなる。この状況で競技者にとってスポーツの意味はどこにあるのだろうか。このようにして，自己と勝敗が切り離されるエンハンスメントは，レンクの達成論から問題視される。

　第二の自然と人工の論点はテクノロジーの時代においてエンハンスメントの問題に限らず，たとえばロボット開発の領域においても重要視されてきている。それは特に自然と人工の区別に関する事柄である。たとえば，檜垣立哉は，生命とロボットについての論考の中で，「自然と人工，そしてテクノロジーと人間的なものという区分は維持できるのかという問いは，ロボットにかぎらず一般的なものとして，巨大な哲学のテーマになってきてもいる」［檜垣 2013：45］と述べて，自然と人工の区別にテクノロジーと身体の問題を指摘している。スポーツの場合は，自然と人工の区分という問題が重要ではない。スポーツで重要なのは，技術やトレーニング法の改良などの達成行為も人間の「自然」に属することで，ドーピングなどのテクノロジーは人間の達成行為としての「自然性」を侵害するという議論である。

　レンクは「アーノルド・ゲーレンが主張したように，人間における『自然性』とは『文化』のことである。まさにそれは『第二の自然』と呼ばれるものである。これはとりわけ，スポーツにあてはまる」［レンク，畑・関根訳 2017：71］と述べ，スポーツにおける自然の問題を自然と人工の区別問題とは異なる議論を展開する。もちろん人間には第二の自然に先立つ「第一の自然」がある。それは生物学的な自然であり，人間は生物学的に超えられない限界をもっている。人間は競走馬のように 2400m を 2 分 20 秒台で走ることはできないし，イルカと同じように泳ぐこともできない。このような限界が第一の自然であるのに対し，第二の自然は人間の能力を改良し改善していく創意工夫の力である。たとえば走り高跳びの技術史の中でフォスベリー・フロップ（背面飛び）

を考えてみよう。フォスベリー・フロップの出現により，走高跳は技術革新を遂げ，今では記録を狙う選手のほぼすべてがフォスベリー・フロップを採用している。その画期的な飛び方はフォスベリーが新しく考案し改良を重ねた技術であり，ドーピングによるエンハンスメントの結果ではない。レンクはその新たな技をフォスベリーによる独自の創造的な達成であると評価している。走り高跳びの改良に現れたフォスベリーの達成は，レンクの考える達成行為なのである。「少なくともそれをスポーツに適応する限りにおいては，独自の創造的な達成行為は第二の自然とみなされる」［関根 2019：98］。スポーツは生物学的な第一の自然の基礎に創造的な達成行為という第二の自然が加わることで発展していくと考えられる。

（3）サンデルの「贈与」とレンクの「達成」の間で

　いずれもエンハンスメントに対して否定的な立場であることが確認できた。両者の力点と議論の方法は異なる。しかし共通点がある。それは「天賦の才」も「創造的な達成」も自分独自のものという点である。両者ともに自己自身に付与され，自己自身が成し遂げるという点で，自己自身に関わっている。サンデルの「贈与」もレンクの「達成」も自己自身に関わってエンハンスメントに否定的であると思われる。人為的エンハンスメントに異議を唱える要点は，スポーツが「自己に関わる行為」であるとの理由によっている。この自己自身とスポーツの関係について，次項で最後に考察を加えておきたい。なぜなら，われわれは自分の人生を自分で生きなければならないし，スポーツも自分でプレイしなければならないからである。スポーツも人生も，誰かが代理で行うものではなく自分で行わなければならない。最後にわれわれ人間がスポーツに関わる意味と，そこに現れるスポーツとは何かについて述べておきたい。

④ スポーツの多元性
——ライフヒストリーとしてのスポーツ

（1）スポーツと生——一瞬の夏から多元的に生きることへ

　作家である沢木耕太郎による『一瞬の夏』というノンフィクション作品がある。あるプロボクサーの再起戦ともいうべき東洋太平洋タイトルマッチの実現に関係者がそれぞれの思いを抱えながら結集する。試合の結末は必ずしもハッピーエンドとはならない。「試合の結果はわかっていた。ソウルへの旅は，その確認をするための旅だったかもしれない。しかし，どこかで一分の奇跡を信じてもいた。あるいは，もしかしたら……。だが，やはり奇跡はおこらなかった」［沢木 2011：412］。一瞬の夢に賭けた人間の切なさが残る。一瞬の夢に自分を賭けることのできた人は幸せだろう。高校野球の地方大会初戦突破に賭ける，インターハイの出場に賭ける，オリンピック短距離種目の優勝に賭けるなど，スポーツに関わる中でどのようなレベルでも一瞬の夢にかけることが可能である。

　スポーツを鑑賞する側からみれば，「一瞬の夏」という悲劇性は魅力的である。瞬間的に燃えて悲劇に至る恋愛のように，一瞬で燃え尽きるヒロイズムは一種のあこがれとともに人々を魅了する。

　ここで考えたいのは，もし夢が叶った時あるいは夢が破れた時，競技者は——そしてまたわれわれは——その後の人生をどう生きるかである。ドーピングは一瞬の勝利を得るために仕組まれ実行される。旧東ドイツでドーピングによって金メダルを獲得した女性選手たちが後の人生を後遺症で生きねばならなかったとき，それが自己の人生であると納得できたのであろうか。ドーピングという不正は一瞬の栄光と引き換えに，スポーツによって競技者の人生を失わせる。それでも一瞬の栄光という魔力に引き寄せられるのもまた人間としての競技者であろう。ドーピングをしてまでも一瞬の栄光を生きたいと願う人々にとって，スポーツの哲学が示しうる道は，身体的存在として多元的に生きるということである。

　レンクは元競技者の立場から，多元的に生きることのスポーツ哲学を展開す

る。彼は，「一流の競技者の運命は，一面的で一本の道しかないのか」［レンク，畑・関根訳 2017：150］と問いかける。レンクにとっても確かにオリンピックを目指した 20 代の競技生活の中で，ボートこそが自分にとって最も重要であった。彼は過去を回想し，次のように述べる「記憶は昔に遡る。われわれはこの四年間にすべてを捧げてきた。――中略――四年間で，ボートが『世界で最も大切なこと』であった」［Lenk 1987:234］。

　彼はスポーツにおける行為を達成概念として概念化するより前の 20 代の頃，オリンピックを目指してボートのトレーニングに明け暮れた時期があった。しかしそれは，決して規律訓練などというものではなかった。その時間は「達成ロボットとして強制労働に従事した時間ではなかったし，思考力をそぎ落とす軍事訓練の時間でもなかった」［関根 2015：36］。そうではなく，あくまでも自分の意志で達成（成し遂げること）に明け暮れた時間だった。しかしレンクは自分で成し遂げるスポーツ行為を若さの特権とは考えない。

　人間は精神的存在であると同時に身体的存在でもあり，われわれは身体とともに生きている。そしてまた，人間の身体は加齢とともに衰え，「プライオリティー，プラン，プログラムは人生の中で変化する」［レンク，畑・関根訳 2017：151］。それでもライフステージの加齢による身体的変化の中で，そのつど自分で創造的に成し遂げることは可能である。ライフステージの中でオリンピックを目指すプランに生き，次いで楽しみのためのスポーツに出会い，健康のためのスポーツ（身体運動）を求め，仲間との出会いと時間の共有を味わう。このような人生とスポーツの出会う結節点にスポーツの意味があり，スポーツと共に生きる価値が生まれる。競技者にとって，このようなスポーツと多元的に生きることへの視点の中にドーピングとは無縁なスポーツの意味を見出すことが可能であろう。

（２）われわれの生――スポーツとともにあること

　現代スポーツは著しく変わってきている。ワイスやレンクが目にしたのとは異なるスポーツシーンが現れている。山本敦久は，テクノロジーやデータを駆使してトレーニングされプレイされるスポーツを「ポスト・スポーツ」と呼

び，その特徴を次のように述べている。「事実，エリートスポーツパラリンピックの世界では，義体技術が導入された身体や高度なテクノロジーによって強化された身体が活躍している。また，GPS 端末を介してネットワークに常時接続された選手たちの身体運動や生体のデータは，AI によって精密に分析され，リアルタイムで選手のプレーに反映されている。このように，スポーツが理想とする人間性を保証してきた『自然な身体』は，著しく人工的なものに加工される」[山本 2020：70]。確かにエリートスポーツのプレイ場面だけをみれば，鍛えられた身体によってではなく，インターネットとデータに身体が置き替えられたプレイによって競われるスポーツの時代が到来しているのかもしれない。スポーツをプレイの様相に限定して「スポーツとは何か」という問題設定で考えるのであれば，テクノロジーの成果を消費しつつ変わりゆくスポーツや競技者について語る態度でよいであろう。しかし，それだけではわれわれの世界が「善く，美しい」ものになりうるのかどうか。この問題意識から，スポーツと生きることのかかわりで，これまで考えてきた。そして，このように考える理由は 2 つある。

　1 つは現代スポーツにおける競技者のあり方が多元性を持つということ。それは，現役時代の競技者としてのあり方に留まらず，競技者のセカンドキャリアやデュアルキャリアの問題が語られていることにも表れている。もう 1 つは生涯スポーツ，大衆スポーツの時代にあって，人々はスポーツを行うだけではなく，見たり，ボランティアとして参加するなど，スポーツに参加する度合いが多元的になってきている点である。

　たとえアスリートの身体が「ビッグデータと先端テクノロジーによって」[山本 2020：66]制御されるとしても，「多元的」に生きる競技者には身体に基づく人間性が残る。それは道徳の意味ではなく持って生まれた「生身の身体」というレベルでもない。それは，自分のライフステージを自覚する「自己」である。その自己による自覚は，「何をなすべきか」を自分の意志で選択決断す

＊**デュアルキャリア**　アスリートとして活躍しながら，スポーツ以外の分野でも活動の取り組みを実践するという，複線型の活動のこと。

る。たとえば，競技者であるならば若い時の身体で競技スポーツとどうかかわるか，競技を引退し普通の仕事をしながら，さらには衰えた身体で，というように。老いた身体状況であれば，自覚的にスポーツ活動を制限することで怪我をしない生活が可能になる。まさに，人生の優先性，プラン，原理はライフステージで変わるのである。レンクの達成概念で言えば，「自分の力で成し遂げること」は生涯にわたって重点を変えながら多元的に可能となる。

　メダルを獲得した瞬間の喜びは誰にも否定できない。けれども，のちにステロイドを使用したドーピングによって自分の身体に変調をきたし，望む人生を送れなくなったとしたら，若い時の勝利の歓喜は人生の悲しみを消してくれるのだろうか。遺伝子ドーピングが競技者本人ではない他者の願望（コーチ，さらには「人類の夢」など最終的には責任の主体ではない）を満たしてくれたとして，そのことが競技者本人の望む人生でありうる保証はない。競技者が何を望むかは──自分自身にもわからない場合が多々あるにしても──自分だけである。自分で望み自分で選んだ場合のみ，自分に対して責任を持てる。ドーピングのような科学技術は時に勝利をもたらしてくれる。しかし，競技者がどのような人生を歩めばいいのかを示すことはできない。機械という技術に対する自己意識についてのガダマーの次の言葉が思い起こされる。「問題は人間が自己の能力によって何を望むかということである」［ガダマー，三浦訳 2006：23］。今後われわれが手に入れることのできる新たなテクノロジーによってスポーツは変わるであろう。その時，われわれがスポーツに対して何を望むかは，テクノロジーの側ではなく未だわれわれの側に残されている。さて，われわれはスポーツに何を望み，スポーツと共にどう生きようとするのだろうか。

おわりに

　遺伝子ドーピングによってスポーツ界に予想されるシナリオは，悲観的に過ぎるだろうか。単純なドーピング（たとえば薬物を使用する）は，これまで競技者を幸せにしたのだろうか。ドーピングによってスポーツの歴史にもたらされたのは，旧東ドイツの例にしてもロシアの国家ぐるみのドーピングにしても，競技者の不幸に結びついてしまっている。遺伝子ドーピングの世界がもたらすシ

ナリオは，身体的健康の問題を超えて精神をも含めた不幸な影響をもたらす可能性がある。それに対しての反論をサンデルとレンクから導き出してみた。それぞれ方法は異なるものの，遺伝子ドーピングに手を染めることへの警鐘となるだろう。

　では，スポーツでわれわれはどのように生きることが可能なのか。それを多元論的に示した。われわれ人間がスポーツで生きる意味は，一瞬の頂上での栄光を味わうだけではなく，ライフヒストリーと自己であることに見いだされる。現代のスポーツシーンは，英雄としての競技者になるだけではなく，生涯スポーツの担い手やボランティアなどの形をとって関わることが可能である。自分の生きるテーマや重点を変えながら多元的にスポーツと関わる生き方がある。われわれの人生は他人が生きてくれるわけではない。自分の人生を自分で生きなければならない。この人生にスポーツが関わるとき，スポーツはライフヒストリーを作る手助けをしてくれる。スポーツで勝っても負けても，技術や身体を高め鍛え上げても，のちにそれらが衰えてしまっても，すべては自分の人生の出来事として刻まれていく。これが人生に彩をあたえてくれるということである。遺伝子ドーピングはスポーツを行うことで逆に人生を奪う可能性がある。スポーツに関わることで人間にもたらされる「善く，美しい」生き方は，それが不正かどうかに関わらず，ドーピングや操作とは無縁な自分独自の達成にあると考えられる。

注

1 ）たとえば，1988 年ソウルオリンピックのベン・ジョンソンのドーピングは本人だけではなく，コーチや専属医師も関わっていた。また，2015 年にはロシアの国家ぐるみのドーピングが発覚している。竹村［2017：67］を参照されたい。

2 ）ハンス・レンクは競技者を「ヘラクレスとプロメテウスの中間体として」［関根 1999：104］とらえている。それは強さ（ヘラクレス）と知（プロメテウス）をあわせもった存在を意味している。競技者を強さの象徴としてだけではなくプロメテウスの火という知の象徴としてもとらえている点に，レンクの競技者概念の特徴がある。

3 ）ドーピングの禁止理由の 1 つで，竹村［2017］を参照されたい。

4 ）2004 年にプロ野球の再編問題が起こった時に当時の選手会会長だった古田敦也氏がマスコミの取材に対し「オーナーとの会談を希望」したことが要求と伝えられ，この発言が

渡邊恒雄氏から出たとされる。ニュアンスの行き違いがあったともされるが，「たかが選手が」との発言には少なくとも選手への敬意を感じることはできない。

5）日本スポーツ振興センターでは，スポーツにおけるインテグリティを「スポーツがさまざまな脅威により欠けるところなく，価値ある高潔な状態」としている。スポーツの高潔さを脅かすものとして，八百長，違法賭博，暴力，ドーピングなどが挙げられている。主にスポーツ関係者の自省を促すときに使われる。このような考え方が起こった背景には，「スポーツは無条件に素晴らしいものである」との素朴なスポーツ観が通用しなくなったことが指摘できる。

6）試合とは全く別の次元で，後に主人公は私生活での幸せをつかみかけている。しかし，一瞬の夢に賭けた試合は関係者に挫折感を残した。

文　献

ベッテ，カール゠ハインリッヒ／シマンク，ウヴェ［2001］『ドーピングの社会学』木村真知子訳，不昧堂出版。

Frankfurter Allgemeine Zeitung［2015］Seite 40 Samstag, 21. März.

ガダマー，ハンス゠ゲオルク［2006］『健康の神秘――人間存在の根源現象としての解釈学的考察』三浦國泰訳，法政大学出版局。

ハーバーマス，ユルゲン［2004］『人間の将来とバイオエシックス』三島憲一訳，法政大学出版局。

檜垣立哉［2013］「生命とロボット／人間とロボット」『ロボット・身体・テクノロジー――バイオサイエンスの時代における人間の未来』檜垣立哉編，大阪大学出版会，45-59。

Lenk, Hans［1987］Leistung im Brennpunkt. DSB.

レンク，ハンス［2000］『フェアネスの裏と表』片岡暁夫監訳，関根正美他訳，不昧堂出版。

レンク，ハンス［2017］『スポーツと教養の臨界』畑孝幸，関根正美訳，不昧堂出版。

納富信留［2015］『プラトンとの哲学――対話篇をよむ』岩波新書。

大沢啓徳［2018］『柳宗悦と民藝の哲学――「美の思想家」の軌跡』ミネルヴァ書房。

沢木耕太郎［2011］『一瞬の夏』新潮文庫（下）。

サンデル，J. マイケル［2010］『完全な人間を目指さなくてもよい理由――遺伝子操作とエンハンスメントの倫理』林芳紀，伊吹友秀訳，ナカニシヤ出版。

関根正美［1999］『スポーツの哲学的研究――ハンス・レンクの達成思想』不昧堂出版。

関根正美［2015］「哲学の対象としてのスポーツ――ワイス，レンク，滝沢の試みから」『フィロソフィア』102，23-39。

関根正美［2019］「オリンピックの哲学的人間学――より速く，より高く，より強く，より人間的に」『オリンピックスポーツ文化研究』4，91-100。

竹村瑞穂［2017］「ドーピングの倫理学」『よくわかるスポーツ倫理学』友添秀則編著，ミネルヴァ書房，64-77。

ワイス，ポール［1985］『スポーツとは何か』片岡暁夫訳，不昧堂出版。
山本敦久［2020］『ポスト・スポーツの時代』岩波書店。

Ⅱ

CHAPTER 3

遺伝子テクノロジーとスポーツ
新しい倫理的問題

アンディ・ミアー
（佐良土茂樹 訳）

　スポーツでの薬物使用には反対論があるが，その説得力には疑問が残ったままである。本稿で論じられるように，パフォーマンス 向 上 ^{エンハンスメント} 薬物 ${}^{[訳注1]}$ を競技スポーツからすべて取り除くことを正当化するような立場などないように思われる。さらに，スポーツ統括団体が競技スポーツでの薬物使用を抑止することが正当化されるかどうか，また薬物使用を抑止することによって利益が得られるかどうかもあまり明らかではない。世論では一般的にドーピングに反対する状況が続いていると論じられるかもしれないが，その一方で，この反対する立場に誰の利益が反映されているのかは不明確である。アンチ・ドーピング規則を見れば，それは明確になる。そのなかでは，陽性検査の結果に基づいて制裁を課すことが正当化されており，故意なのか，過失なのかが考慮されることはない。むしろ，ただ単純に当該の薬物が禁止薬物のリストに名を連ねているということが，アスリートの尿や血液のなかにその禁止薬物がまさに存在していることの罪を保証するものだと見なされているのである（「無過失責任」の方針(29)）。アンチ・ドーピングに対する懐疑的な見方は，スポーツから薬物摂取をなくすために尽力している世界アンチ・ドーピング機構（WADA）など多数の組織の努力を矮小化してしまう恐れもあるが，そうした努力の合理性にはかなり疑問の余地があるし，普遍的かつ単純なスポーツの倫理を前提としてしまっている。スポーツでのパフォーマンス向上薬物について，以上のような見解を拡張することで，本稿では遺伝子操作を通じてアスリートを向上させる

ことの将来の展望を明らかにする。また，スポーツにおける競争の目的で，そうした〔遺伝子操作という〕方法によってアスリートの向上（エンハンスメント）を行うことがどの程度望ましいのかを論じる。遺伝子操作は，スポーツでのパフォーマンスエンハンスメントの一例として，薬物使用やドーピングなどの似たような手法がなぜスポーツのなかで許容される可能性があるのか，あるいはなぜ許容される見込みがないのかという問いに対してより深い洞察をもたらすことになるということを〔私としては〕意図している。

　まず，これから考察していくテクノロジーの種類について，いくつか補足説明をしておいたほうがいいだろう。遺伝子技術にはさまざまな種類があり，その遺伝子技術が引き起こす問題もさまざまである。したがって，クローン人間が提起した道徳的な問題は，個人に対する遺伝子の組換えが提起した問題とはかなり異なっている。当然のことながら，パフォーマンスエンハンスメントを扱う論文で考察の対象となるのはアスリートのパフォーマンスを向上（エンハンス）させることを目指した技術である。ただしこれは，遺伝子操作によって，個人がエリートレベルのパフォーマンスを発揮できるようになると言いたいわけではない。むしろ遺伝子操作は，ある個人が，適切な練習条件を満たした場合にエリートレベルのパフォーマンスを達成できるようにする「潜在能力（ポテンシャル）」を保証するだけにすぎない。したがって，そうしたテクノロジーの使用をめぐる倫理的問題を考察することが本稿のねらいである。本稿ではそうしたねらいを果たすために，各個人が社会のなかで遺伝子の改良（エンハンスメント）を受けたさまざまな状況を考察していく。すなわち，遺伝子の改良（エンハンスメント）を受けた人々がどのように社会のなかに適合するのかを問い，さらにそもそも社会のなかに適合できるのかを問い，そして，スポーツのなかに適合できるのかを問うことにする。

　私としては，第一に，〔遺伝子操作と〕スポーツの関連性を明示するために，身体の健康を増進（エンハンス）させることを目的として人間に遺伝子操作を施すことの将来の展望を検討している議論を示すことにする。第二に，遺伝子操作を受けたアスリートが存在する状況を提示して，そこに見られる４つの想定を明らかにする。この段階はとりわけ議論を引き起こすものである。というのも，遺伝子改良（エンハンスメント）の実現におそらく影響を与えることになる，遺伝子工学時代の人権

保全といった重大な法的・政治的問題を回避するからである。それでもなお，そうした想定は本稿の考察を受け入れるために極めて重要になる。第三に，遺伝子改良のさまざまな特徴を明らかにする。それによって，遺伝子の改　良〔エンハンスメント〕を構成するのはどういった種類のエンハンスメントであるかを明らかにする。その基準に基づいて，遺伝子操作は，スポーツのなかで許容されたり拒否されたりする類のパフォーマンスエンハンスメント，特に薬物使用と比較されることになる。このことは，スポーツ競技のうちに見られるさまざまな形態のパフォーマンスエンハンスメントに対する既存の批判に対処することでうまくいくだろう。遺伝子操作とそれ以外のパフォーマンスエンハンスメントの類似点と相違点を確認していくなかで明らかになるのは，スポーツのために人間の遺伝子を作り変えることが許容できるかどうかに対して——（人権や生命倫理や社会的視点からというよりもむしろ）スポーツ倫理の観点から——どういったことが言えるのか，ということである。そして，そのねらいは，遺伝子改良がスポーツにおける目標達成手段として許容できるもののうちに収まるのか否かを示すことにある。最後に，本稿の一番の関心事に戻って，さまざまな種類のパフォーマンスエンハンスメントを許容できることを正当化する理由がスポーツによって明確にされる一連の過程を論じていくなかで，遺伝子改良を受け入れるスポーツの目的を示すことにしたい。そうした考察はかなり明確な形でドーピングの問題に向けられることになる。もっともそれは，スポーツ統括団体がスポーツ政策を打ち出すなかで遺伝子改良の台頭に対して問題が起きてから対応するのはおそらく最良とは言えないのではないかという懸念から生じてくる考察にほかならない。

①　（スポーツを目的とした）遺伝子操作を考えるための理論的根拠

　エリートスポーツと遺伝子操作の関係は，ひいき目に見ても希薄である。現在，その関係性から推測されることは極めて少ない。というのも，その〔遺伝子操作の〕技術はスポーツの能力を向上〔エンハンス〕させることよりもむしろ，個人の健康

に役立つことにとりわけ関わっているのが現状だからである。それゆえ，遺伝子改良の他にも多くの形態のエンハンスメントが存在し，そうしたエンハンスメント（たとえば洗練された最新の用具）を用いることに対して正当化する理由が必要となる場合に，敢えて遺伝子改良の将来の展望を検討することの意義に対して，疑問が投げかけられるかもしれない（22，30，42）。しかし，遺伝学の革命の初期段階を低く見積もってはならない。すでに，遺伝子操作は非生殖細胞系列の人間の細胞の改変を通じて，実験的な目的で病気を治療する際に使用されてきた。この研究の有効性はいまだ明らかにはなっていないものの，もし成功すれば，生殖細胞系列の（遺伝性の）治療やエンハンスメントがもたらす利益に対して，人々の関心を作り出すようになることは想像に難くない。

　かつては，遺伝子の組換えをめぐって哲学的な議論を交わすことは，単なる未来の事柄について論じることのように見なされてきた。その一方で，（少なくとも）これまでの 10 年間には，さまざまな新しいテクノロジーが利用できるようになったまさにそのときに，社会がそうした新しいテクノロジーに対していつも準備が整っているわけではないということが明らかになってきた。1997 年にアメリカ大統領のビル・クリントンが定めたクローン人間に対する一時停止措置*はそのことを表わしているように思われるが，特にそれは遺伝子テクノロジーについて言えることである。確かに，エンハンスメントを目的とした遺伝子操作に対する私の考えは熟していない。というのも，私の論文が単純明快だと前提しているテクノロジーには，答えられていない問いが多数存在するからである。しかも，私が認めてきたように，遺伝子治療の科学は相対的に発展の初期段階にあり，複雑な遺伝子疾患についても，安全に遺伝子を操作するための私たちの遂行能力についても，多くのことがわかっていないのである。しかしながら，多くの文献が，この新しいテクノロジー〔の問題〕に取り組む医療倫理の分野から出てきており，その差し迫った現実は真剣に受け取られなければならない。本稿では，この学問領域が原理に基づくアプローチ（5）

＊**クローン人間に対する一時停止措置**　「子どもを作り出す目的」でクローン人間に関する実験を行うのを禁止する停止措置のことを指す。

から，生命倫理を決疑論的な論じ方を必要だと見なすアプローチへと移行してきた過程を明らかにするさまざまな段階を示すことはできるだろう。生命倫理は，哲学に関する文献のうちで目に見える重圧を抱えており，その哲学に関する文献は遺伝子工学が引き起こすさまざまな影響を取り上げている。過去10年に，英国ナフィールド生命倫理審議会，全米生命倫理諮問委員会，ユネスコ国際生命倫理委員会，といった国や国際機関の生命倫理委員会が現れてきたことで，生命倫理の進歩は明確になってきた。

　過去10年間に，生命倫理研究では人間のDNAの特許や生命の所有権といった幅広い問題が考察の対象となってきた。近年，このことはヒトゲノム計画（Human Genome Project）の発表によって浮き彫りになってきた。ヒトゲノム計画は医学の歴史上最大の科学共同研究であり，人間のゲノム全体を解読することを可能にしてきた。その解読によって，人間の遺伝子の自然本性について膨大な情報を提供することが可能になった（20, 23, 32, 52, 64）。この研究からは，遺伝的本質主義の危険性に対する懸念や，人の健康は遺伝子だけで決まる可能性があるとする誤った考え方を植え付けてしまう遺伝子の影響力に対する懸念など，さまざまな懸念が生じてきた（15, 33, 41, 45）。

　遺伝的本質主義をめぐる問題は，遺伝情報の分布に関係している。この種の話は広く認知されるようになってきており，特にそれは保険産業の分野で顕著

＊**英国ナフィールド生命倫理審議会**（UK Nuffield Council on Bioethics）　生物科学と健康の分野における発展から生じてくる倫理的な問題を調査し，それに対する助言を行う独立機関で，ナフィールド財団によって設立された。尚，「ナフィールド」は，ナフィールド卿と呼ばれた財団設立者ウィリアム・モリス（1877-1963）に由来する。https://www.nuffieldbioethics.org/ を参照。（2021年11月24日アクセス）

＊**全米生命倫理諮問委員会**（the US National Bioethics Advisory Commission）　1995年に大統領行政命令12975号により設立された委員会（委員長：ハロルド・シャピロ）であり，ヒト生物学や人間の行動に関する研究から生じてくるさまざまな生命倫理の問題について国家科学技術委員会やそれ以外のしかるべき政府機関に助言や提言を行った。https://bioethicsarchive.georgetown.edu/nbac/human/oversumm.html を参照。（2021年11月24日アクセス）

＊**ユネスコ国際生命倫理委員会**（UNESCO's International Bioethics Committee）　36人の専門家から構成される諮問機関であり，1993年に設立されて以来，生命科学やその応用から生じるさまざまな倫理的問題に対して協議を行い，それに関連する「宣言」を起草してきた。https://en.unesco.org/themes/ethics-science-and-technology/ibc を参照。（2021年11月24日アクセス）

＊**遺伝的本質主義**　人間の本質や社会のさまざまな要素を遺伝子に還元して捉えようとする考え方。

である。主たる倫理的ジレンマとしては，「個人が保険に入ろうとしたときに本人の遺伝子情報の開示が必須であるべきか」といった問題や，「その人は自らの遺伝子情報を公表しない権利を有しているのか」といった問題がある。現在，保険会社は，保険を提供することになる顧客の遺伝子情報を得る資格が自分たちにはあるはずだと主張している。保険会社にしてみれば，遺伝子情報を得る資格があるのであれば，自分たちが提供しようと望む保険料率と設定されるべき保険料に対して情報に基づいた決定ができるようになるからである。〔その一方で〕保険加入希望者にとっては，それによって遺伝子情報に基づいた差別を受ける恐れが生じてくる。というのも，遺伝子疾患の素因を備えた人は保険に対してより高額な料金を支払う可能性が極めて高くなるからである。

　こうしたことはさらに，遺伝子情報やそうした情報が持ちうる影響力だけに基づいて物事が決定されてしまうのではないかという懸念を再確認させる。おそらくそれよりも憂慮すべきは，そうした情報を開示することによって，将来の遺伝的なリスクをもつ人が遺伝子疾患そのものから自分自身を守ろうとしているときに，よりいっそう不利な立場に置かれることになってしまう点である（26, 53, 56）。そうすると，遺伝的に不利な立場に置かれていることがさらに不利な立場をもたらすように思われ，そうした事態は倫理的に許容できるのかと問わなければならなくなる。イギリスは，2000 年 10 月に，遺伝子検査の使用を保険会社に許可した最初の国となったが，それにより保険会社は遺伝的疾患をもった人々を特定できるようになった（25）。すぐさま，そうした許可の結果として不利な立場に置かれる可能性のある社会的弱者を心配する声が起こった。多くの批判があるものの，しかしこれはすでに合法になっている事柄の延長にすぎず，そうした方策は社会的弱者を保護し，利益をもたらすように設計されているとイギリス政府は主張してきた。

　遺伝子的介入は，再生テクノロジーの他の種類のものとは切り離せず，中絶のような異なる問題の文脈で議論されるように，胚の道徳的地位に関するさまざまな見解にまで及んでいる。そうした議論のなかで最も重要なのは，人間の胚が人格として扱われるべきか否かを判断すること，あるいは少なくとも潜在的な人格として扱われるべきか否かを判断することである。もし胚が人格もし

くは潜在的な人格と見なされるのであれば，その胚をそれ自体が目的であるものと見なさずに，単なる手段と見なすことは道徳的に許されないように思われる。しかも，一定程度の人権が与えられなければならない。したがって，カント的な手段と目的の考え方の影響は，生命倫理の議論のなかに深く浸透しているのである。この問題は近年イギリス内で，治療を目的としない研究のために胚の体細胞を複製するという文脈で提起されてきた。2000 年 4 月，英国ナフィールド生命倫理審議会は，（遺伝子疾患の研究をすすめるためというような）胚自身の利益を意図しない目的のために，研究で胚細胞を複製することを許容するとして推奨を表明した。その決定は「ヒトの受精および胚研究認可局 (HFEA)」によって道徳的に正当だと見なされたものの，人間の複製（クローン化）の合法化に向けた第一歩であるように思われたため，かなりの議論を呼ぶことになった。

　それ以外にも生命倫理学者たちが取り組んできた問題が多数存在する。さらなる問題としては，患者と医者の関係性，生物実験，倫理委員会の使用と機能，途上国での医療研究，遺伝子組換え食品の可能性などがある。それゆえ，遺伝子テクノロジーについて学術研究が大いに必要だと見なされている生命倫理学，遺伝学，哲学にはいまや多くのなすべきことがあることになる。そうした多くの問題があるにもかかわらず，まだ始まったばかりの遺伝子治療から遺伝子改良への飛躍がいかにして可能であるのかとまだ疑問に思う人もいるかもしれない。遺伝子改良は，もっと遠い未来のことだと思われているからだ。医療の観点からすれば，こうした〔遺伝子治療と遺伝子改良の〕区別はかなり重要であると同時に，極めて重要な意味を持っている。伝統的に，医療は人間を治すこと，つまり人々を通常の健康状態に戻すことやさまざまな障がいに対処することなどに取り組んできた。したがって，医療が——人々を治療することを超

＊ヒトの受精および胚研究認可局（HFEA）　人間の胚を使用した不妊治療とそれに関連する研究を対象とする独立管理機関であり，1990 年に制定された Human Fertilisation and Embryology Act（ヒトの受精および胚研究に関する法律）に基づいて設立された。不妊治療クリニックを利用するすべての人々，またそうした治療を経て生まれたすべての人々にとって，質の高い医療を保障することをその目的としている。https://www.hfea.gov.uk/ を参照。（2021 年 11 月 24 日アクセス）

えて改善するという——遺伝子 改 良 の目的で健康医療に興味を示す（さら
に予算をつけることができる）ようになるだろうと述べることは，野心的だと見な
されよう。さらに，遺伝子改良を施す際の財務負担を考えると，エンハンスメ
ントというよりも，病気という深刻な問題や治療に医療が専念することが支持
されるだろう。それゆえ，遺伝子改良と比較可能なものとして美容整形を引き
合いに出す人もいるかもしれない——そのなかには，両方ともがどこかどうで
もよいこと，むなしいことで，不必要だと思うような人たちもいる。実際，遺
伝子改良は，病理学的に極端なものへのベーコン的な尊大さを映し出すものと
一部の人々には見なされてきた (47)。しかしながら，エンハンスメントのた
めの遺伝学の使用を「支持する」ものとして，美容整形と遺伝学の類似性を見
ることも可能である。というのも，美容整形はときに，深刻な火傷や暴力行為
や生まれつきの奇形の後に実施されるものだと考えれば，遺伝子改良が同じよ
うな目的のために使用される可能性を予測することもできるからである。そう
すると，もし個人が，健康上の不利益や社会的な不利益をもたらす可能性のあ
る欠損（どのようなものであれそうした欠損と見なされる可能性があるもの）を生まれ
つき持っているとしたら，不利益という結果を避けるためにその遺伝子的な欠
陥を操作することが望ましいと思われるかもしれない。

　しかしながら，美容遺伝学は，おそらく美容整形とはかなり異なっていると
見えるだろう。遺伝学は，個人の生物学的な健康に関わるというのが一般的な
見解であり，個人の健康を測るいくつかの科学的基準に支えられるものとされ
ている。反対に，美容整形では個人の社会的な健康が重要だと見なされる。そ
れにもかかわらず，個人がよい状態にあるかを判定するための基準として設定
されうる健康のもっともらしい基準値が存在するという主張はあまり当てにな
らない。そうした規範的な考え方は，健康や疾病と，その社会的な意味合いと
いった揺れ動く概念を見落としている。たとえば，人間のすべては遺伝子で決

＊**ベーコン的な尊大さ**　人間こそが自然や宇宙全体を支配すべきだと考えたフランシス・ベーコン
　（1561-1626）のような尊大な態度のことを意味している。遺伝子改良はいわば人間があらゆるもの
　を支配するような態度のもとで行われるものと考えている人々が一部にいることを著者は念頭に置
　いていると思われる。

まるといういわゆる遺伝的決定論（16）の結果としてある個人が肥満になる可能性があるということは，体重超過であるゆえに偏見を抱かれるという社会的な暗示も含んでしまっている。さらに，親になろうとしている者たちが，「生物学的な」欠損よりも，この「社会的な」不利益を是正しようとする危険性もある。今日欠損であるものが明日には避けることが可能だと考えられたり，今日標準であるものが明日には標準以下だと考えられたりする場合があることに留意するのが重要である。

　おそらくこのことを表している最も顕著な事例は死である。死は現在の生命にとって避けては通れない必然的な事象だと解釈されているかもしれないが，寿命を延ばせるようになった未来では，治療されるべき病気もしくは先延ばしにされるべきものと見なされるようになるかもしれない[3)]。同様に，子どもの遺伝子を操作することは今のところ自然に反していると考えられているが，未来では極めて価値のあるもので，理にかなった選択だと見なされることもあるだろう。また，見過ごすことのできない肥満（やそれ以外の特性）を遺伝子的に取り除くことに対して優生学的な懸念もあるかもしれない。自分の子どもが社会的に不利益を蒙ることになるという予測に基づいて肥満の傾向を持たずに子どもが生まれてくることを望む人がいたとして，その人は，同じような理由で，肌の色や性別や身長などの操作を許容するような，遺伝的特性に関する考え方を持ってしまうかもしれない。そうした判断が警戒すべきものであるのは，寛容と受容の精神を学ぶことによってではなく，単純に差異を取り除くことによって偏見を解決しようとしているからである。

　遺伝子改良を使用することの擁護可能性に関する私の主張に対しては，次のような反論があるかもしれない。つまり，私はエンハンスメントのテクノロジーを遺伝子の観点から考察することに対して議論を展開してきたが，「スポーツでの」エンハンスメントのテクノロジーを考察することに対しては議論を展開してこなかったという反論があるかもしれないのである。しかしながら，最初の対応として，またエリオット（15）と似たような仕方で，もし（生命）倫理学者が遺伝子操作の含意を理解しようとすれば，議論が行われる文脈にまつわる深い造詣と詳細な知識は何よりも重要だと主張したい。したがっ

て，（生命）倫理学者が，もしその道徳的信頼性に関して健全な判断を下そうとするなら，どのようなテクノロジーであれ，その実現が社会的な文脈にどういった影響を及ぼすことになるのかを考えなければならない。それでも，スポーツは遺伝子改良の許容可能性を考える題材としてとりわけ興味深い事例であることも，私は付け加えておきたい。社会におけるその他の実践とは違って，スポーツでは参加者が規則に則っているか則っていないかという物の見方をする。その中心的な懸案事項となっているのは，競技に関わるアスリートが，試合の規則（ルール）に則って参加しているかどうかである。それゆえ，成功するための特定の方法が仮に不正だと見なされた場合，そうした方法を使用している参加者は誰であれ，競技に参加する資格を剥奪されることになるだろう。しかし，遺伝子改良は，現行の規則（ルール）に則ったものでも外れたものでもない。つまり，スポーツ統括団体はこの種のエンハンスメントについて何ら立場を打ち出してこなかったのである。その結果として，スポーツ統括団体がそのような方法を許容できないものだと判断しようとすれば，そのために何らかの正当化をしなくてはならなくなる。それは特に，その決定内容が道徳的に許容できない仕方で個人に不利益を与えてしまう恐れがあるからである（43）。さらに，何であれそうした〔遺伝子改良を許容できないことを〕正当化するための根拠は，スポーツにおけるさまざまなパフォーマンスエンハンスメントが許容可能であるかどうかの境界線を定めていることの本質を理解するためにも有用でありうるのである。

② 遺伝子操作を受けたアスリートに関するいくつかの想定

（1）私たちは人間を遺伝子操作してスポーツの能力を高めることができるのか？

　遺伝学の文脈で取り上げるべき最優先の問いはおそらく，「特定のエンハンスメントを目指して人に遺伝子操作を施すことなど実際にできるのか」という問いである――今回のケースではアスリートの卓越性に関する素因が対象とな

る。優秀な数学者，一流アーティスト，卓越したアスリート，傑出した哲学者などを作り出すことなどできるのだろうか。生命倫理のジレンマは（治療からエンハンスメントへの移行という意味で）遺伝子改良の許容可能性に意義を申し立てるが，ここで特に想定されているのは，〔遺伝子改良という〕テクノロジーそのものの可能性である。人間として可能であることを超えて，人の身体的な能力を向上させるために特定の遺伝子を操作する事例はこれまでになかった。しかし，その一方で，特定の遺伝子が犯罪行為やアルコール依存症といった特定の傾向性の素因になると示唆した研究がある（50）。もちろん，そうした主張は真摯な科学者たちの共同体よりもタブロイド紙の興味を引くものである。科学のうちでは社会的振る舞いと遺伝的特徴の関係性はよく言っても希薄であり，実際のところは，大抵の場合，全くもって不確かである（27）。それにもかかわらず，スポーツの文脈では，持久力に関わる遺伝子を探し出す可能性を立証した研究がある（3, 11, 65, 66）。さらに，スポーツでの怪我の治癒プロセスを早めるために遺伝子治療を使うことができると提案した研究もある（36）。したがって，アスリートの能力を向上させるという遺伝子改良の潜在的な目標の達成は間近だと見えるだろう。

　特定の遺伝子が特定の能力に影響を及ぼすという単純な理由があるからといって，それだけで確実に，安全に，運動能力を作り出すことが可能になるわけではない。1つの遺伝子を改変することで，他の遺伝子の働きにも影響が及び，その結果，その人の健康に不利益をもたらしてしまう恐れがあることを知っておかなければならない（23）。また，近い将来，他の遺伝子の中で起こる何らかの不均衡——つまり多面発現性と言われる現象——を発生させずに特定の遺伝子を操作できるようになると想定している人がいても，そこにはほとんど根拠がないように思われる。それゆえ，どのような遺伝子に対してであっても，何らかの操作を行うことはあまりにもリスクが高いと見なされるかもしれない。ハンチントン病や筋ジストロフィーといった1つの遺伝子の疾患が

＊ハンチントン病　常染色体優性遺伝形式を示す遺伝性の神経変性疾患で，難病に指定されている。
＊筋ジストロフィー　骨格筋の壊死，再生を主病変とする遺伝性筋疾患の総称。難病に指定されている。

含まれる 4000 の遺伝子だけを操作することにとどまらない，医学的な遺伝学の可能性が問題になるのである。

　遺伝子操作が特定の種類のエンハンスメントを目的として安全に遺伝子を操作できることを示すエビデンスが決定的ではないと論じることもできるが，安全に操作することが可能かもしれないと示唆するエビデンスが増えてきている。さらに，遺伝子研究の初期段階とこの比較的短い期間にすでに達成されてきた成果を踏まえれば，その〔安全に操作することができるとする〕可能性を無視してしまうのは浅はかだと思われるだろう。

（2）我が子が優れたアスリートになるように遺伝子操作を施したいと心の底から思っている人などいるのだろうか？

　自分の子どもたちがスポーツで（あるいはその他の何らかの活動で）より高い能力を備えているようにするために遺伝子改良を実際に使うことを人々は望んでいるだろう，というのが本稿で扱う 2 つ目の想定である。この想定を裏づける主張は，この 1 つの論文では分量が足りないが，その可能性についていくつか理由を示すことはできる。この想定には，考慮に入れるべき問題が 2 つあるように思われる。まず，(1) 自分自身の子どもに遺伝子操作を施すことを親がそもそも求めているかどうかを論じなければならない。第二に，(2) 利用可能なありとあらゆるエンハンスメントのなかから，超人的アスリートにする目的で胚に遺伝子操作を施す選択をする理由を考察しなければならない。結局のところ，スポーツに特化したエンハンスメントが行われた結果として得られる能力は，選択されうる遺伝的可能性の市場に陳列されたものの 1 つにすぎないという恐れがある。そうすると，私たちは胚を論理学者，医者，ミュージシャン，科学者などにするために遺伝子操作を施すかもしれないのである。第一の困難 (1) について言えば，人間の胚の遺伝子構成を操作するのは何か余計なことだと思われるだろう。生命は極めて大切なものであるから，もし自分の子どもが健康で，新生児として諸器官が十分に機能していれば，それ以上のさらなる向上を求めることは，すでにある好運に対して感謝の念を持っていないように見えるだろう——私としては，愛情を持っている親であればそのよう

に証言するだろうと確信している。さらに，〔本来健康であるはずの〕子どもの未来の健康を遺伝子操作によって危険にさらしてしまう可能性があるとすれば，子どもに遺伝子操作を施すことは不道徳だと考えられるかもしれない。

　また，(2) 自分の子どもが備える他の特性ではなく，運動能力を強化することを人々が選択することになるかどうかに関して言えば，運動能力は，一方で，そうした遺伝子操作を施すことが直接的に健康上の利益をもたらすことになると言うことができるが，他方で，個人の頭脳の機能を増強することはそうではないかもしれないという点で有利な立場にある。もちろん，これに対しては，エリートアスリートが身体的に優れた能力を持っていると言っても特異なものであり，長期的な視点に立つと健康的ではないという理由から，エリートアスリートを作り出すために遺伝子操作を施すことは，実際には不健康な身体を作り出すことになると主張して応じてくる人もいるかもしれない。しかしながら，この異論は検討には及ばない。なぜなら，遺伝子操作をする場合，必ずしも，専門に特化したトレーニングがもたらすようなエンハントメントが求められているわけではないからである。むしろ，本稿が関心を寄せるのは，アスリートの能力に重要ではあるがわずかな変化しかもたらさない，健康に関わる一般的性質を遺伝子的に操作することである。

　自分の子どもの特性を操作するための機会は，すでにある程度は利用可能である。知名度の高い精子提供事業を活用することができるし，また最近では「ロンズ・エンジェルス」という名称の事業が出てきている。この「ロンズ・エンジェルス」は，ウェブベースの会社で，「美しい」子どもたちを持ちたいと思っている不妊カップルのために設立された (24)。そのウェブサイトは，ロン・ハリスが運営するもので，女性モデルの卵子をオークションで落札するための機会を顧客（別名：将来の親）に提供している（競売は 1 万 5000 ドルから 15 万ドルの範囲で始められる）。当のハリスは，このサイトの適法性を弁明するなかで次のような主張を展開している。現代社会において美しさは資産であり，もし自分の子孫のために最大の利益を求めているとすれば，自分の子孫が美しくなれるようにするのは道徳的に許容できることであり，完全に理にかなったことだ，と主張しているのである。

そうした機会は，たとえその動機の面で道徳的に疑問の残るものだったとしても，一部の人たちにとって興味を引くものだというのは妥当だと思われる。（もしリスクが極めて小さいならば）自分の子どもにより健康的な未来を保証しようとするかどうかの選択に直面したときには，きっとそのようにするというのが合理的かつ個人主義的な選択であるだろう。ただ私は，精子や卵子の提供を求める可能性がある不妊カップルと，改　良〔エンハンスメント〕を受けた赤ちゃんを求めているカップルとが比較可能だと主張したいわけではない。それでも，安全な遺伝子操作によってより実り豊かな未来を自分の子どもに保証しようと努めることは，かなり合理的だと思われるだろう。したがって，遺伝子改良を施すことは，「自分の子どもによい教育を与えること」（4: p.463）に等しいと単純に解釈される可能性があるのである。

（3）遺伝子操作は競争における優位性を実際に提供するのであろうか？

そうした（おそらく「正常」であることが予想される生命に遺伝子操作を施すことのリスクという）費用〔コスト〕よりも潜在的な利益のほうがはるかに大きいと確実に分かること以外に，自分の子どもに遺伝子操作を施す理由はないだろうと思われる。遺伝子操作を施すことが自分の子どもに優位性をもたらす効果があるとする一定の確実性がありうるのでなければ，遺伝子操作を求める理由はほとんどないように思われる。それゆえ，遺伝子的に受け継がれたものによって，アスリートの成功や個人の健康にどの程度の違いが実際にもたらされるのかを明らかにしておく必要がある。かなり多くの因子がアスリートの成功に影響を及ぼす場合，その1つの特性の重要性を論じることなど本当にできるのだろうか？　遺伝子操作の重要性に対する私の考察から浮き彫りになったように，アスリートが耐えなければならない長年のトレーニング，特別な食事法，失敗を経験して自分自身を改善しようとする意欲などは，単純に遺伝子操作をその人自身に施すことでは損なわれ得ない。また，遺伝子的に受け継がれたものが成功を決定するうえで何らかの役割を担っていると受け入れても，遺伝的本質主義——個人の遺伝的素因だけが重要だとする見解——に肩入れ〔コミット〕することにはならない。遺伝子的特徴がスポーツのパフォーマンスに極めて大きな違いをもたらすとす

るエビデンスはわずかしかないのである (11)。それでも，エリート競技者間での個人差が今やかなりわずかだとすれば (31)，パフォーマンスに影響を及ぼす小さな要素でも増 強する能力は，（たとえ人間の生命にはそうでないとしても）不当な優位性となる。

（4）遺伝子操作された人たちと「普通」の人たちの共存

　本稿で扱う最後の想定は，遺伝子操作を施された人間たちが社会の中に出現する仕方に関するものである。遺伝子操作を受けなかった人たちがもはや誰もいないという社会が突然出現するわけではないと分かれば，遺伝子操作を施された人々が施されていない人々と一緒に生活している状況が存在することになるだろうと想定するのは何ら問題がない。こうした見込みは，衡平に関する問題や，正常であることの存在論的な問い，並外れて遺伝的に異なる能力を持った人たちの間での潜在的な偏見に関する問題などを引き起こす。さまざまな文化的背景を備えた人たちの間で生じる差異を例に取って，遺伝子操作を施された人たちのグループは似たような相違点を持っているだろうと論じることを望む人がいるかもしれない。しかしながら，人種や文化の特徴を区別するのとは違って，規定する境界線はあからさまに生物学的なものになるだろう——それはいわゆる生物学的な違いから生じた人種的な境界線と戦うために費やされてきた膨大な苦労に反するように思われる (1)。それゆえ，そのようなテクノロジーは人々の間での差別や境界線を助長することにつながりかねないという理由から許容できないと主張する人がいるかもしれない。差別や境界性を取り除くことは，多くの社会的な事業，教育，融利の願いであった。このことは，遺伝子操作を施された人たちのグループが施されなかった人たちのグループよりも〔必ず〕いくらか優れているということを意味するものではない。それでも，大抵の場合は，遺伝子操作を施されなかった人たちのグループが施された人たちのグループよりも不利な立場にある可能性が高いこと，しかもそれがかなり明白なことはほぼ確実だろう。

③ ● スポーツのための遺伝子改良という概念を定める

　スポーツにおいて遺伝子改良が大きな影響を及ぼすことを理解するために
は，遺伝子改良を概念として定めたうえで，それがスポーツにおける他の種類
のエンハンスメントとどのように異なっているのかを理解しておく必要があ
る。それを理解しておけば，エンハンスメントに対する将来の展望からどのよ
うな種類の倫理的問題が生じてくるのかを明確化する際に助けとなるだろうか
らである。近年の文献では，新たな視点によって，ドーピングや薬物摂取など
と同じような考察のもとで，遺伝子改良が組み込まれているように見える (3,
44)。しかしながら，それに関連する結論が示される場合にも，それらさまざ
まな形態のエンハンスメントは比較可能で，関連する類似点を持っているのか
どうかがそもそも識別されてこなかった。したがって，遺伝子改良を構成して
いるのはどういった種類のエンハンスメントであるかを理解するために，概念
分析を行う必要がある。さらに，その概念分析を行うなかでは，遺伝子改良
が，さまざまな形態を取って，色々な影響を持つようになることをまず認識し
ておく必要がある。

　第一に，個人の遺伝子型を改変して，運動競技に適したものにするために使
用される可能性のある，さまざまな種類の遺伝子変化の間で色々な区別ができ
る。たとえば，身体の中にある遺伝性の（生殖細胞系）細胞を改変するエンハン
スメントと非遺伝性の細胞（体細胞）を改変するエンハンスメントの間では，
重要な区別がなされる。それでも，スポーツの文脈で行われるエンハンスメン
トの最も重要かつ単純な区別は，施されるのが出生前か出生後かの区別であ
る。後者〔の出生後に施されるエンハンスメント〕に関しては，薬物使用との比較
が重要になってくる。たとえば，遺伝子操作を通じて人工血液を作り出すこと
に対しては医療上の幅広い関心が寄せられるが，〔その場合の遺伝子操作では，〕体
内から血液を取り出して，後でそれを戻すことによって生じるリスクを冒さず
に，血液ドーピングと同等のパフォーマンスエンハンスメントの方法を利用す
ることが可能になる。同様に，研究では，エリスロポエチン（赤血球生成促進因
子）の自然生成を再現する方法を確立することが目指されている。そのエリス

ロポエチンの自然生成を再現する方法は，慣習的なドーピングという他の方法と同等であるようにも見えるだろう。

　そのような事例に関して，ドーピングという他の方法と同じような仕方で遺伝子改良の概念を定めて，それによって似たような倫理的問題を提起しようとするのはよくわかる。しかしながら，出生前に行われる可能性のある遺伝子操作を今一度再調査してみれば，その場合，問題はかなり異なっており，遺伝子操作をドーピングという他の方法と類比的に見なせることはそれほど明白ではない。ここでは，出生前の遺伝子操作と〔出生後の〕ドーピングとの間で，最初の区別をすることが可能である。〔遺伝子〕改良は，出生前に個人の生殖細胞系（遺伝性の細胞）に対して施されるからである。つまり，〔遺伝子〕改良は，改良を受ける個人が選択するものというよりも，法定後見人の権限に基づいて個人や潜在的な生命に対して行われるものなのである。

　第二に，出生前の遺伝子改良は，他の種類の革新的技術と似たような仕方で人工的なもの，自然ではないものと解釈することは不適切だと論じることも可能である。妊娠した数日後に〔遺伝子の〕改変が行われた可能性があると想定して，遺伝子改良を自然な有機体に干渉したものとどの程度まで解釈できるのかは明らかではない。メガネやペースメーカーや義肢は，人間の外にあるという意味で，どう見ても人工的なもの，あるいは自然ではないものだと主張する人がいるかもしれないが，その一方で（クローン技術にも言えることかもしれないが）ほとんど始まっていないうえに，自らの細胞を使う方法で増大させられた可能性があるようなものを生命にとって自然ではないと結論づけてしまうことは，よりいっそう問題含みであるように思われる。

　それと同じような問いが〔次のように〕提起されるかもしれない。たとえば，性交渉による妊娠は，自然なものを区別する観点からすれば，体外受精による妊娠とどの程度まで異なっているのだろうか。体外受精は自然な方法の生殖ではないが，その一方でその結果として生まれてくる生命は間違いなく自然界のものである。同様に，ある程度遺伝子的に改変を加えられた可能性があるものの，自然な方法で受胎して，生まれてきた人間の生命は，どのような意味で自然ではないのかと問うことができる。したがって，そうした〔遺伝子操作という〕

テクノロジーが使われても〔性交渉による〕妊娠と比べ，同程度に自然だと想定した場合，遺伝子操作によって何が自然であるのかが決まるのか，それとも遺伝子操作それ自体が不自然なものなのかは定かではない。より説得力があるように思われるのは〔遺伝子操作によって何が自然であるのかが決まるという〕前者の方向性であり，個人の遺伝子型が通常の妊娠で決定される程度しか異なっていないという理由に基づいて，遺伝子操作を自然なものだと論じることである。もちろん，そうした問いに対する結論は，自然なものの決定要因として介入と因果関係の境界線をどこに引くかにかかっている。もし「自然であること」のたった1つの基準が異性間性交渉を通じた胚の受胎であるとすれば，多くの種類の生命が自然ではないものになってしまう事態を受け入れなければならなくなる。試験管ベビーの生産，代理出産，さらにおそらく出生前の治療介入でさえも，その結果として受け入れられる生命はすべて自然なものではないとする結論に至ってしまうのである。さらに，異性間性交渉は自然なものだと結論づけることの根拠は，どこか同性愛嫌悪を意味してしまうし，人間にとって自然でありうることについての見方を狭めてしまう。メガネをして，ペースメーカーをつけている人を私たちは「自然ではない」と結論づけるだろうか？　実際，そもそもそうした結論の何が重要であるのか？　このことはエンハンスメントに関する見方に対して，いかにして何らかの違いをもたらすのか？　この点については後で，スポーツでのパフォーマンスエンハンスメントに対して一般的に行われている批判に応じていく中で見ていくことにしよう。

　遺伝子改良の3つ目の特徴は，身体能力を〔完全に〕決定するわけではないという点である。遺伝子改良を施された人は，競技や身体の卓越性に対して遺伝子的に極めて優れた素因を備えているかもしれない。しかしそれは，そうした特徴の卓越性によって容易くエリートアスリートになれることを意味するわけではない。むしろ，自らに与えられた才能を磨き，競技のために厳しい練習を重ねなければならないし，遺伝子改良を施されていないアスリートたちも耐えなければならないさまざまな事柄を同じように耐えなければならないのである。ただし，遺伝子改良は競技における「優位性」をもたらすことができるという点にも留意しなければならない。これは前の主張と矛盾しているように見

えるかもしれないが，実際のところ，エリートレベルでの競技では，1位と2位の差や，さまざまなレベルにあるスキル間での違いはごくわずかなので，あるアスリートが遺伝子上の優位性を持つことができれば，それで他のアスリートを凌ぐのに足るだけの能力を十分に得られると考えることができる。たとえば，100m走において，1位と2位の差はわずかであるし，世界記録が破られるときに更新されるのも極めて小さい程度である。したがって，アスリートたちは同じくらいのレベルのパフォーマンスに段々と近づいていると解釈することができる。おそらくそのなかでは，アスリート間の差異はかなり小さいので，観客はその違いに全く気づくことができないだろう。このような理由で，遺伝子改良が，競技者間の差異をもたらすことには有用でありうると示すことができる。

　遺伝子改良の4つ目の特徴は，健康との関連性である。この遺伝子改良と超人についての話は，普通の健康状態を備えていると見なされる人たちにとっては，どこか馬鹿げていて，不必要であるように見えるかもしれない。その一方で，アスリートの能力の 強 化（エンハンスメント）と健康の 増 進（エンハンスメント）との間には切っても切り離せない関係がある。つまり，もし身体能力を 強 化（エンハンスメント）しようとすれば，必然的に健康も 増 進（エンハンス）させることになるだろう。しかしながら，そのような仕方で人間の遺伝子を操作することには負の側面があるように思われるだろう。これから子どもを持とうとする親は，遺伝子操作を施された人たちと施されていない人たちの関係がどういったものになるかを考えた場合に，自分の子どもが遺伝子操作を受けたグループの人たちと比べて何ら不利な立場に陥ることがないように，生まれる前に遺伝子操作を受けさせる必要があると感じるかもしれない。その結果，遺伝子操作を大目に見たり，遺伝子操作があってもよいとただ単に容認したりすることで，あるいはその〔遺伝子操作の〕使用を求める人たちを止めることができないことによっても，〔遺伝子操作を〕無理強いするような強制的雰囲気が作り出されてしまうだろう。

　最後に，一部のアスリートが遺伝子改良を利用できるが，その一方でそれを利用できない他のアスリートたちもいることを考えれば，競技における公正を欠いた優位性が結果として生じてくることが遺伝子改良の特徴であるように思

われる。先に扱った想定を認めるとすれば，少なくともしばらくの間は，遺伝子改良を受けた人たちが受けていない人たちと共存している状況を予想することができる。したがって，スポーツでは，競技上の理想を保つために，そうした公正を欠く優位性を調整しようとしなければならないのである。

④ ●● 遺伝子改良は非倫理的か？

　遺伝子改良に対して以上のような区分を設けるとすれば，遺伝子改良が競技スポーツのなかに収まるかどうか，また〔収まるとすれば〕どういった仕方で収まるのかをここで定めておかなければならない。第一に，遺伝子操作を受けた人たちは，競技に参加することが容認されるだろうか。また，この種の改良はそれがどのようなものであれスポーツのよい競争に資するものだろうか。遺伝子操作を許容できるものとして確立するためには，さまざまな種類のパフォーマンスエンハンスメントに対してこれまでに唱えられてきた反対論を検討しておく必要がある。その枠組みに基づいて，似たような仕方で遺伝子改良が好ましくないものであるのかどうかを決定することは可能であろう。この点において，これまでの節で描き出したさまざまな特徴を使うのが理にかなっている。したがって，以下に挙げたさまざまな反対論は，過去 20 年以上にわたりスポーツ哲学の文献のなかでさまざまな種類のパフォーマンスエンハンスメントをめぐる懸念を網羅的に反映したものとして議論に利用することができる。ドーピングに対するそれぞれの反対論については，薬物摂取の文脈で影響力を持つ議論を概略的に示すものとして複数の文献が挙げられる（ただし，筆者たちが〔ドーピング〕反対論を支持する結論を必ずしも出しているわけではない点には注意すべきである）。

1．ドーピングは欺く不正行為だ（2，12，17，18，38，40，55，63）
2．ドーピングは自然なものではない（28，29，37，48，49）
3．ドーピングは有徳なアスリートやよい競争とは相容れない（58，59，60）
4．ドーピングは公正を欠いた優位性を与える（20，37，48，49，54）

5．ドーピングは健康に対して有害である（8，37）
6．ドーピングを容認することは〔ドーピングに対する〕強制力とエリート主
　義を浸透させる（7，14，19）

　以上のような懸念に対する遺伝子改良からの応答は，薬物摂取やドーピング
の許容可能性に対する応答と全く異なっているわけではなく，薬物摂取やドー
ピングの許容可能性については，上記の文献で綿密に検討されている。しかし
そこには，スポーツでどのような種類のパフォーマンスエンハンスメントが許
容できるかに関してさらなる洞察を与える重要な違いがいくつか見られる。第
一に，そのような〔パフォーマンス〕エンハンスメントが不正（チーティング）だと主張するこ
とは，個人の行為に対して主張を行うことである。それゆえ，遺伝子改良への
反対論にさらに反論を展開することは，薬物摂取やそれ以外のパフォーマンス
エンハンスメントを許容することに対する応答とはかなり異なっている。出生
前に行われる遺伝子改良の場合，アスリートは改良された遺伝子型を持ってい
ることで不正を犯したと言っても意味がない。というのも，〔改良を施された〕
当の本人はいかなる仕方でも行為を行っていないからである。したがって，ア
スリートが不正を犯しているという見方を裏づけるためには，遺伝子操作を受
けたアスリートは不正であるが，それは，たとえそのような素因が当のアス
リートの遺伝的素因を増強（エンハンス）することを選んだ親や後見人によって与えられる
ことになったものだとしても，競技に対して有利な素因を備えた遺伝子型を
持っているから〔不正なのだ〕と結論づけなければならなくなってしまうのであ
る。
　続いて，実際に生じた不正に対して責任を負うのは後見人だと主張する人も
いるかもしれない。しかしながら，この種の視点によって，アスリートにペナ
ルティーを科すこと——あるいは実際にそうしたアスリートから競技の出場資
格を奪うこと——は問題含みとなる。というのも，当の本人がやったことでは
ないことを理由にして個人を罰することは許容できないように思われるからで
ある。もし出場資格を奪う理由が，その人自身の責任ではなかったり，その人
自身の行為ではなかったりする場合に，なぜそのアスリートが出場資格を奪わ

れなければならないのか。そうすると，そのような〔遺伝子〕改良は不正だと主張することは，薬物摂取の場合とは異なり，理にかなった立場ではないように思われるだろう。薬物摂取は，いくつかのケースでは，アスリートの側での「意図した」行為だと論じられることがある。しかしながら，この「意図」の問題は，罰則がアスリートの意図に対して向けられるのか，それともアスリートの行為から生じた結果に向けられるのか，つまり，意図して不正を行ったのか，それとも意図に関わらず不正につながる事態が生じたのかという問いを提起するのである。

　また，スポーツにおける遺伝子改良は，パフォーマンス上の優位性を得るための自然ではない手段であるから許容できないと主張する人がいるかもしれない。しかし，この見方は極めて弱い主張であり，それを正当化しようとすると，あらゆる種類のパフォーマンスエンハンスメントまで否定することになってしまうように見受けられる。それが最も明らかになるのは，薬物摂取をめぐる問題の場合である。そのなかでは，そうした〔薬物に関する〕技術はアスリートにとって「自然ではない」優位性をもたらすから不適切だと論じられる。おそらく，こうした類の視点に向けられる最も厳しい応答は，「何が自然を構成しているのか」と問うことである。その場合，とりわけ普通ではない食事法やトレーニング法が禁止された薬物と同じように自然ではないものだと主張されうるときに，なぜそうした普通ではない食事法やトレーニング法は許容できる自然なものだと考えられているのかと問われるに違いない（37）。これは特にエリスロポエチンやナンドロロン*といった薬物に言えることである。というのも，それらは体内で自然に生成されるからである。

　「自然である」という視点が不十分であることが極めて顕著になるのは，アンチ・ドーピング規則がスポーツでの薬物摂取を許容できないことだとはっきりと示そうとする場合である。以前は，ある特定の薬物は自然なものではないから許容できないと記載している規則を見かけたが，この種の議論は，そうした〔「自然である」という〕視点の弱点を間違いなく露呈するものであるから，薬

＊ナンドロロン　アナボリックステロイドのこと。人間の体内にもわずかに自然に存在している。

物摂取をめぐる問題に対して，もはや中心的ではなくなっている (29)。そのような応答からすれば，スポーツの領域では，何が自然であるのかと問うだけでは不十分だと思われる。実際，「自然ではない」ということは，スポーツにおける薬物使用に反対論を唱える理由にはならないように見える。この種の議論からは少し脱線するが，遺伝子操作は自然を改変するというよりもむしろ自然を決定するとも主張されるかもしれない。こうした視点では，特に胎児，胚，結合体の地位に対して特有の主張を行うものであり，何が自然で，何が自然でないかを決定しようと思えば，自然が始まる出発点を決めておく必要があると論じられる。直観的に，自然なもの――生命――は受胎で始まると主張したい人がいるかもしれないが，それさえも不十分な区別でありうることは認識されなければならない。たとえば，もし仮に精子の能力や卵子の受精率を改変することができたとして，またおそらく食事法によってさえ，そうした構成要素を改変した後に子どもを持つことができたとして，その場合に結果として生まれる子どもは許容できないほどに自然ではないものだと主張しなければならないだろうか？　自然ではないと主張するのは馬鹿げていると思われるし，何が自然であるかについては，私たちにとって未だに不確定なままに残されている。同様に，自然な生命は受胎を通じて作り出されたものだと主張することは，争いになりうる自然の概念を構築することでもある。胚に対して遺伝子改良がかなり早い段階で施されたとして，そのように早い段階で改変された生命はもはや自然な生命ではないと主張することは直観に反していると思われる。それゆえ，自然であるかどうかに基づいて〔遺伝子〕改良の許容可能性を論じる主張は説得力があるようには見えないのである。

　どのようなことがアスリートにとって有徳であるのか，何がよい競争を構成するのかといったことについてなされる主張も，スポーツでの遺伝子改良の使用に対する反対論にとって問題含みである。出生前に遺伝子改良を受けている個人は（それが何を意味するのであれ）卓越したアスリートになれないと主張することはできないし，また，ある個人は単に遺伝子操作を受けたからという理由だけで競争の内的な善を経験してはならないと主張することもできないように思われる。（改良を受けずに）特に有能な遺伝子型を持ったアスリートたちのな

かで単純に比較して，似たような問いを出す人もいるかもしれない。運動のパフォーマンスについて 増 強 （エンハンスメント）を受けた能力を持っているだけで，スポーツの内的な善を正しく評価することができないなどと誰も主張しないのは明らかだろう。またこの点は，遺伝子上の優位性が個人の選択によるものではなく，それゆえに，（人を目的として扱ったり，競技を外的な善と価値づけたりといった）特定の態度を反映している行為と見なされえないという事情にも幾分関係してくる。

　遺伝子操作を受けることは他のアスリートたちに対する不正な優位性をもたらすと主張することもまた，薬物摂取や他のパフォーマンスエンハンスメントについて似たような主張をする場合とは少し事情が異なっている。さらに，現行制度のもとでそのような優位性の影響を比較しようとする人もいるかもしれない。今日，他のアスリートと比べてパフォーマンスにより適した素因を持っているアスリートがいることは，スポーツにとって問題ではなく，競技スポーツではそのような差異を生じさせるのは必要だと主張することができる (59)。[7]そうすると，私たちが遺伝子操作をすることで同じような結果を生じさせる場合，なぜそれは問題だと思われるのだろうか？　この種の個人差は熟慮した上で優位性を得ようとする意図によってもたらされたものであるから，それは許容できないと主張する人がいるかもしれない。しかしながら，そのような優位性は人をスポーツのなかで優位に位置づけようと意図されたものだと主張しても，それは根拠としてはむしろ弱い。というのも，そのような決定は，おそらく特定のスポーツでのキャリアを念頭においたものではないだろうからである。不公正な（アンフェア）優位性を持っているという事実に基づいて遺伝子操作を受けた個人から競技出場資格を奪ってしまうのはむしろやりすぎでもある。そのような個人に対して差別を行わないとして，一貫性のある主張をしようと思えば，自然に強化（亢進）された遺伝子型を持っている人々からさえも出場資格を奪わなければならないことになる。そのような根拠に基づけば，背理法によって，すべての遺伝的な差異は競技から取り除かれるべきだということになってしまう（あるいは，実際問題として可能な限り取り除かれるべきだということになってしまう）。その代わりに，スポーツ競技を構成しているのは，いかなる介入も受けずに決定された，当人が持ちうる遺伝子型によって可能である限りの結果や達成だと

主張する人がいるかもしれない。もしそのような立場が成功する見込みがあると思われるとしたら，実際にどういった行いが介入だと見なされるのかを示さなければならない。そのような基準に従うと，遺伝子治療を受けた可能性のある人が競技に参加するのを許容することは問題だと考える人もいるかもしれないのである。

　パフォーマンスエンハンスメントはアスリートの長期的な健康に対して有害だとする主張もまた，遺伝子改良の文脈ではそのまま維持するのは難しい。〔遺伝子〕改良が健康に寄与することになるようなさまざまな状況が示されてきたことを踏まえれば，薬物使用を扱った文献のなかで見られるように健康や有害などといった理由に基づいてパターナリズムが唱えられること[訳注2]は理にかなっていない (8, 19)。それにもかかわらず，スポーツを超えた意味合いを帯びている〔遺伝子改良の〕テクノロジーを使用することに関しては，そのような多くの懸念がある。先に強調したように，〔遺伝子〕改良のテクノロジーが持つ実験的な性格は，個人にとっての——より一般的には人間という種にとっての——長期的な利益にまつわる極めて現実的な問題をもたらす。たとえば，遺伝子操作に対するとりわけ強い批判では，遺伝的な多様性を減少させ，それによってエコシステムのなかで一定程度の機能不全に陥ることに実質的に大きな影響を受けることになる生物種の生存を脅かす可能性があることを問題としている (51, 52)。今の段階で，そうした問題はスポーツに限ったことではないが，無視することはできない。むしろ，そのような問題は，医学的視点と社会的視点から見れば重要であるだろう。ひとたびそのような問題が解決されれば，有害さを根拠として遺伝子操作を許容できないとするスポーツ行政機関の主張はかなり苦しい立場に置かれることになるだろう。

　スポーツにおける強制の問題は，薬物の使用を道徳的に許容できないものにすると論じられてきた。パフォーマンスを向上（エンハンス）させる薬物が競技スポーツの一部になることをスポーツ統括団体が許容すれば，すべてのアスリートが競争力を保つために薬物摂取をしなければならない状況になるだろう。そうすると，アスリートたちは薬物摂取を強制されることになるだろうし，それに伴ったリスクを受け入れることも強制されることになるだろう。もちろん，薬物が

禁止されたときにも，似たような状況が生じる。つまり，アスリートは無条件で最も効果的に成果の向上を助ける手段を求めるだけでなく，その助けとなる手段が検査手続きで検出されないようにしなければならないということも念頭に置きつつ，そうした手段を求めることになる。同様に，遺伝子操作を受けた人が競技スポーツに参加するのを許容することは，エリートアスリートになって競技に参加するために，遺伝子操作を受けた遺伝子型を持っているようにすることが必須であるような状況を生じさせてしまうのである。

　明らかに，こうした強制的な性格があるのは，スポーツの分野だけにとどまらない。さらに主題を拡張させて，あらゆる遺伝子改良は（健康，仕事に資する能力，教育における成功などの）さまざまな点で優位な立場にあるような人々を生み出すことになると主張する人もいるかもしれない。その場合，遺伝子操作を受けないことが不利な立場をもたらすことになるだろう。そして，さらにそれが次のような状況をもたらすことになる。つまり，すべての親が自分の子どもに対して，未来の成功への可能性に恵まれ，人生における最良のスタートを切れるように保証するために，遺伝子操作を受け入れざるをえないような状況をもたらすことになるのである。そのような状況は，本質的に，人間という種の遺伝子的な可変性のうちにある変化に影響を及ぼし，そのことに対する幅広い懸念のために憂慮すべき事態となる。それでも，あるものが強制力を持っているからという単純な理由は，それをスポーツから取り除く理由にはならない。明らかに，スポーツでよい成績を収めるためにはかなり厳しいトレーニングを積まなければならないことは強制力を持っていると考えられるかもしれず，このことは否定的な性格を持っているとは思われないだろうし，スポーツからそうした性格を取り除こうとするのはナンセンスである。さらに，自傷を負わせることを強制するものが許容できない事例だということを根拠にして，強制的な性格が許容できるかどうかの区別になることを受け入れたとしても，このことは，これまでの議論を考慮に入れれば，遺伝子改良の事例には当てはまらないと主張することができるのである。

⑤ 以上のことはスポーツにおけるパフォーマンスエンハンスメントについて私たちに何を伝えているのか？

　スポーツのなかには許容できるパフォーマンスエンハンスメントがさまざまあるが，それとは対照的に，パフォーマンスエンハンスメントの手段としての遺伝子操作について説得力のあることは何もないように思われるだろう。薬物摂取に対する暫定的な批判も，遺伝子操作に対しては当てはまらないと思われる。さらに，遺伝子操作は，スポーツのなかで許容できるパフォーマンスエンハンスメントだと見なされる形態を理解するのに役立つツールを与えてくれる。遺伝子操作が備える特徴は，スポーツでの特定の種類のパフォーマンスエンハンスメントに対する主要な反対論に抗することを可能にするように見える。しかも，遺伝子操作は，薬物摂取とは異なり，許容できるものだと見えるだろう。遺伝子操作は不正とは解釈されえないし，自然に反するものでもないし，公正さを欠いた優位性をもたらすこともない。また，強制力を作り出す特徴は，遺伝子改良を受けた人が競技に参加するのを拒否することを正当化する理由にはならないし，遺伝子改良は許容できないような有害なものでもないのである。

　もし概念的に遺伝子操作に似たような薬物やドーピングなどの他の方法を想像することができれば，そのような薬物やドーピングの使用に対する反対論は，実際のところ，かなり興味深いものになるだろう。ここで提起されるのは，パフォーマンスを向上（エンハンス）させる薬物に対する先の批判に耐えうる薬物が，遺伝子改良と同じように，それでも許容できないと考えられるかどうかという問題である。私の主張としては，たとえそのような基準を満たしたとしても，薬物摂取やドーピングは道徳的に一貫性に欠けるものであり続けるだろうし，スポーツ統括団体からは非難されるというものである。もしスポーツでの薬物摂取を認めないことに対してどちらかと言えば疑問の余地が残るさまざまな理由を1つ1つ剥ぎ取るとしても，調剤の安全性をめぐって不確定な文化のなかに覆い隠されている形態のエンハンスメントが残ってしまうからというのがその理由にほかならない。スポーツでの薬物摂取と大きな社会との相互関連性

を強調することは，Houlihan の『勝つために死す』(29) が関心を示すものである。スポーツにおけるドーピングの問題を，スポーツがどのような活動であり，どのような活動ではないのかに関わる主張のようなものと受け取るのではなく，スポーツは社会的な影響を及ぼさない閉鎖的な活動ではないと認識すべきである。薬物の文化は，依存症，中毒，健康障がい，死，反社会的な振る舞いといった否定的な性格を反映することでよく知られているし，そうした特徴はスポーツにおける薬物使用に対する姿勢に広がるとここでは論じられる。したがって，薬物を摂取したアスリートのことを耳にしたときに，単にアスリートが不正を犯したことだけではなく，その当人が不適切だったり，臆病であったり，脆弱であったり，卑怯であったりするという仕方で振る舞っていることも問題なのである。そのような〔薬物摂取という〕パフォーマンスエンハンスメントが許容できないのは，それが徳を欠いたアスリートであることを意味していたり，さらに悪しき競争者であることも意味していたりするからではない。むしろ，それは賞賛に値しない形態の人格性（つまり徳を欠いた人格であること）を体現しているからである。それゆえ，スポーツにおける薬物使用に対する批判は，アスリートとしてよりも，むしろ人格としての個人に対する批判だと論じることができる。これこそがまさに，ブラウンが認識したことである (9)。ブラウンは，より一般的な薬物使用に対する社会的な態度がスポーツでの薬物摂取への態度に浸透していると指摘しているのである。

⑥ ●• 以上のことはスポーツをどこに向かわせるのか？

　遺伝子操作の時代において問題は単に，遺伝子操作を受けた人がスポーツに参加するのを禁じたり，その人から競技参加資格を剥奪したりすることだけにとどまらない。まさにそうした〔排除の〕主張は，劣った遺伝的能力を持った人に対する偏見について，地球規模での人権問題を提起することだろう (61)。さらに，そのような状況はおそらく，遺伝子操作を受けた人々専用のオリンピックやそれに類する競技大会が開催される引き金となってしまうだろう。そうした競技大会では，遺伝子操作を受けた超人的アスリートたちは，自然的に

受け取った遺伝子型を持ったごく普通の死すべき存在たちとは区別されることになるだろう。遺伝子改良を受けた人が遺伝子改良を受けていない人と競い合うという，それとは異なった状況は，明らかに，許容できるものではないだろう。というのも，改良を受けた遺伝子型を持っていない人々は，（本稿において遺伝子改良についてなされた想定を考慮に入れれば）著しく不利な立場に置かれることになってしまうからである。

　合理的に考えると，ボクシングや柔道といった競技からの支持を思い浮かべることができるかもしれない。そのなかでは，単に体重差のみならず，遺伝子の特徴によっても，階級が作られる。その場合，フェアプレイの名のもとに，力強さ，耐久性，俊敏性への遺伝子改良に基づいて設定された階級を私たちは想像することができる。それでも，そうした階級が，まさに当の改良，つまり優位性を獲得し，勝者を区別するために使用されてきた改良を否定することに役立つというのは奇妙だと思われる。実際，そのような結論によって，そうした形態の〔遺伝子〕改良は究極的には自己破壊的で，スポーツの競技にとって不適切だとする主張が裏づけられるかもしれない。競技者間での身体的な差異が均等化されるとすれば——遺伝子操作が優位性を作り出すために使用されるなかでは望ましいと思われるように——，そこから結果として生じてくる競技は，意志や決意の強さやトレーニングの効果を試すものとなるだろう。しかし，そこからさらなる点が指摘されるかもしれない。つまり，遺伝子操作が許容された状況では，アスリートが使用できる薬物の種類に対して制限をかけるのがどうやらよりいっそう難しくなると思われるのである。

　もし，アンチ・ドーピングの根拠が，まさに公正な競争やよい競争〔を確保すること〕であるなら，遺伝子改良は，この理想を維持するなかで克服し得ない困難を作り出してしまうように思われる。ドーピングは，遺伝子改良と比較すると，許容可能性に対する基準を簡単に受け入れる可能性がある。そのようなドーピング使用の場合，アスリートは，自分でドーピングを選択する必要があるため，不正だと考えられる。〔他方で，〕人生のかなり早い段階で施された遺伝子改良に対して，そのような主張をすることはできない。もちろん，これは，ある種の薬物が違法だと考えられた際の根拠に基づいてそれが決定されな

ければならない場合である。遺伝子改良が許容可能と見なされるとすれば，も
しその薬物が有害ではないのなら，その薬物を禁止することは許容できないと
思われるかもしれない。結果として，遺伝子操作の出現が，スポーツ競技にお
ける薬物使用を拒否することの正当な理由づけを強いることにつながってい
る。というのも，競技スポーツのための遺伝子操作を許容すれば，〔それ以外の
方法による〕パフォーマンスエンハンスメント〔の是非〕を明確にする必要性は，
よりいっそう深刻なものになるだろうからである。

⑦●●結語──新しい倫理的な問題

　スポーツにおける遺伝子改良を検討した私の最初の理論的考察にもかかわら
ず，私は藁人形を立てて，ただそれを打ちのめして，しかも遺伝子操作はス
ポーツの目的のためには許容できないと主張しただけだったと異議を唱える人
もいるかもしれない。しかし私としては，そのように主張することを意図して
いたわけではなかった。実際，遺伝子改良は，スポーツのなかで許容できない
とは論じてこなかった。何より，そのような遺伝子改良は，スポーツにおける
許容可能性の観点から見れば，薬物使用と比べてより一貫性のある状況にあ
る。しかも，遺伝子改良は，スポーツにとって許容されうる形態のパフォーマ
ンスエンハンスメントであり，その禁止は個人の私的自由の面において不合理
な主張となりかねない (61)。そのような〔遺伝子〕改良は，よい競争を構成す
る要素を損なうようには見えない。というのも，それはアスリートの性格を反
映することもなければ，アスリート間での何らかの形の合意としてスポーツ競
技の土台と矛盾することもないからである。したがって，遺伝子改良は，それ
自体が許容できるものかどうかを考え，決定するための考慮事項を，スポーツ
哲学者にもたらしてくれるのである。

　1984 年に，Fraleigh (19) は，スポーツにおいて中心的な倫理的な問題とな
るのは，──薬物使用が害悪，さらに／あるいは，強制，公正さにかかわり合
いがあると想定して──，薬物使用と「有害な薬物を摂取することに同意して
いる成人アスリートの情報に基づく選択」を規制することは許容できるか否か

だと述べている。今や，エリートスポーツの新しい世紀への変わり目におい
て，遺伝学は，スポーツ倫理学に対して無数の新しいジレンマを投げかけてい
る。それは，競技において許容できるパフォーマンスエンハンスメントを構成
する要素にまつわる考え方の先鋭化を強いるジレンマにほかならない。遺伝子
操作の分野で問題になるのは，自分自身の身体に対する個人の選択の制限では
なく，自分の子どもに対する成人の選択である。そうすると，この〔遺伝子操
作という〕新しいテクノロジーは，そのうちでパターナリズムに関するさまざ
まな議論がかなり小さな力しか振るわないような分野を一変させる。その場
合，西洋世界における成人の生殖の自由を妨げることには大部分で反論可能で
ある。しかしながら，そのような困難な問題に対しては客観的な立場からアプ
ローチしなければならず，その客観的立場に基づくと，自由の神聖性は未来世
代の善のために疑問を呈されることになるのである。

　また以下のことも本稿が意図したものであった。すなわち，これまでとは異
なっていて，しかもうまくいきそうな形態の人間の 改 良 を提供することで
あり，そうした人間の改良は，スポーツにおけるパフォーマンスエンハンスメ
ントに対して問題含みの伝統的な視点をもたらす。本稿の主張によれば，ス
ポーツ統括団体は，遺伝学のようなエンハンスメントのテクノロジーが許容で
きるかどうかについて特定の主張を行うことはできず，またそうしたエンハン
スメントによる優位性を持った人たちが競技に参加するのを禁ずることもでき
ない。遺伝子操作はまだ実現されていないかもしれないが，その一方で，薬物
やその他の種類のエンハンスメントのテクノロジーをスポーツで禁止すること
を正当化する理由は，複雑なままであり，多大なる批判を受けやすい。薬物使
用などに対する懸念は，それに関する漠然とした直観に基づいていると論じる
ことができる――それは1つには多くの種類の薬物に対する社会的に曖昧な
表現に由来するからである。さらに，スポーツの論理の視点から薬物使用が許
容できることを決定しようとすることは不十分であるかもしれない。遺伝学の
事例を使うことで，スポーツにおける薬物使用への批判を切り離して，競技で
薬物を使用することに関する主たる問題はアスリートに関するもの，公正な競
争や健康に関するものではなく，より広く薬物使用を取り巻く社会的スティグ

マに関するものだと特定することができる。そのような批判は，スポーツそれ自体が有する価値と論理から構成されるシステムの範囲内に存在するものとしてのスポーツに対する考え方[訳注3]とは正反対であり，それゆえにドーピングのジレンマをめぐっての再評価が要求されることになる。もしスポーツ哲学者が薬物摂取が許容できない理由をスポーツの内部で見つけることを望むのであれば，薬物使用に対する批判は，スポーツの視点からは，スポーツにおけるパフォーマンスエンハンスメントを実現するための他の手段との一貫性に欠けているので，かなり失望することになってしまうと私としては主張するところである。

謝　辞

　私の博士論文の指導教授であったサイモン・イアソン先生に謝意を表します。本稿を執筆するなかでも，この研究に関係することについても，支援していただきました。

　原　注

1）胚研究認可局の法令は〔2001 年〕現在，胚研究についての 14 日間の制限を施行している点に注意すべきである。したがって，胚の日齢が 14 日になる前に人間の胚に対してだけ研究を行うことができる。その段階をすぎると，胚は個別的な性格と細胞の運命決定を確立すると考えられる。それは，人であることに向かう重要な段階だと見なされている。胚の道徳的地位についての分析は，Warnock（62）を見よ。
2）現在の優れた概観については，Kuhse and Singer（35）を見よ。
3）こうした展望は，おそらく考えられているほど未来のものではない。現在，人体冷凍術は，それを信じる人たちが増加しているおり，かなり発展を遂げた科学分野である。蘇生の可能性を容認することに関する 1 つの方法において死んで間もない死体を保存するこの科学は，「死んだ」個人を蘇生することを可能にするようなテクノロジーの手段をもたらす科学に対する信仰のなかでどこか宗教的である（詳細な情報については，The Alcor Life Extension Foundation〈http://www.alcor.org〉を見よ）。加えて，Bova（6）は，インスリン受容体遺伝子を加齢の基本的な決定要因と定めて，加齢の原因になる遺伝子を発見しようとする研究を特定している。さらに，永遠の生命の可能性の背後にある科学は恐ろしくなるくらい単純である。つまり，身体は（皮膚細胞と赤血球や白血球の生成のなかで）それ自体の再生のための何らかの手段を持っているとしている。したがって，生命の長寿を保証するのに必要とされるのは，身体のうちにある他の種類の細胞に対して，その再生が止まるのを防ぐ何らかの方法を見つけることだけである。これ

は，さまざまな遺伝子の機能を特定することで可能かもしれない。

4）ちなみに，私はこの事業に関していくぶんひねくれた視点を推奨したい。それは，ロンズ・エンジェルスが，卵子や精子やそれに関連する他のものを実際に販売することから得ている利益よりも，ウェブサイトに対する広告を通じてのほうが多くの利益を得る立場にあるという認識に由来する。一方で，このことでウェブサイトが卵子を販売する目的のためか，それとも単純に広告を作り出すという目的のために実際に設立されたのかどうか，私はすぐに疑問を持ったが，ここでもまたその答えは重要ではないように思われる。実際の製品を持たずに，単純にスポンサーを引きつけるウェブサイトを開発することで，多大なる金銭を実際に作り出すことができるという事実は，サイバー空間やグローバルマーケットの驚くべき側面である。

5）そのような帰結主義的推論は追求を必要とするかもしれない。適切ではないかもしれない費用対効果に基づいて遺伝子操作の倫理的な見解を想定しているからである。生命倫理のジレンマに対するさまざまなアプローチに関する色々な視点の概観については，Kuhse and Singer（35）を見よ。

6）もちろんこのことは，遺伝子操作を施された人は，施されていない人よりもいっそう優位にある特性を持っていると想定している。この点に対しては，遺伝子的な優位性の環境的決定要因についての Ledley（39）の考え方を参照することで異論を唱える人がいるかもしれない。Ledley は，外見的に機能不全を起こしている遺伝子は単純に環境的問題でありうることを特定している。たとえば，鎌状赤血球はマラリアに対する予防をもたらし，一般的な囊胞性線維症突然変異は低体温で機能する可能性があるタンパク質をコードする——これが優位性になる国もある。

7）しかしながら，ボクシングやレスリングや柔道といったスポーツを引き合いに出す人がいるかもしれない。そうした競技では，より公正な競技を実現させて，異なるサイズの身体を持っているおかげで示されうるようなさまざま異なった種類のスキルを促進させるために，遺伝子的な性格や生物学的な性格の間で区別することが重要になると言われるだろう。

訳　注

本稿は 2001 年に刊行されたものであり，内容もその当時のものであることをお断りしておく。

〔1〕本稿では，enhancement が考察のなかで重要な位置を占めているが，その訳語については，若干の訳し分けをしている点をお断りしておく。まず，performance enhancing substance は，enhance が「向上」を意味することから，最初のものに「パフォーマンス向上薬物」（ルビ：エンハンスメント）とルビを付している。また，enhance という動詞や enhancement という名詞については文脈に応じて訳し分けつつも，それぞれの原語がわかるように，ルビを付している。genetic enhancement については，「改良」という意味合いが強いため，遺伝子改

良と訳し，最初のものに「エンハンスメント」とルビを付している。performance enhancement といった場合の enhancement については，「向上」以外にもさまざまな意味合いを持ちうるので，パフォーマンスエンハンスメントとカタカナ表記にしている。

〔2〕パターナリズムは，日本語では「家父長主義」などと訳されることがあるが，家の長である父親が子どものことを考えて色々と先回りをして物事の方針や行動を決定することで，同時にそこには「子ども」と見なされる側の自由や責任が無視されたり，制限されたりすることになり，否定的な意味合いも帯びている。

〔3〕これはスポーツのうちに一般的な常識道徳とは異なる独自の価値や論理があるとする，いわゆる「スポーツ内在主義」のことを指していると思われる。

文　献

1. Appleyard, B. *Brave New Worlds: Slaying Human in the Genetic Future*. London: Harper Collins, 1999.（ブライアン・アップルヤード［1998］『優生学の復活？　遺伝子中心主義の行方』，山下篤子訳，毎日新聞社）

2. Arnold, P. J. "Sport as a Valued Human Practice: A Basis for the Consideration of Some Moral Issues in Sport." *Journal of Philosophy of Education*, 26: 237-255, 1992.

3. Aschwanden, C. "Gene Cheats." *New Scientist*, 2221: 24-29, 2000.

4. Ayabe, S. & Tan, S. Y. "Entering the Age of the New Genetics with Eyes Wide Open." *Hawaii Medical Journal*, 54 April: 460-463, 1995.

5. Beauchamp, T. L. and Childress, J. F. *Principles of Biomedical Ethics*, (4th ed.). Oxford, UK: Oxford University Press, 1994.（トム L. ビーチャム，ジェイムズ F. チルドレス［2009］『生命医学倫理』第 5 版，立木教夫・足立智孝監訳，麗澤大学出版会（ただし，参照されている第 4 版の邦訳はない））

6. Bova, B. *Immortality: How Science is Extending Your Life and Changing the World*, New York: Avon, 1998.

7. Breivik, G. "The Doping Dilemma――Game Theoretical Consideration". *Sportwissenschaft*, 17: 83-94, 1987.

8. Brown, W. M. "Paternalism, Drugs and the Nature of Sport." *Journal of the Philosophy of Sport*, XI: 14-22, 1984.

9. Brown, W. M. "Practices and Prudence (Presidential Address)." *Journal of the Philosophy of Sport*, XVII: 71-84, 1990.

10. Burley, J., (Ed.) *The Genetic Revolution and Human Rights*, Oxford, UK: Oxford University Press, 1999.

11. Cogan, A. "Sporty Types." *New Scientist Planet Science,* Hypertext Document: http://www.newscientist.com/ns/980523/nsport.html ［Last Accessed: November 2000], 1998.

12. Delattre, E. J. "Some Reflections on Success and Failure in Competitive Athletics."

Journal of the Philosophy of Sport, Ⅱ: 133-139, 1975.

13. Donohoe, T. and Johnson, N. *Foul Play: Drug Abuse in Sports.* Oxford, UK: Basil Blackwell, 1986.

14. Eassom, S. B. "Playing Games with Prisoners' Dilemmas." *Journal of the Philosophy of Sport*, XXII: 16-47, 1995.

15. Elliot, C. *A Philosophical Disease: Bioethics. Culture, and Identity.* London: Routledge, 1999.

16. Farrar, S. "Do These Genes Make Me Look Fat?" *The Times Higher Education Supplement*, 1 (October). 1999, pp. 22-23.

17. Feezell, R. M. "On the Wrongness of Cheating and Why Cheaters Can't Play the Game." *Journal of the Philosophy of Sport*, XV: 57-68, 1988.

18. Fraleigh, W. "Why the Good Foul is Not Good." *Journal of Physical Education, Recreation and Dance*, January: 41-42, 1982.

19. Fraleigh, W. P. "Performance Enhancing Drugs in Sport: The Ethical Issue." *Journal of the Philosophy of Sport*, XI: 23-29, 1984.

20. Gardner, R. "On Performance-Enhancing Substances and the Unfair Advantage Argument." *Journal of the Philosophy of Sport*, XVI: 59-73, 1989.

21. Gardner, W. "Can Human Genetic Enhancement Be Prohibited?" *Journal of Medicine and Philosophy*, 20. Hypertext Document: http://www.med.upenn.edu/~bioethic/genetics/articles/2.gardner.can.human.html [Last Accessed: November. 2000], 1995.

22. Gelberg, J. N. "The Rise and Fall of the Polara Asymmetric Golf Ball: No Hook, No Slice, No Dice." *Technology in Society*, 18: 93-110, 1996.

23. Harris, J. *Clones, Genes, and Immortality.* Oxford, UK: Oxford University Press, 1998.

24. Harris, R. *Ron's Angels.* Hypertext Document: http://www.ronsangels.com [Accessed: November 1999], 1999.

25. Henderson, M. "Insurers to Check for Genetic Illness." *The Times,* p. 17, 13 October, 2000.

26. Hendriks, A. "Genetics, Human Rights and Employment: American and European perspectives." *Medicine and Law*, 16: 557-565, 1997.

27. Ho, M. *Genetic Engineering-Dream or Nightmare? The Brave New World of Bad Science and Big Business.* Bath. UK: Gateway Books, 1998.

28. Hoberman, J. M. *Mortal Engines: The Science of Performance and the Dehumanization of Sport.* New York: The Free Press, 1992.

29. Houlihan, B. *Dying to Win: Doping in Sport and the Development of Anti-Doping Policy.* Stasbourg: Council of Europe Publishing, 1999.

30. Hummel, R. S. and Foster, G. S. "A Sporting Chance: Relationships Between

Technological Change & Concepts of Fair Play in Fishing." *Journal of Leisure Research*, 18: 40-52, 1986.

31. Kearney, J. T. "Training the Olympic Athlete: Sports Science and Technology Are Today Providing Elite Competitors With the Tiny Margins Needed to Win in World-Class Competition." *Scientific American*, 274(6): 52-57, 1996.

32. Kelly, I. *Out of Control*. London: Fourth Estate, 1994.

33. Keyley, J. "Using Genetic Information: A Radical Problematic for an Individualistic Framework." *Medicine and Law*, 15: 715-720, 1996.

34. Kramer, P. D. *Listening to Prozac*. London: Fourth Estate, 1994.

35. Kuhse, H. and Singer, P., (Eds.). *A Companion to Bioethics*. Oxford, UK: Blackwell, 1998.

36. Lamsam, C., Fu, F. H., Robbins, P. D. and Evans, C. H. "Gene Therapy in Sports Medicine." *Sports Medicine*, 25: 73-77, 1997.

37. Lavin, M. "Are the Current Band Justified?" *Journal of the Philosophy of Sport*, XIV: 34-43, 1987.

38. Leaman, O. "Cheating and Fair Play in Sport." In *Philosophic Inquiry in Sport*. W. J. Morgan and K. V. Meier (Eds.). Champaign, IL: Human Kinetics, 1988, pp. 277-282.

39. Ledley, F. D. "Distinguishing Genetics and Eugenics on the Basis of Fairness." *Journal of Medical Ethics*, 20: 157-164, 1994.

40. Lehman, C. K. "Can Cheaters Play the Game?" *Journal of the Philosophy of Sport*, VII: 41-46, 1981.

41. Macer, D. R. J. *Shaping Genes: Ethics, Law and Science of Using New Genetic Technology in Medicine and Agriculture*. Hypertext Publication: http://zobell.biol.tsukuba.ac.jp/~macer/SG.html [Last Accessed: November, 2000], 1990.

42. Miah, A. "Climbing Upwards or Climbing Backwards: The Technological Metamorphoses of Climbing and Mountaineering". In *The Science and Technology of Mountaineering*, N. Messenger, W. Patterson and D. Brook (Eds.). Champaign, IL: Human Kinetics, 2000a. [CD-ROM]

43. Miah, A. "The Engineered Athlete: Human Rights in the Genetic Revolution." *Culture, Sport, Society*, 3:3, 25-40, 2000b.

44. Munthe, C. "Selected Champions: Making Winners in the Age of Genetic Technology". In *Values and Sport: Elitism, Natiorudism, Gender Equality, and the Scientific Manufacture of Winners*, T. Tännsjö and C. Tamburrini (Eds.). London and New York: E. & F.N. Spon, 2000, pp. 217-231.

45. Nagl, S. "Genetic Essentialism and the Discursive Subject." *20th World Congress of Philosophy*, Hypertext Document http://www.bu.edu/wcp/Papers/Bioe/BioeNagl.htm [Last Accessed: November. 2000]

46. Nuffield Council on Biethics. "Stem Cell Therapy: The Ethical Issues." Discussion Paper, Nuffield Council on Bioethics, 2000.

47. Parens, E. "The Goodness of Fragility: On the Prospect of Genetic Technologies Aimed at the Enhancement of Human Capacities." *Kennedy Institute of Ethics Journal*, 5(2): 141-153, 1995.

48. Parry, S. J. "The Devil's Advocate." *Sport & Leisure, Nov-Dec*: 34-35, 1987.

49. Perry, C. "Blood Doping and Athletic Competition." In: *Philosophic Inquiry in Sport*, W. J. Morgan and K. V. Meier (Eds.). Champaign, IL: Human Kinetics, 1988, pp. 307-311.

50. Philpott, M. "Not Guilty, by Reason of Genetic Determinism." Hypertext Document: http://www.med.upenn.edu/~bioethic/genetics/articles/4.philpott.not.guilty.html [Last Accessed: November, 2000], 1995.

51. Putnam, H. "Cloning People". In: *The Genetic Revolution and Human Rights*, J. Burley (Ed.). Oxford, UK: Oxford University Press, 1999, pp. 1-13.

52. Reiss, M. J. and Straughan, R. *Improving Nature? The Science and Ethics of Genetic Engineering*, Cambridge, UK: Cambridge University Press, 1996. (マイケル J. ライス, ロジャー・ストローハン [1999]『生物改造時代がくる──遺伝子組換え食品・クローン動物とどう向きあうか』, 白楽ロックビル訳, 共立出版)

53. Rhodes, R. "Clones, harms, and rights." *Cambridge Quarterly of Health Care Ethics*, 4:1, 285-290, 1995.

54. Rose, A. "Mandatory Drug Testing of College Athletes: Are Athletes Being Denied Their Constitutional Rights?" *Pepperdine Law Review*, 16: 45-75, 1988.

55. Rosenberg, D. "The Concept of Cheating in Sport." *International Journal of Physical Education*, 32(2): 4-14, 1995.

56. Rothstein, M. A. and Knoppers, B. M. "Legal Aspects of Genetics, Work and Insurance in North America and Europe." *European Journal of Health Law*, 3: 143-161, 1996.

57. Ryan, A. "Eugenics and Genetic Manipulation". In: *The Genetic Revolution and Human Rights*, J. Burley (Ed.). Oxford, UK: Oxford University Press, 1999, pp. 125-132.

58. Schneider, A. J. and Butcher, R. B. "Why Olympic Athletes Should Avoid the Use and Seek the Elimination of Performance Enhancing Substances and Practices From the Olympic Games." *Journal of the Philosophy of Sport*, XXI: 64-81, 1994.

59. Simon, R. L. "Good Competition and Drug-Enhanced Performance." *Journal of the Philosophy of Sport*, XI: 6-13, 1984.

60. Simon, R. L. "Response to Brown and Fraleigh." *Journal of the Philosophy of Sport*, XI: 30-32, 1985.

61. UNESCO. "Universal Declaration on the Human Genome and Human Rights." Hypertext Document: http://www.unesco.org/ibc/uk/genome/projet/index.html [Last Accessed:

November, 2000], 1997.

62. Warnock, M. "Do Human Cells Have Rights?" *Bioethics*, 1:1, 1-14, 1987.

63. Wertz, S. K. "The Varieties of Cheating." *Journal of the Philosophy of Sport*, VIII: 19-40, 1981.

64. Wilmut, I. "Dolly: The age of biological control". In: *The Genetic Revolution and Human Rights*, J. Burley (Ed.). Oxford: Oxford University Press, 1999, pp. 19-28.

65. Wilson, E. "How a Power Gene Helps Athletes Go To the Limit." *Daily Mail*, 20 May, 1998, p.7.

66. Woodridge, I. "Do Scientists Expect Us To Believe That Mary Peters Felt No Pain?" *Daily Mail*, 21 May, 1998, p.11.

GENETIC TECHNOLOGIES AND SPORT: The New Ethical Issue
by Andy Miah
©2001 by the International Association for the Philosophy of Sport

Japanese translation rights by permission of Informa UK Limited,
trading as Taylor & Francis Group on behalf of International Association for the
Philosophy of Sport
via Tuttle-Mori Agency, Inc., Tokyo

科学の可能性と社会への貢献

我が国におけるスポーツと遺伝に関する研究，その新しい試み
LEGACY2020 プロジェクトについて

大岩奈青

　1990 年に始まったヒトゲノムプロジェクトは 2003 年にその解読を終えた。13 年間で，ヒト 1 人分のゲノム解読完了までに投じた解析費用は約 30 億ドル（約 3300 億円）といわれる。それから 15 年以上の時を経た 2020 年現在，次世代シークエンサー（Next Generation Sequencer: NGS）をはじめとする技術革新により，1 人分で 1000 ドル（約 11 万円）を割り込み，1 日で 50 人分のヒトゲノム全配列を解析するまでとなった。

　ヒトゲノム・遺伝子解析研究の進展により，多くの単一遺伝子疾患の責任遺伝子が同定されただけでなく，がん，心臓病，糖尿病といった多因子疾患の遺伝要因の解明も急速に進められている。医学分野では個々人の遺伝情報に基づいて，最適な医療を提供する個別化ゲノム医療も実装され始めている。それに伴い，個人の遺伝情報を明らかにする遺伝学的検査は，医療現場のみならず，医師の診断を介さず消費者に直接提供される，直接消費者向け（Direct To Consumers: DTC）遺伝学的検査にまで普及している。

　DTC 遺伝学的検査は，スポーツ科学分野および関連領域においても広がりをみせ，個人の能力（運動適性，体質など）をターゲットとした検査も，話題性の高さもあいまって，マスメディア等への露出が増えている。現状これらの検査で得られる結果の解釈や有用性は科学的に確認されていない ［Webborn et al. 2015］。しかしながら，広告宣伝活動を通じて，DTC 遺伝学的検査が，あたかも体質・能力適性等を確実に予測できるかのように誤解され，競技現場に導入されかねない状況も懸念されている。このことから，日本人類遺伝学会は警鐘を鳴らし，学会員および関係者に対して科学的な検証や，一般市民へのヒトゲノム・遺伝子リテラシーの啓発について促している ［日本人類遺伝学会 2010］。

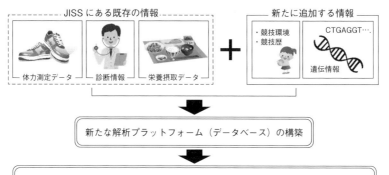

LEGACY2020 プロジェクトの目的

　そのような状況の中で，フェアでクリーンなアスリートの競い合いを守り，健全なスポーツ界の発展に寄与するために，競技力向上に関わる遺伝情報について，科学的，客観的な知見を蓄積し，適切に発信していく必要がある。

　国立スポーツ科学センター（以下 JISS）でも，遺伝情報を活用した競技パフォーマンス向上に関する研究について，どのように進めていくべきか，JISS内外の専門家，研究者を交えて，議論を重ねてきた。2017 年から，次世代トップアスリートの競技パフォーマンス向上に貢献しうる個別化プログラムを開発する目的で，国内トップアスリートの遺伝情報を収集し，研究解析を行うためのプラットフォーム（データベース）を構築するプロジェクトを発足し，サンプリングを進めている[1]。

　LEGACY2020 プロジェクトの目的について図に示した。LEGACY2020 プロジェクトは，大きく 2 つのフェーズに分けられる。2017 年から 2021 年までは，新たに取得するトップアスリートの競技環境・競技歴，遺伝情報をサンプリングするための実施体制の整備や，実際のサンプリングを主な活動として行う。2021 年以降は，サンプリングしたデータの解析や，活用するためのプラットフォーム構築を主な目的とする。サンプリング実施期間は，2017 年から2020 年東京オリンピック派遣前メディカルチェックが終了するまでをサンプリング第 1 期と設定し，調査対象は，JISS メディカルチェックを受診する成人選手を対象として，研究協力に関する同意を得た選手を対象に調査を行っている。調査内容は，① 競技環境やスポーツ外傷・障害についての質問紙調査，② 血液

検査後の廃棄検体を活用した遺伝情報解析について実施することとした。

　このプロジェクトで得られたデータの真価が発揮されるのは，JISS で従来蓄積してきた，多数のトップアスリートを対象とした横断的データあるいは各アスリートにおける縦断的データと，本プロジェクトで新たに追加した競技歴や遺伝情報といった情報を，組み合わせて解析をする時である。特に追跡調査に基づく縦断的データの取得については，統計解析に耐えうるサンプルサイズを確保するために長い時間を要する。しかし，そこで得られたデータを用いてスポーツと遺伝に関する研究分野独自のプラットフォーム（医学分野におけるバイオバンクを想定している）を整備すること，それを国内外の研究者と共有し，遺伝情報を活用した個別化ゲノムフィットネスプログラムの開発・研究を通して，科学的な根拠を蓄積・活用していくことこそが将来的な到達点となると考える。

　倫理的な配慮についても忘れてはならない。我が国においては，ヒトゲノム・遺伝子研究分野の法令規制が，遺伝子解析に関する技術革新のスピードに追い付いていないという現状がある。遺伝情報を競技現場で活用するための倫理的基盤をどう確立するか，スポーツ界全体で取り組んでいくことが急務である。また科学的根拠に乏しく，誤解や好奇心により歪められた遺伝に関する情報が独り歩きし，不当で非合理的な選手の選抜や，差別に結び付かないように注意しなければならない。それらを抑止するためにも，プロジェクトについての情報提供などを通して，当事者で情報の受け手となるアスリート，コーチやスタッフの遺伝リテラシーについても啓発していく必要があると考える。

注

1 ）このプロジェクトは，2020 東京オリンピックを契機に，スポーツ医・科学研究の重要な遺産を残すという願いをこめ，LEGACY 2020（Longitudinal Elite athlete-related Genome-wide Association study combined with Cohort study since Year 2020）プロジェクトと名付けられた。

参考文献

日本人類遺伝学会「一般市民を対象とした遺伝子検査に関する見解」，2010.

Webborn N, Williams A, and McNamee M et al. Direct-to-consumer genetic testing for predicting sports performance and talent identification: Consensus statement. *Br J Sports Med.* 2015 Dec;49(23): 1486-91.

PART

III

生命の尊厳と哲学

III

エンハンスメントと人生における幸福のかたち

立花幸司

はじめに

　薬物などの手法によってスポーツ選手の能力を高めるドーピングは，科学や技術の進展によってはじめて可能となる手法である。一般に，科学技術を用いた能力増強はエンハンスメント（enhancement）と呼ばれることから，ドーピングはエンハンスメントの一種，とくに身体的エンハンスメントの1つに位置づけられる。本章では，エンハンスメントという技術がわたしたちの幸福を考える上でどのような意味を持つのかという点から，エンハンスメントと幸福の関係を考察する。

(1) 人間の3つの能力

　わたしたち人間にはさまざまな能力がある。わたしたちは，他の動物ほどではないにしても，走ったり，ものを持ち上げたりすることができるし，あるいは他の動物以上に，指先を使って細かい作業をしたりすることができる。これらは人間の身体にかんする能力である。また，わたしたちは，他の動物と異なり，細かい計算をおこなったり，さまざまな物事を記憶したり，ややこしい問題を解いたりすることもできる。これらは，人間の知性にかんする能力である。さらには，初対面の人と人間関係をつくったり，集団内の不和を調停したり，目標に向かって集団をまとめたりすることもできる。こうした能力は，人間の社会性にかんする能力，あるいは対人能力だといえよう。大別すると，人

間には身体的能力，知的能力，社会的能力の3つの能力があるといえる。[1]

　こうした能力はどれも，わたしたちが社会を生きていく上で必要なものである。早く走れることや重いものを運べれば，乗り遅れそうになる終電に乗り遅れずに済むし，自宅の模様替えの際に食器棚を思い通りに動かしたりすることができる。また，計算したり記憶したりすることが得意であれば，日々の買い物は速やかに行えるし，家計のことを十分に把握することで，経済的に安定した家庭を実現することができる。また，対人コミュニケーション能力があれば，夫婦・親兄弟・親族・友人との関係を円満に保つことができ，さらに近所付き合いでも諍いを避け，日々の生活を良好に暮らしていくことができよう。

　しかし，こうした能力は生きていく上で単に必要であるというだけではない。一般に，こうした能力に優れていることは，社会の中で評価され，それゆえ職業の選択の幅も広がり，結果として，現代では幸せに生きていくことができる。たとえば，もしあなたが周りの人よりもスポーツに秀でていれば，学校で人気者として一目置かれるだろう。さらにその身体的な卓越性がその後もつづけば，スポーツ選手として生きていくことができるかもしれない。あるいは，重いものを素早く運ぶことができる身体的な能力があれば，運送業や建設業で重宝される人材となるだろう。

　また，他の人よりも優れた頭脳の持ち主であれば，成績上位者として級友たちから尊敬されるだろう。そして，その知的な卓越性を活かして，将来は研究者として生きていくことができるかもしれない。また，さまざまなタスクを記憶しながらややこしい計算を見事に処理することのできる知的な能力を活かして，保険業や金融業，あるいは士業に就いてその能力を発揮して華々しく生きていくことができるかもしれない。

　あるいは，対人能力が長けていれば，学校のリーダーとして周りから厚い信頼を得られるし，そうした能力を活かして将来は政治家となる道が開けるかもしれない。また，たとえそこまで特殊な対人能力でなくとも，人付き合いが上手なことで，営業職として活躍することができるかもしれない。

　このように，身体的，知的，社会的な能力が高いほど，人は社会の中で幸せに生きていける見込みが高くなるだろう。それは，直接仕事に結びつくという

かたちで人生の選択肢が広がることによってという場合もあるだろう。あるいは，直接仕事には結びつかなくても日々の生活に活かされることで選択肢が広がる場合もあるだろう。それゆえ，人間のこうした能力について少しでも高いパフォーマンスを発揮できることは，その人の人生をより充実した幸せなものにする。それゆえ，能力の高さは望ましいことだといえる。

② ◉● 能力を高めるための努力

　高い能力をもつことで幸せな人生を送れる公算が高くなると思うからこそ，人は高い能力を歓迎する。親は，自分の子どもがスポーツができたり，勉強ができたり，友達が多かったりしている様子を見て，安堵したり嬉しくなることはあっても悲しむことはない。それは，能力の高さの片鱗を目撃したことで，我が子がこれから歩む人生が幸せなものになりそうだと期待できるからである。もちろん，実際に幸福になることが保証されているわけではない。アリストテレスは，そうした子どもたちはまだ「幸福（エウダイモニア）」ではないが，「祝福（マカリオス）」されているのだという［アリストテレス 2015：74］。それは，その子の将来の幸福が見込まれ，そして期待されているということである。

　能力の高さを気にかけるのは我が子の幸せを願う親ばかりではない。人はみな，誰よりもまず自分自身の能力を気にかけてきた。ほとんどの場合，この関心は，他人との比較というかたちをとって現れる。小学生になると，どの子も運動会の時に身体的な能力差を順位として自覚するようになる。中学生になれば，ほとんどの生徒は受験勉強を通じた偏差値として知的な能力差に気付かされる。しかも中学生の場合，この偏差値によってほぼ決まる「進路」の違いが，これまでは一緒に無邪気に過ごした友人と自分がこれからの辿る人生の分

＊**アリストテレス**　古代ギリシアの哲学者。論理学から生物学，形而上学から政治学まで，きわめて幅広い分野で著作を著し，現代の学問体系の基礎を築いたことから，「万学の祖」といわれる。

＊**幸福**　アリストテレスにとって，幸福（エウダイモニア）とは，個人が主観的に感じる幸福（ハッピネス）にとどまらず，客観的にみても幸福であると言えるような在り方のことを意味し，具体的には，人間としての能力が発揮された状態を指す。徳は，そうした幸福を実現するのに必要となる人間の在り方を指す。

岐点になるのだという感覚も，如実に経験することとなる。

　また，能力の高さは，称賛の対象となることもあれば，羨望や嫉妬にまで繋がる場合も少なくない。小学生の頃の，運動会で足の速い子が浴びたあの眩しい脚光がそうであり，受験期の中学生の頃の，成績の優れた同級生に向けられた称賛と羨望の眼差しがそうである。分け隔てなく誰とでも仲良くなれる社交的な級友が獲得していた好感と信頼もまたそうであり，容姿端麗の友人と街を歩くたびに彼だけが（あるいは彼女だけが）浴びていた視線もそうである。

　このように，周りよりも高い能力をもつ人は，人生のそれぞれのステージにおいて快適に，心地よく，つまり幸せに過ごすことができる。しかも，そうした快適さはその場限りの快適さではなく，その後のその人の人生をも左右するのである。

　そうであるからこそ，（たとえそうした考え方が一面的なものでしかないことは分かっていても）人はみな自分の（あるいは我が子の）能力を高めることに関心を抱いてきた。実際，わたしたちは，こうした身体的，知的，社会的能力を高めるために，個人としても社会制度としてもいろいろと努力してきた。身体能力全体を高めるために，子どもたちは外で遊ぶだけでなく，体育の授業やクラブ活動に従事する。もっと年齢が上がると，身体の特定の部位を鍛えるために，器具を用いて筋力トレーニングなどもおこなうようになる。知的な能力を高める方法としては，学校での勉学がもっとも一般的であるが，ほかにも，放課後に塾に行って学習を重ねたり，家でロジックパズルを解いたり，さらには幼児に知育のおもちゃを買い与え遊ばせることもまた，知的な能力を高める方法である。身体および知性のトレーニングに比べると曖昧さは増すものの，社会的な能力のトレーニングもさまざまに行われている。そのなかでも，やはり幼稚園や小中高等学校といった場での共同生活が果たす役割は小さくないだろう。さらに，人は部活やアルバイト経験，あるいは恋愛経験などを重ねることで社会的な能力が鍛えられていく。また，ビジネス書や自己啓発本なども，そうした社会的能力のトレーニングを謳ったものであることが少なくない。

　能力の高さが社会の中で評価され，そして社会から隔絶して人生を全うすることができない生物である人間にとって，幸福な人生を送ろうと自らの能力を

高めることは極めて自然なことである。そして実際，わたしたちは，自らのスペックと自らに与えられた環境が許す範囲で，各人が模索するようにして，能力を高めようとする。運動会の徒競走の練習も，受験勉強も，恋愛のための自分磨きも，就職活動のためのセミナー参加も，自らの能力を高めることでそのステージにおいて幸せを勝ち取ろうとする人間らしい営みなのである。

③ ●●能力を高める努力の不確実性

　しかし自らの能力を高めるためにおこなわれるさまざまな努力が，必ずしも成果に結びつくわけではない。中学生たちは，部活で懸命に練習しさらに自主トレを頑張っているが，レギュラーになれる人はごく一部である。また，高校生たちも，大学受験のために学校で勉強し，さらに予備校にまで通い，寝る間も惜しんで勉学に励んでいるが，そうして努力した人のすべてが第一志望の大学に行けるわけではない。大学生になって始めたバイト先で，好意を寄せる人に振り向いてもらおうと，髪型や会話，さらにはアルバイト仲間への親切な立ち居振る舞いなど，自らをアピールすべくいろいろ努力しても，結局自分を恋愛対象とは見てもらえないということはごく普通にある。このように，身体的な能力であれ知的な能力であれ，あるいは社会的な能力であれ，真面目でひたむきな努力が必ずしも報われるものではないことは，大人になれば誰もが身に沁みてよく分かっている。「『努力は必ず報われる』というのは，子どものためにある言葉だ」と或る芸人が喝破したように，大人になるということは，努力が報われるとは限らないということを知ることだとさえ言える。[2]

　しかし，そうした厳しい現実を知るのが大人になってからとは限らない。むしろ，幼少の頃から，さまざまな仕方で目の当たりにしてきたといえる。クラスで苛められないよう色々と努力しても結局苛められつづけてしまう子どもや，なんとか授業についていこうと頑張るもなかなか勉強が上手くいかない子どもなど，その具体例は枚挙に暇がないが，ここでは，『ぼくのジィちゃん』という児童向けの絵本を例にとろう［くすのき・吉田 2015］。これは，小学2年生の「ぼく」とその祖父の話である。今年も運動会の季節となり，クラスで一

番走るのが遅い主人公の「ぼく」は，足が速くて保護者対抗リレーのアンカーに選ばれた父親と一緒に，河川敷で一所懸命に練習する。不安が拭えない「ぼく」。その晩，翌日の運動会を観覧しに祖父である「ジィちゃん」が訪ねてくる。縁側で「ジィちゃん」が「ぼく」にこうアドバイスする──「みぎあしを　まえに　だしたら，つぎは　ひだりあしを　まえに　だす。それを，だれよりも　はやくする。ただ　それだけじゃ」(p.8)。単純なアドバイスにがっかりする「ぼく」だが，翌日の本番では「ジィちゃん」に言われたことを思い出し，健気に頑張って走る。しかし，結局はビリで終わってしまう。あんなに練習したのにビリだったことに，投げやりな惨憺たる気持ちになる「ぼく」。

　ここで「ぼく」が経験するのは紛れもない「実らない努力」である。前日まで懸命に練習し，祖父のアドバイスにも真面目に従い，不安な気持ちにも押しつぶされず，当日も諦めず頑張って走ったのに，結局成果は出なかった。健気な努力が成果に結びつかなかったというこの悔しい思いを，これからも部活動や受験勉強，就職活動等で幾度となく経験する事になるだろう。こうした経験を何度も重ねる中で，自らの能力を高める努力というものが不確実な営みでしかないことを心の底から理解していく。そして，大人になる頃には，「努力は必ず報われる」などという考え方を冷ややかに笑うほどには現実を知るようになるだろう。

　さて，『ぼくのジィちゃん』という話には続きがある。ビリで終わった「ぼく」だったが，「努力」について大人のような理解をするほど醒めてはおらず，まだ子どもらしいところがあり，保護者対抗クラスリレーが始まるということで陰鬱な気持ちが少し薄らぐ。なぜなら，比較的足の早い父親が，自分のクラスのアンカーとして出走するからである。しかし，仕事先でトラブルがあり，直前になって参加ができなくなる。その代走として名乗りを上げたのが「ジィちゃん」である。高齢なうえに小柄で細身の祖父に誰も期待しないが，他に代わりもおらず「ジィちゃん」がアンカーとして走ることになる。リレーは劣勢のまま進むが，アンカーとして登場した祖父は見事周囲の予想を裏切り圧倒的なスピードで逆転し，クラスを勝利へと導き運動会のヒーローとなる。唖然とする「ぼく」に，実は祖父は昔オリンピックの候補選手になったほどの

俊足の持ち主だった，と母親が告げるというオチである。輝く祖父を仰ぎ見な
がら，「ジィちゃん，ぼく，ジィちゃんみたいに，はやくはしれるように　れ
んしゅうするよ」と「ぼく」が気持ちを新たにし，話は終わる（p.30）。

　最後まで読むと，諦めずに前向きに努力することの大切さを伝える，子ども
向けの絵本らしい作品である。疾走感のある絵と台詞もまたそうしたメッセー
ジを効果的にしている。たしかに，勉学であれ運動であれ人間関係であれ，何
ら努力しないで優れた成果を得つづけることは，よほどの素質と強運に恵まれ
ていない限り不可能である以上，努力することの大切さを子どもたちに伝える
ことは，その子たちが幸福になるために大事なことであろう。

　しかし，作品の内容に立ち止まってよく考えてみると，韋駄天のごとく疾走
した「ジィちゃん」に憧れて「ぼく」が努力したところで，「ジィちゃん」の
ように速く走れるとは限らない。むしろ，オリンピックの候補選手になるよう
な人間は，同世代の中でもごく一握りの人たちである。そうした人たちは，も
ちろん人並み以上の，血の滲むような努力をしてきたことだろう。しかし，努
力の質や量だけでオリンピック選手に選ばれるわけではないことは誰でも知っ
ている。なぜなら，同じように涙ぐましい努力をしたほとんどの人が，そのよ
うな水準に到達することはないからである。部活を始めた中学生たちや高校生
たちは，地区大会，県大会を経験する中で，また地方大会や全国大会を画面越
しに観戦する中で，同い年の人間たちの華々しい活躍を目の当たりにし，まさ
に同じ年齢を生きてきたはずなのに，あまりの能力の差があること，そしてそ
れは努力だけでは説明がつかないことを，現実として理解する。画面の向こう
側で戦う同い年の選手たちは，そしてさらにプロになったりオリンピックにで
るような選手たちは，自分たちとは違い，その競技に合った，生まれついて
もった筋肉のバランス，骨格，柔軟性，天性の才能，そして生まれ育った環境
やすばらしい指導者やチームメイト，ライバルとの出会い，不運な大けがに見
舞われなかったことなど，だれもが個人の努力次第で手に入れることができる
わけではないさまざまな遺伝的，偶然的要因に恵まれている。

　この当たり前の現実をあらためて直視しながら，「ぼく」の話に戻ると，ど
んなに「ぼく」が憧れ努力しても，「ジィちゃん」のように速く走ることは出

来ないかもしれないと，いや，多分できないだろうと思わざるをえない。この
ことは，この絵本のなかで「ジィちゃん」が小学生の頃に運動会でどれくらい
足が速かったのか描かれなかったことから察することができる。オリンピック
の候補選手になるような素質の持ち主だから，きっと，「ジィちゃん」は小学
生の頃から足が速かっただろう。しかしそれを描くことは，当然，この絵本が
伝えるべきメッセージを損なうことになる。なぜなら，努力は必ず報われると
は限らないこと，成功には遺伝的・偶然的要因が多分に関わっていることを伝
えることになるからである。

　努力というものは，人をある程度のところまで引き上げることはできるだろ
う。しかし，オリンピック選手がその典型であるように，他人に勝り成功を手
に入れられるかどうかは，遺伝やその他本人の力ではどうにもならないさまざ
まな要因によっても左右されている。そうした「ぼく」たちが，天賦の才をあ
たえられた「ジィちゃん」たちを真似ようとして努力しても，それは悲しい結
果で終わることだろう。しかし，天賦の才を与えられた人と与えられなかった
人が，同じように努力した場合，前者は脚光を浴び自分の努力を肯定しながら
幸せになっていき，他方で後者は悔し涙を流し自己否定的になりそして不幸に
なっていくというのは，不公平ではないだろうか。本人の努力の及ばない要因
によって人が不幸になることはわたしたちの社会では正しいことではないとす
るならば，努力と成果にかんするこの不公平な現状を是正すべきではないだろ
うか。

④　●●確実に能力を高める手段としてのエンハンスメント

　そこでもし，わたしたちの能力をこれまでよりもずっと確実な仕方で高める
ことができる方法があるとしたらどうだろうか。しかも，これまで努力の埒外
にあると思われた遺伝的な要素に起因するパフォーマンスについても，介入し
高めることができるとしたらどうだろうか。科学・技術の進展にともない，人
間のさまざまな能力を強化することを「エンハンスメント（enhancement）」と
いう。エンハンスメント技術の元になる科学・技術は多分野にわたるが，その

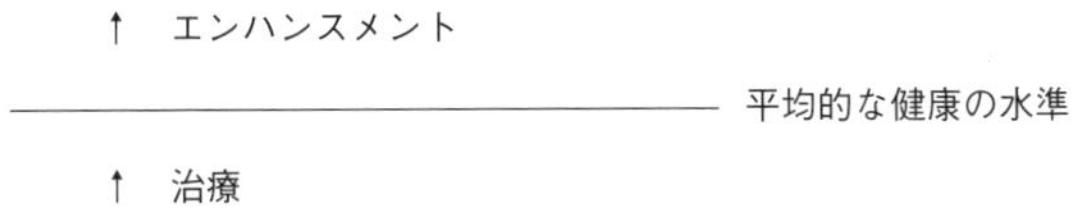

```
↑　エンハンスメント
─────────────────────────── 平均的な健康の水準
↑　治療
```

図1　治療とエンハンスメント

　多くは，病気の治療を目的として開発された技術を転用する場合が多い。治療とは，先天的であれ後天的であれ何らかの事情で或る点で平均的な健康の水準に達していない能力や状態を，健康な水準にまで引き上げることである。これに対してエンハンスメントは，その治療で用いた技術を応用して，すでに健康的な水準にある人のその能力を，平均以上の水準にまで押し上げることである（図1）[3]。

　こうしたエンハンスメント技術によるわたしたちの能力強化は，サイエンス・フィクションではなく，すでに社会に浸透している。そしてエンハンスメントを擁護し提唱する人たちは，エンハンスメント技術によって，努力と成果にかんする不公平な現状を是正できると考えている。この点は第5節で見ていくが，まずは，身体，知性，社会性の3つの能力について，どのようなエンハンスメント技術があるのかを順番に見ていくことにしよう。

（1）身体的エンハンスメント

　身体的な能力を高めるエンハンスメント技術としてもっともよく知られているものの1つが，ドーピングである。日本アンチ・ドーピング機構（JADA）はドーピングを以下のように説明している［JADA 2020］。

　　ドーピングとは「スポーツにおいて禁止されている物質や方法によって競技能力を高め，意図的に自分だけが優位に立ち，勝利を得ようとする行為」のことです。禁止薬物を意図的に使用することだけをドーピングと呼びがちですが，それだけではありません。意図的であるかどうかに関わらず，ルールに反する様々な競技能力を高める「方法」や，それらの行為を「隠すこと」も含めて，ドーピングと呼びます。

　ドーピングとは，摂取する物質と摂取する方法の２つの観点から規定され
ている。世界アンチ・ドーピング機構（WADA）は禁止する物質と方法を「禁
止表国際基準」として毎年公表しており，たとえば2020年版では次のように
分類されている［WADA 2020］。

　まず，競技会時のみならず常に禁止される物質として，「S0. 無承認物質」
「S1. 蛋白同化薬（ステロイドなど）」「S2. ペプチドホルモン，成長因子，関連
物質および模造物質」「S3. ベータ２作用薬」「S4. ホルモン調整薬および代
謝調整薬」「S5. 利尿薬および隠蔽薬」があり，それとは別に競技大会時に禁
止される物質として「S6. 興奮薬（競技大会時の使用を禁止）」「S7. 麻薬」「S8.
カンナビノイド」「S9. 糖質コルチロイド」の計９つのカテゴリーがある。さ
らに，特定競技における禁止物質として，「P1. ベータ遮断薬」があり，たと
えば，P1に属する物質を摂取することは，ビリヤード，ゴルフ，ダーツ，ス
キーなどは競技大会時の使用が禁止されているが，アーチェリーや射撃では競
技会外でも禁止されている。また，禁止された方法として，「M1. 血液および
血液成分の操作」「M2. 化学的および物理的操作」「M3. 遺伝子および細胞
ドーピング」の３種類が挙げられている。

　こうした物質や方法は，元々がエンハンスメントを目的として開発されたも
のではない。生理学や病理学などの研究を通じて知られるようになった化学物
質であり，その使用の多くは治療のためであった。しかし，こうした技術を転
用することで，競技に際して有利となる筋力，持久力，集中力などを効果的に
高めることができる。それゆえ，それはドーピングと呼ばれ，禁止されてい
る。

　ドーピングと並んでよく知られた身体的エンハンスメント技術が美容外科
（美容整形）である。美容外科は標榜診療科であり，外科の一種である。とりわ
け，第一次世界大戦時の兵士の外傷治療として発展した形成外科の技術が元に
なっている。形成外科とは，生まれつき，あるいは事故や戦闘などにより失わ
れた，皮膚やその他の外形上の変形や機能を治療することを目指した医学の一
分野である。そして，美容整形は，この医学的知見を転用して，健康な人の外
見をより「美しく」するために用い，発展し，浸透してきた。最近の調査で

CHAPTER 1　エンハンスメントと人生における幸福のかたち　　181

は，2018 年の 1 年間で約 197 万件の施術が行われており，そのうちの 87 ％が女性である［日本美容外科学会 2020］。また別の或る調査では，女性の 10 ％，男性の 6 ％に美容整形の利用経験があるという報告もある［リクルート 2019］。美容整形はドーピングと比べて広く社会に広がった技術だといえるだろう。

　また，ドーピングや美容外科といった典型的な技術のほかにも，わたしたちの社会に浸透しているエンハンスメント技術がある。たとえば，サプリメントはさまざまな化合物を特定目的のために調合した製品であり，これを摂取することで身体の状態をより「よい」ものにする。また，化粧は，さまざまな色調や発色，光沢，さらには保湿効果や美白効果などを高めるために，伝統的な顔料に加えて，有機合成色素や界面活性剤など多種多様な化合物をもちいて調合された物質であり，これにより外見をより魅力的なものにする。こうした，一般に市販されている商品もまた，経口摂取や経皮摂取により，身体の状態を自分が望む方向に強化するエンハンスメントである。さらに，体内に取り込まない場合でも，新素材のランニングシューズを用いて競技のスコアをのばすことや，奇抜で刺激的な衣服を身に纏い自身を魅力的に演出することもまた，エンハンスメントと呼べるかもしれない。

（2）知的エンハンスメント

　知的なエンハンスメントとしてもっとも知られているものは，ADHD（注意欠陥／多動性障害）やナルコレプシー（睡眠障害）などの治療薬として使用されてきた薬（化合名「*メチルフェニデート」，製品名「リタリン」）を転用した「*スマート・ドラッグ」と呼ばれているものである。著名な脳神経科学者であるマイケル・ガザニガは，スマート・ドラッグが流布しているアメリカの現状を次のように指摘している［Gazzaniga 2005: 72　邦訳 p.111］。

　リタリンという薬は，多動症の子どもの学業成績をよくするだけでなく，

＊メチルフェニデート／リタリン　精神活動を高める興奮剤の一種。精神刺激薬。
＊スマート・ドラッグ　認知能力や記憶力を高めるとされる薬物のこと。

正常な子どもに対しても同じ効果を発揮する。多動症でなくても，リタリンを飲めば SAT（大学進学適性試験）の成績が 100 点以上アップすると言われている。現に大勢の健康な若者がその目的でリタリンを飲んでおり，率直に言って，それを止めることはできない。このように，治療用に開発された薬であっても，別の正常な知的機能を高めるために使われている。

　日本でも一時期，こうしたエンハンスメント目的で若者などがリタリンを服用するケースが報告され，不正使用や副作用の問題などからリタリンの販売は現在厳しく制限されている[4)]。しかし，リタリンを知的エンハンスメント目的で摂取するのは若い受験生ばかりではない。科学雑誌『ネイチャー』は，生物系研究者や技術者など同誌の読者約 1400 人（世界 60 カ国）を対象に，薬を知的エンハンスメントのために使用したことがあるかという調査を行っている[Maher 2008]。調査対象となった薬とは，メチルフェニデートのほかに，睡眠障害に対する処方薬だが疲れをとる効果があるとされるモダフィニル，心臓の不整脈に対する処方薬だが不安を取り除く効果があるとされるベータ遮断薬の 3 種類である。調査の結果，約 2 割の人が，治療ではなく知的エンハンスメントを目的としてこれらの薬を摂取していることがわかった。
　知的エンハンスメントに用いられるのはこうした処方薬ばかりではない。エンジニアで作家のラメズ・ナムは，人類は以前からさまざまな仕方で知的エンハンスメントを行ってきたと主張する。

　　とっくに何億という人々が，記憶力や注意力を向上させようと，ある種の薬を用いている。カフェインやニコチンのことだ。あまりに日常的すぎて，能力増強剤などとは考えもしないだろうが，現にこういった物質は能力増強剤そのものなのだ。コーヒー，その他，カフェイン入りソフトドリンクを飲んで，運転中にしっかり目を開いていようとした経験なら，あなたにもあるのでは？　それこそが知的能力増強である。通常耐えられる限界を超えて，注意力を長持ちさせようとしているのだから。[Naam 2005: 50　邦訳 p.60]

　たしかに，わたしたちの日常生活は知的エンハンスメントで満ちあふれている。ナムが挙げたカフェインやニコチンのほかにも，ミント味のガムは眠気を醒まし運転に集中させてくれる。ほかにも，落ち着いた部屋の色合いや音楽は受験生が勉強に集中することを手助けする。このように，体内に摂取する仕方であれ外界からの刺激としてであれ，わたしたちは身の回りには，自分たちの知的な能力を強化するためのツールであふれているといえる。

（３）社会的エンハンスメント

　社会性を高めるエンハンスメント技術としては，たとえば，アロパノールという市販薬がある。これを製造販売している全薬工業によれば「ストレスによる緊張・イライラ・不安などの神経症状を改善」することで「就活・プレゼン，緊張するあなた」がよりよいパフォーマンスを発揮できるようにするものである[5]。

　なお，同社のサイトによれば，試験や受験などの場面でも，落ち着かせることでパフォーマンスが発揮させるといったシーンも描かれており，その意味では知的エンハンスメントの一種とも言えるだろう。一般に，わたしたちの能力としての身体性，知性，社会性という分類は，あくまで現象的なものでしかない。それゆえ，それら能力を支える生理的な機序や各能力を高めるための化学的方法に共通性がある場合，１つのエンハンスメント技術が複数の能力の強化のために使えるということになる。それはいわば，「よく眠ること」が身体にとっても知性にとっても社会性にとってもよい効果をもつようなものである。実際，先の『ネイチャー』誌上の調査でも対象薬物となっていたベータ遮断薬はWADAが挙げる禁止薬物の１つであるから，身体的パフォーマンスを発揮するためのエンハンスメントとしても位置づけられるし，またその効能が，疲れや不安を取り除く効果もあるとされていることから，使われる場面によっては，社会的パフォーマンスを発揮するためのエンハンスメントにもなりうるだろう。

　さて，社会性のエンハンスメントについては，それを意図して製造されたアロパノールのような市販薬の他にも広く流布しているものがある。その最たる

ものが，アルコールであろう。会社内での堅苦しくてよそよそしいコミュニケーションを脱して，リラックスして率直な意見を交換することにより，社内の人間関係をより円滑で強固なものとするために，「飲み会」と称した集まりが頻繁に催される。こうした趣旨の飲み会を苦手とする人も少なくなく（わたしもその一人である），またお酒にまつわるアクシデントも少なくないが，お酒の力を借りて，お互いがリラックスすることで社交的な関係が構築されていく。薬と同じくお酒もまた化学的な作用による社会的エンハンスメントであるが，さらにいえば，大事な面接の前に気持ちを高めるために音楽を聴いたり，舞台に上がる前に手のひらに「人」を３回書いて飲み込むおまじないといった，より間接的な方法もまた，人が自らの社会性を一時的にであれ高めようとする手法と見なすこともできるだろう。

⑤ ●● 人はエンハンスメントをすべきなのか

　さまざまなエンハンスメント技術の力を借りて，わたしたちは，通常の努力ではなかなか得られない成果を手にすることができる。ドーピングをすることで，これまで死に物狂いの努力をしても勝てなかったライバルに勝つことができる。美容整形をすることで，これまで見向きもしてくれなかった人を振り向かせることができる。スマート・ドラッグを服用することで，模試で第一希望の大学にＡ判定を出すことができる。もちろん，摂取すれば確実にそうした成果が得られるということではないが，しかし，これまでの努力では得られなかった成果が得やすくなることは確かである。

　それでは，わたしたちはこうしたエンハンスメント技術を使うべきなのだろうか。まずは慎重な意見を見ていこう［中澤 2009；植原 2010］。高価なエンハンスメント薬が登場した場合，これを利用できるのは富裕層だけなのだから，能力を高めた富裕層だけがより裕福になり，結果として社会格差が拡大・固定化するかもしれない。また高価でも売れるということで，限られた薬理的資源がエンハンスメント薬を作るために多く配分されるようになれば，医療薬が不足する事態が生じるかもしれない。とはいえ，エンハンスメント薬が安価で手に

入るようになると，学業や職場でエンハンスメントをすることが当たり前となり，エンハンスメントをしない人が肩身の狭い思いをしたり，エンハンスメントするよう強制されるかもしれない。さらにそうした社会経済の観点以外にも，はたしてエンハンスメントによって強化された能力・パフォーマンスは本当にその人の能力といって良いのだろうか，という問題もある。

　これに対して，積極的な意見もある。たとえば，知的エンハンスメントにより人類は新たな技術を生み出すことができたり，社会的エンハンスメントにより国際問題や地球規模の環境問題の解決にむけた道筋がつけられたりするという議論である［Persson and Savulescu 2012］。しかしここでは，もっと卑近な観点に立ち，努力の不確実性というこれまでの話をふまえ，エンハンスメント技術によって，人々のあいだにある人生の不公平さを是正することができるという議論を提示してみたい。わたしたちの間には，外見や骨格，いわゆる地頭や知性，さらには才能という言い方でしか表現できないような，さまざまな相違がある。この相違を多様性と言って享受する向きもあるが，それは，恵まれた能力をもつ人たちの言い分である。なぜなら，こうした諸特徴が人生における禍福と密接に関わるだけに，与えられなかった側からすれば，それは不公平だと言うこともできるからである。

　たとえば，アイドルやモデルとなって華々しく活躍したいと思っている子は少なくない。しかし，努力さえすればなれるわけではない。そのとき，骨格や外見ゆえにその夢を叶えられない人が，テレビや雑誌の向こうで活躍している同世代のアイドルやモデルを見て，憧れを通り越して，不公平だと感じることを責めることはできない。また，なぜだか小さい頃から集中力のある子もいれば，やはりなぜだか集中力が続かない子もいる。どちらも頑張っているのに，前者はめきめき成績を伸ばし褒められ，後者は怒られてばかりで鬱屈とするかもしれない。アイドルになれそうにない子や集中力が続かない子に「多様性」を語っても，その声は届かないであろう。あるいは，金子みすゞのように「みんな違って，みんないい」と訴えても，空疎に響くだけであろう。なぜなら，その子たちは，他のどの面でも特に秀でたところがないかもしれず，周りとの能力差を日々痛感しているかもしれないからである。アイドルやモデルになれ

そうにない子も，集中力がなかなか続かないというだけで社会生活が送れている子も，それ自体は病気ではない。それゆえ治療の対象とはならない。しかし，病気ではないからという理由でその子たちが生まれ持って与えられた自分の体や心にかんする悩みを放置してよいわけではない。むしろ，病気ではないからこそ，そうした子たちの苦悩はある意味でより深い。なぜなら，公に認められた病気とは異なり，自分の苦悩を正当なものとして声を上げて訴えることもできなければ，それゆえ同情してもらうこともできないからである。

　そうした子たちがなりたい自分になれるようサポートする方法としてエンハンスメントが使えるならば，エンハンスメント技術を使うことを社会は許すべきである。そうすることで，本人の努力では解消しえない社会的な不公平を，エンハンスメント技術によって是正することができるからである。エンハンスメント技術を許容するとは，そうした子たちを，これまで辛酸を嘗めさせられてきた人生の不公平さから救い出し，他の人たち——生まれながらの資質や環境によってアドヴァンテージをもっている恵まれた人たち——と競い合うことを可能とし，結果として，公平な仕方で，それぞれの人がそれぞれの幸せにむかって進むことができる社会をつくることなのである。エンハンスメント推進の立場からはこのように論じることができるであろう。

⑥ ●● 2 つの勝負——競争と克己

　ここまで，エンハンスメントという技術が，努力のもつ不確実性を補いうること，しかもその補い方は人々の間にある人生の不公平さを是正する仕方で補うものであることをみてきた。たしかに，そうした技術の社会実装には，医療資源の不適切な配分や貧富の差の固定化，能力の本来性や正当性など，慎重にならねばならないいくつかの指摘もあった。このように，エンハンスメントには賛否両論がある。しかし，最初に確認したように，自らの能力を高めることが幸福にとって重要であるものの，既存の努力だけではどうしようもない遺伝的・偶然的要因による不公平さが人々の間にはある。それゆえ，エンハンスメント技術によってその不公平さを是正する仕方で人々の能力を高められるので

あれば，幸福になるために人がエンハンスメント技術を求めなくなることはないかもしれない。

　では，エンハンスメント技術が幸福に寄与するとして，そこで得られる幸福とは何なのだろうか。これまで挙げてきた例から言えるのは，人より優れていることで得られる成果によってもたらされる幸福であった。その幸福は，他の誰よりも速く走ることで浴びる脚光かもしれないし，周りよりも美しいことで掴み取れるアイドルとしての職業かもしれない。あるいは，周囲よりも知的であることによって得られる希望の進路かもしれない。

　これらは，不公平を解消しながら，他人と勝負し競争した末に，他人より優れていることによって得られる成果である。しかし，勝負にはもう1種類ある。それが自分との勝負（克己）である。外見であれスポーツであれ勉学であれ，他人と勝負しそれに打ち勝つ姿は，外から見てもわかりやすいほどに目立つ。他方で，克己する姿は，戦っている相手が自分自身であるため，他人からはわかりにくい。懸命に走るマラソンランナーの姿や，自己記録を更新した選手などは，テレビで見ていて克己している様子がうかがい知れるが，世の中の克己する姿はほとんど人の目にはとまらない。アイドルになれなくても腐らずに新たな道を歩もうとしている少女や，続かない集中力のなか自分なりに勉強をつづけている少年の姿は，家族にすら知られていないかもしれない。しかしこの少年少女らは，仮に華々しい世界で活躍できなくとも，一生勉強が苦手なままだったとしても，自分との戦いに或る意味で勝利しているといえる。なぜなら，そこにはたしかにその人の人間としての成長があるからである。他人との勝負に勝つ人ばかりが脚光を浴びがちだが，自分との勝負に打ち克つ人，つまり克己した人にも，たしかに光り輝くものが，いわば内なる光が，あると言えよう。

　克己した人が得た成果とは何か。克己には2種類あり，ここで注目したいのは，仮にアイドルになれずとも，また勉学が得意になれなかったとしても，そのことをいつまでも引きずり，理不尽な世を恨んだり自分の人生を嘆いたりはしない態度である。これは，自己記録を更新するという意味での克己とは異なる，もう1つの克己した人の姿である。そうした人に，わたしたちが人間

としてのある種の強さを感じとることは難しくないし，時としてわたしたちはその強さに自然と畏敬の念を抱く。それは，世界の理不尽さに打ち拉がれても人生を放り出さないという強さであり，自分の人生を台無しにしないという強さである。この強さは，自分の身体的・知的・社会的な性質ではなく自分自身を愛するということであり，それは自分の人生を愛するということである。したがって，この克己とは，愛の一種であり，とくに，自己愛の一種である。「自己愛」という言葉は，利己的な人のことを「自己愛が強い」と言ったりするように，しばしば否定的な意味合いで使われがちである。しかし，正しい自己愛もある。たとえばアリストテレスは否定的な意味での自己愛と正しい意味での自己愛を区別し，後者の自己愛のあり方として，「他人とのあいだで競われるようなもろもろの善［＝勝利や社会的栄達］も，犠牲に供して」自分自身を愛することだと述べている［アリストテレス 2016：第九巻第八章］。ここでの克己とは，自らを正しく愛する人の自己愛の姿である。

　この特徴からして，克己した人の多くは，華々しい表舞台で活躍したり社会的地位の高い職業に就いたりしているわけではない。むしろ，社会的には「敗者」として，慎ましく暮らす庶民である。夢破れて日々額に汗して働く人，厳しい家庭環境で暗く苦しい幼少期を過ごすも人の道を外れず頑張っている人，周囲から虐められ相手にされないでいながらもしっかり自分を見失わずに生きている人，彼ら彼女らは克己した人たちである。

　エンハンスメント技術は，人生の不公平さを科学技術の力を使って是正することによって，こうした理不尽さに打ち克つ機会を減じてしまう。この克己という強さを，人間としての立派さを示す１つの徳と呼ぶことができるとすれば，エンハンスメント技術は，人が徳の１つを獲得する機会を減らしてしまわせるものとなる。そして，人間の幸福が，誰かに勝って栄誉をえることばかりでなく，世界の圧倒的な理不尽さを前に自らに打ち克つことで，自分の人生を台無しにしないことにもあるとすれば，エンハンスメント技術は，わたしたちの幸福を或る意味で損なうものだということができる。

おわりに

「幸せな家族はどれもみな同じようにみえるが，不幸な家族にはそれぞれの不幸の形がある」——『アンナ・カレーニナ』の冒頭でトルストイは幸福と不幸の非対称性について述べることから始めたが（トルストイ［2008］第一部第一章），幸福は本当にどれもみな同じように見えるのだろうか。他人に勝ち社会的にのし上がる人生は1つの幸せのかたちなのだろう。しかし，社会的には華やかでなくとも投げ出すことなく自らに打ち克つ人生もまた別の幸せのかたちではないだろうか。わたしたちが為すあらゆる営みは幸福を目指している，とアリストテレスは『ニコマコス倫理学』の冒頭で述べたが（アリストテレス［2015］第一巻第一章），幸福にはどれだけのかたちがあるのだろうか。さまざまなエンハンスメント技術が実現している現実を目の前に，わたしたちはエンハンスメントの是非が問われている。しかし，その問いに答えるために問われるべきは〈人生における幸福のかたち〉なのかもしれない。

注

1）社会性の代わりに「道徳性」を挙げる研究や報告もあるが［Walter and Palmer 1997; 生命環境倫理ドイツ情報センター 2007］，本章の扱う範囲で言えば社会性とほぼ同義であり，しかも「道徳」という訳語は独特の含意を持つため，ここでは社会性とする。

2）お笑いコンビ「おぎはやぎ」の矢作兼が，自身のラジオ番組『おぎやはぎのメガネびいき』（TBS ラジオ）の中で語ったものである（2017 年 1 月 19 日放送分）。

3）米国大統領生命倫理評議会の報告書に拠れば，治療とは，「既知の病気や障害，損傷を持った人の健康や機能を正常な状態に回復させるための処置としてバイオテクノロジーの力を使うこと」であり，これに対してエンハンスメントとは「何らかの疾患に対してではなく，『正常』に働いている人間の身体や心理に直接介入してそれらを変化させるというかたちで，生来の素質や活動能力を強化し向上させるためにバイオテクノロジーの力を直接的に使うこと」である。［Kass ed. 2003, 邦訳 p.15］

4）現在はリタリン流通管理委員会が管理を行っている。http://www.ritalin-ryutsukanri.jp/index.html

5）https://www.zenyaku.co.jp/aropanol/

6）私の主張とは異なりつつも，関連する議論としては，Sandel［2007］や松田［2008］がある。また，Brown［2015］はこうした議論の賛否を手際よく検討している。

文　献

アリストテレス［2015］『ニコマコス倫理学（上)』渡辺邦夫・立花幸司訳，光文社古典新訳
　　文庫。

アリストテレス［2016］『ニコマコス倫理学（下)』渡辺邦夫・立花幸司訳，光文社古典新訳
　　文庫。

Brown, W.［2015］Genetics, science fiction, and the ethics of athletic enhancement.
　　Routledge Handbook of Philosophy of Sport. Edited by M. McNamee and W. Morgan.
　　Routledge, chap. 23.

Gazzaniga, M.［2005］*The Ethical Brain*. New York: Dana Press.（邦訳　マイケル・S・ガザ
　　ニガ著，梶山あゆみ訳［2006］『脳の中の倫理──脳倫理学序説』紀伊國屋書店）

くすのきしげのり（作)，吉田尚令（絵)［2015］『ぼくのジィちゃん』，佼成出版社。

Maher, B.［2008］Poll results: Look who's doping. *Nature*, 452(10): 674-5.

松田純［2008］「エンハンスメントと〈人間の弱さ〉の価値」上田昌文・渡部麻衣子編『エ
　　ンハンスメント論争──身体・精神の増強と先端科学技術』紀伊國屋書店，pp.183-199.

Naam, R.［2005］*More Than Human: Embracing the Promise of Biological Enhancement*. New
　　York: Broadway Books.（邦訳　ラメズ・ナム著，西尾香苗訳［2006］『超人類へ！　バイ
　　オとサイボーグ技術がひらく衝撃の近未来社会』インターシフト）

中澤栄輔［2009］「身体的エンハンスメントと〈ほんもの〉という理想」，UTCP編『エンハ
　　ンスメント・社会・人間性』UTCP Booklet 8, pp.67-81.

日本アンチ・ドーピング機構（JADA）［2020］「ドーピングとは」https://www.playtruejapan.
　　org/about/

日本美容外科学会［2020］「第3回全国美容医療実態調査　最終報告書（公表版)」 https://
　　www.jsaps.com/jsaps_explore_3.html

Persson, I. and J. Savulescu［2012］*Unfit for the Future: The Need for Moral Enhancement*.
　　Oxford University Press.

リクルート［2019］「【美容センサス2019年下期】《美容医療》」 https://www.recruit-
　　lifestyle.co.jp/uploads/2019/11/RecruitLifestyle_HBA_20191120_001.pdf

Sandel, M.［2007］*The Case against Perfection: Ethics in the Age of Genetic Engineering*.
　　Harvard University Press.（邦訳　マイケル・サンデル著，林芳紀・伊吹友秀訳［2010］
　　『完全な人間を目指さなくてもよい理由──遺伝子操作とエンハンスメントの倫理』ナカ
　　ニシヤ出版）

生命環境倫理ドイツ情報センター編［2007］『エンハンスメント──バイオテクノロジーに
　　よる人間改造と倫理』松田純・小椋宗一郎訳，知泉書館。

世界アンチ・ドーピング機構（WADA）［2020］「世界アンチ・ドーピング規程2020年禁止
　　表国際基準」https://www.playtruejapan.org/topics/entry_img/wada_2020_japanese_prohibited_
　　list.pdf

トルストイ［2008］『アンナ・カレーニナ 1』望月哲男訳，光文社古典新訳文庫。

植原亮［2010］「スマート・ドラッグ──薬物によるエンハンスメント」所収信原幸弘・原
　塑・山本愛実編『脳神経科学リテラシー』勁草書房 pp.205-222.

Walter, L, and L.G. Palmer.［1997］. *The Ethics of Human Gene Therapy*. Oxford University
　Press.

III

CHAPTER 2

人間の欲望の哲学

坂本拓弥

はじめに

　本章では，遺伝子操作に象徴されるテクノロジーと人間との関係を，欲望の視点から探究する。この試みは，次の2つの問題につながっている。1つは，現代社会において，私たち人間の欲望が一体どのような在り方をしているのかという問題。もう1つは，テクノロジーを欲望する私たち人間とは一体いかなる存在なのかという問題である。これらを考えることを通して，遺伝子操作や遺伝子ドーピングという現象の背景にある，現代社会を生きる人間の欲望を描き出してみたい。

1 ●●● なぜ欲望が問題となるのか？

（1）社会的背景――欲望に対するイメージ

　本書では，遺伝子技術やドーピングに関する多様な領域から，それぞれの最新の議論が示されている。そのような本書において，「欲望」について1つの章を割くことには，一体どのような意味があるのだろうか。まずは，この素朴な問いを考えることから始めていきたい。

　欲望と聞いて，読者のみなさんはどのようなイメージを抱くだろうか。試みに，インターネットの通信販売サイト Amazon で「欲望」と検索してみると，どこからどう見てもエロティックな映画やドラマと思われる DVD のタイトルが，ズラズラと並んでいることが確認できる。また，検索の条件を「本」に限定してみても，真っ先に挙がってくるのは，子どもの教育上，不適切としか思えないものばかりである。読者のみなさんも，ぜひ検索して確かめてみてほし

い。

　これは 1 つの例であると同時に，私たちの社会において共有されている，欲望という言葉のイメージを象徴してもいる。確かに，「欲望のままに」や「欲にまみれ」，さらには「欲張り」等の言いまわしには，ポジティブというよりもネガティブなニュアンスがまとわりついている。これらの表現には，欲望的であるとは理性的で分別があることと対照的な状態を意味している，という暗黙の認識が含まれている。つまり，ここから導かれる 1 つの示唆は，私たちの社会が欲望に対してネガティブな認識を有しているということであろう。このことはたとえば，欲望という言葉を使ってポジティブな意味の例文を作ってみることが，案外難しいことからも窺い知ることができる。これも，私たち自身の欲望への負のイメージを端的に示しているであろう。

　しかし，実際のところ，そのような負のイメージは，欲望の一面しか捉えていない。つまり，欲望には正の，ポジティブな側面もあると考えられる。たとえば，大学生はなぜ大学に入学したいと思ったのであろうか。もちろん，その理由は多様にありうるが，ここで重要なことは，その個々の理由とは別に，「大学に入学したい」という表現に含まれる〈〜したい〉こそが，全員に共通する欲望の存在を示している点である。そして，欲望をこのように捉えると，それが決してネガティブなものではないことが理解されるはずである。「〜を学びたい」や「〜大会に出場したい」といった，私たちが日常的に抱いている素朴な思いや願いは，ほかでもない欲望のポジティブな在り方を示している。

　したがって，ここでまず共有しておくべきことは，欲望が必ずしもネガティブな行為にのみかかわるわけではなく，むしろ，私たち人間の多様な行為にかかわっているという事実である。つまり，行為の善悪とは無関係に，私たちが何らかの行為を遂行するところには，いつもすでに，欲望が存在しているということである。さらに言えば，その行為は，私たち自身の自覚していない欲望に，ときに促され，またときに制限されてもいる。その意味において，欲望を考えることは，そのまま人間を考えることにつながっているのである。

（2）学術的背景——特にスポーツ倫理学の場合

　以上のような，私たちの日常生活における欲望のイメージとその在り方に加えて，ここでは，これまでの学術的な研究，特に，遺伝子ドーピングに直接的にかかわるスポーツ倫理学という領域で，欲望がどのように扱われてきたのかを簡単に確認しておきたい。そうすることによって，改めて人間の欲望に着目する意義が明らかになるであろう。

　これまでスポーツ倫理学の領域では，スポーツのルールについての分析や，フェアプレイやスポーツマンシップといった道徳的態度に関する研究が蓄積されてきた。その中でも，「ドーピング問題」は「スポーツ倫理の中心問題」として考えられてきた［近藤 2004：31］。たとえば，ドーピングが禁止される倫理学的な根拠を，さまざまな視点から問うような研究がなされてきた[1]。それらは，スポーツ界において，私たちが守るべき道徳的規範の所在を明らかにする試みであったと言える。

　しかし，それらの研究は，ドーピング問題に直面するアスリート自身の視点を十分に考慮してこなかったとも言える。つまり，これまでのスポーツ倫理の研究は「スポーツ」の研究だったのであり，そのスポーツを実践する人間，すなわちアスリート自身については，十分な注意が払われてきたとは言えないということである。しかし，現実的に考えてみると，ドーピングを禁止する倫理学的な根拠や科学的なデータがどれほど豊富に示されたとしても，ドーピングを〈したい〉や，ドーピングをしてでも〈勝ちたい〉というアスリートが存在する限り，この問題が解決されることは不可能なのではないだろうか。

　もちろん，人間にかかわる行為の発生を完全にゼロにすることは，この世から犯罪が無くならないのと同じ意味で，原理的に不可能である。しかし，ドーピング問題を現実に即して理解するためには，それを欲してしまう人間自身に着目して検討することが不可欠ではないだろうか。それによって，ドーピング問題の全体像をより正確に理解することが可能になるはずである。したがって，たとえばそこで検討されるべき問いには，〈なぜアスリートはドーピングしたいのか〉といったものが含まれるであろう[2]。これはまさしく，アスリートという人間の，欲望の問題なのである。

　このことからもわかるように，欲望に着目することは，人間，すなわち私たち自身に着目することなのである。それゆえ，本章では，その欲望の捉え方を改めて整理することによって，現代社会を生きる人間を理解するための，1つの視座を提示することを試みたい。また，それは同時に，私たち（の社会）がなぜ遺伝子技術やそれを使ったドーピングを欲望してしまうのかを考えるための，1つのヒントを探ることにもなるであろう。

② ●● 剰余としての欲望

（1）欲求との差異

　欲望の詳しい検討に入る前に，「欲求」との差異を簡単に確認しておきたい。この2つの概念は，一般的にはほとんど同義と捉えられているかもしれない。実際，論者によっては特に区別していない場合も多い。しかし，人間の欲望にフォーカスするためには，この違いを明確にし，その特徴を際立たせておくことが有効であると考えられる。

　欲望と欲求の差異を確認するためには，これらの英語表記が参考になる。欲望は，「desire」という単語の訳語である。これに対して，欲求は「need」という単語に対応することが一般的である。たとえば，心理学者のマズローによる「欲求の5段階説」と呼ばれる有名な理論があるが，その中の「生理的欲求」は「Physiological needs」である。この生理的欲求には，3大欲求と呼ばれる食欲・睡眠欲・性欲が含まれている。

　このように欲求とは，need という語から連想されるように，生物としてのヒトに「必要」とされる対象に向けられるものであることがわかる。たとえば，栄養を補給しなければ，ヒトもイヌもウマも，その生命を維持することができない。そのため，栄養に対する欲求が備わっているわけである。また，この生命をより長い時間軸で考えてみると，ヒトやその他の動物に生殖行為への欲求があることの理由もわかる。なぜなら，子孫を残さなければその種は絶滅してしまう，すなわち，種としての生命が絶たれてしまうからである。

　要するに，欲求とは，生物がその生命を維持するために持っている機能と考

えることができる。逆に言うと，これらの欲求が正常に機能していない場合，私たちの社会は，それを疾病と見なしている。たとえば，いくら食べても食欲が満たされない状態や眠りたくても眠れない状態は，欲求が正常に機能していないことと見なされ，治療の対象となるのである。

　欲求を need という単語から捉えることによって，見えてくるもう１つのことは，その欲求が充足されると一時的に消失する性質を有しているということである。確かに，満腹になれば食欲はなくなり，また十分な睡眠をとれば睡眠欲もどこかへ消えてしまう。つまり，欲求は，必要な量が満たされれば消えるものなのである。

　これに対して，欲望の対象は，そのような生命維持に必要な事柄に限られない。たとえば，のどの渇きを潤したいのは欲求かもしれないが，そのときに，紅茶を飲みたいとかコーヒーを飲みたいと思うことは，明らかに欲求の範囲を超えている。そこで紅茶を飲むかコーヒーを飲むかは，生物としてのヒトの生命維持には，つまり，のどの渇きを潤すための水分補給という意味では，ほとんど差がないからである。このことからわかるように，欲望の１つの特徴は，そのような生物の生命維持に必ずしも必要ではないものを欲すること，すなわち，その意味では余分や余計なものを欲することにあると言える。このような〈剰余としての欲望〉の特徴について，さらに考えてみたい。

（２）「スタバに行きたい」は私の欲望か？

　剰余としての欲望の在り方をより明確にするために，ここで１つの思考実験を試みてみたい。たとえば，ある大学生 A が，昼下がりにあの有名なコーヒーのチェーン店に来たとする。そこでコーヒー（でもフラペチーノでもなんでもよいのだが）を飲みながら，ノート PC を開き，来週の授業で提出するレポートを作成している。さて，この状況において，そこに存在する A の欲望とは，一体どのようなものなのだろうか。

　まず，A はなぜ，無数にあるお店の中から〈その店〉を選んだのだろうか。また，A はなぜ，〈そのコーヒー〉を注文したのだろうか。さらに，なぜその店では，大学生らしきお客さんは皆，リンゴのマークのついたノート PC やタ

ブレットを開き，イヤフォンやヘッドフォンをしているのだろうか。この描写は，もちろん思考実験ではあるが，筆者の実体験に基づいてもいる。

　これらの問いに対して，その店に〈行きたかった〉のも，そのコーヒーを〈飲みたかった〉のも，また，リンゴのマークのついたノートPCが〈欲しかった〉のも，さらにはそこでレポートを〈書きたかった〉のも，すべては，A自身が欲したことだと，私たちは何の疑いもなく思っている。確かに，これらの理由を問われれば，Aは難なく答えられるはずである。たとえば，前からあの店の雰囲気が好きだったからとか，電車の中で広告を見てあのコーヒーを飲んでみたかったからとか，他のノートPCと比べてスタイリッシュでカッコイイからとか。しかし，Aのそのような欲望を，もう少し深く探ってみると，次のような疑問が湧いてくる。すなわち，それらの欲望は，一体どのようにしてAの中に生まれてきたのだろうか。

　ここで問題になることは，私たちの欲望が形成される仕組みである。つまり，どのようにして私たちの欲望が生み出されているのかを問うことが必要になる。これは，多くの人にとって，考えたことのない問いかもしれない。なぜなら，私たちは日常において，自分自身の欲望に決して自覚的ではないからである。また，自分の欲望は自分の中から出てきたに決まっているという考えも，日常生活のレベルでは，特に問い返される必要がない。さらに言えば，フロイトに代表される精神分析が教えるように，私たちの内側には自覚できない無意識の領域があり，そこから私たちの欲望が生まれていると考えることにも，一定の妥当性がある。しかし，それでもなお，私たちの欲望が生まれる仕組みは，不透明なまま残されているように思われる。

　そもそも，一般的に欲望は，主体が対象を欲すること，として理解されている。このAの例で言うと，主体であるAが，コーヒーやノートPCといった対象を欲している，ということである。つまり，欲望は，主体から対象へと直線的に向けられるものと考えられている。しかし，そのような欲望の直線的な在り方に，正面から異論を唱えた研究者がいる。それが，フランスに生まれアメリカで研究活動をした，ルネ・ジラールという人である。彼がどのような議論を展開したのかを，次に見ていきたい。

③●● 三角形的欲望とその模倣的性格

（1）ジラールの三角形的欲望論

　ジラールは，私たちが一般的にイメージしている欲望の在り方を「直線的欲望」と呼び，それが「幻想」であると指摘している［ジラール1971：2, 17］。しかし，「私がスタバに行きたい」という欲望の在り方が幻想であるとは，一体どういうことなのであろうか。

　主体から対象へという「直線的欲望」の代わりに，ジラールは，「三角形的欲望」［ジラール1971：2］という概念を提示する。その核となる主張は，私たちの欲望が，主体─媒体─対象の三者からなる三角形によって成立しているというものである。つまり，私たちの欲望は，対象に直線的に向かっているわけではなく，媒体としての他者の欲望を模倣することによって成立していると，ジラールは主張するのである（図1）。

　このことを示す例を，私たちは幼い子ども同士の関係に見ることができる。これも筆者の実体験に基づいているが，まだ幼い弟がお兄ちゃんの遊んでいるおもちゃを欲しがっている光景は，日常的にもよく目にするものである。そして，その状況を注意深く見てみると，そこに興味深い現象を見つけることができる。すなわち，それは，弟の年齢ではそのおもちゃを扱うことが明らかに難しい場合に見られる。たとえば，弟はまだ文字が読めないにもかかわらず，お兄ちゃんの読んでいる本を欲しがったりする。この例に示されているように，弟の欲望にとって，〈対象＝本〉そのものは重要ではなく，むしろ，〈媒体＝お兄ちゃん〉がその本を〈読んでいる＝欲望している〉ことが，決定的に重要な役割を果たしているということである。

　このように示される三角形的欲望論は，直線的欲望という私たちの一般的なイメージに対して，その変更を強力に迫る。先ほどの大学生Aの例で言えば，その欲望は，Aの中から自然と生まれたものではなく，むしろ，他者の欲望の

＊**ルネ・ジラール**　（1923-2015）フランス出身の研究者。1961年に『欲望の現象学』が刊行され，模倣的欲望論について議論が展開された。

模倣として存在していた
わけである。たとえば,
なぜ〈その店〉を選んだ
のかという問いに対して
は,〈その店〉に行くこ
とを欲望する他者がいた
からだということになる
し, また, なぜ〈その
コーヒー〉を注文したの
かという問いについて
も, やはり,〈そのコー
ヒー〉を欲していた他者

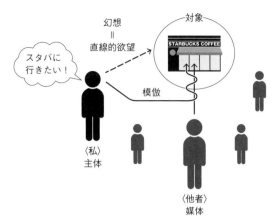

図1　三角形的欲望のイメージ

の欲望を模倣したからだ, ということになる。三角形的欲望論によると, ここ
に登場する他者は, Aの身近な人でもありうるし, 反対にまったく知らない人
でもありうる。この後者の場合については次項で論じるが, 前者については,
仲のよい友人からその店に行ったことを聞き, 自分も〈行きたい〉と思ったり
することがよくあるのは, 容易に想像できるであろう。

　私たちの欲望のこのような模倣的な特徴をより明確にするために, ここでは
スポーツを例に検討を進めてみたい。スポーツ, 特に競技スポーツでは, 選手
は〈勝つこと〉を欲望している。より正確に言えば, 少なくとも試合において
は,〈勝つこと〉を欲望することが, 1つの義務として課されている。なぜな
ら, 競技スポーツの試合において参加している選手が〈勝つこと〉を目指して
プレイしなければ, そもそも試合が成立しないからである。このことを理解す
るには, 川谷［2005：76］の示した例が参考になる。

　彼は, サッカーを例に, 試合中に選手全員が踊り始めたらどうなるのか, と
いう思考実験を展開している。その場合, 選手は誰ひとりとしてルールには違
反しておらず, したがって審判もそれを咎めることができない状況が生まれ
る。この思考実験から浮かび上がってくるのは, 選手が〈勝つこと〉を目指し
てプレイするということが, 実際にはルールに従うことよりも根本的なレベル

で，スポーツの成立を支えているという事実である。そして，選手が有している
このこの〈勝ちたい〉という欲望も，まさに三角形的欲望なのである。

　もちろん，私たちは一般的に，選手は自らの意思で〈勝ちたい〉と思ってい
る，と考えているはずである。それは，誰かに指示されたり懇願されたりして
〈勝ちたい〉と思ったわけではないということを含意している。しかし，その
〈勝ちたい〉という欲望はどのようにして生じたのだろうか。この問いに対し
て，三角形的欲望の視点からは次のように答えることができる。それは端的
に，他の選手の〈勝ちたい〉という欲望を模倣しているからである。

　このことは，競技スポーツに対戦相手が必要であるという，基本的な事柄と
も符合している。ここで言う対戦相手には，過去の自分や，最近ではコン
ピュータなども含まれるだろう。いずれにしても，競技スポーツが成立するた
めに対戦相手が必要なことは明らかである。そして，このことを欲望という視
点から読み替えてみると，私たちは競争する他者，すなわち，競争相手の欲望
を模倣することによって，競技スポーツにおける〈勝ちたい〉という欲望を成
立させていると捉えることができる。このような例からも，私たちの欲望が三
角形的な在り方をしていることが理解できるであろう。

　ちなみに，大学の講義でこの三角形的欲望の話をすると，真面目な学生か
ら，必ず次のような質問が挙げられる。それは，「欲望が模倣であるならば，
その始まり，つまり1人目の欲望はどのようにして成立したのか？」という
問いである。確かに，模倣と言う以上，そのオリジナルが必要なわけだが，そ
のオリジナルは誰の欲望を模倣したのかという問いは，もっともなものであ
る。これについては，次のように考えることができるであろう。すなわち，そ
の始まりは，おそらくただの偶然であった，と。つまり，それははじめに模倣
した人間の勘違いや思い込みであった可能性が高いということである。

　このように言うと，三角形的欲望論について不確かな印象を与えるかもしれ
ない。しかし，私たちが生きる現実の世界に目を向けてみれば，この説明には
一定の説得力があるように思われる。たとえば私たちは，何かの試験会場に居
合わせている他者に対して，その意思＝欲望を確認することなく，勝手にライ
バルと見なしたり感じたりすることはないだろうか。また，他者が何かに向

かって頑張っている（と私たちが勝手に思っている）姿に，私たち自身が影響されて，自分も頑張ろうと思ったりすることも，その他者の意思＝欲望を直接確認していないという意味においては，まさに勘違いや思い込みにほかならないであろう。さらには，友人や家族との日常的なコミュニケーションの場面においても，誤解や思い違いは頻繁に生じている。

　これらのことが示すように，私たちは実際，多くの場合，他者に直接確認することなく，その意思＝欲望を勝手に想定している。そして，私たちが日常的にしているその誤解や思い込みは，決してネガティブなものとは限らないのである。むしろ，その誤解の余地こそが，人間の豊かな想像／創造性を担保しているとも言えるのではないだろうか[3]。

　いずれにしても，私たちの欲望は，一般的に思われているような直線的なものではなく，三角形的な在り方をしている。それは，私たちの欲望が，純粋に自律的なものというよりも，むしろ模倣的な性格を持っていることに起因している。したがって，欲望へのイメージは，このような三角形的欲望論によって転換されるであろう。

（2）複製される現代社会の欲望

　私たちの欲望が，ジラールの指摘するように三角形的な在り方をしていることは，私たちが生きる現代社会において，より巧妙かつ強力な形で現われるようになってきている。ここでは，その典型的な例として，インターネット検索を挙げて考えてみたい。

　たとえば，本章の冒頭に挙げた Amazon に代表されるインターネットのショッピングサイトでは，利用者である私たちが，興味関心のあるキーワード等を入力し，それにヒットする商品を検索することができる。このこと自体は便利な機能であり，今日では当たり前になっている。しかし，ここで注意したいことは，そのようにして商品を閲覧する際に，その同じページ上に何が示されているかについてである。

　すでに知っている読者も多いと思われるが，そこには，「よく一緒に購入されている商品」や「この商品をチェックした人はこんな商品もチェックしてい

ます」といった見出しとともに，多くの商品が並んでいる。そして，これらのオススメ機能は，便利である一方，私たちの三角形的欲望を強める働きをしてもいる。

　これらの機能では，たとえば本の場合，同じ著者のものや類似したテーマのものが紹介されている。このことは，ある分野について学びたいと思っている人にとっては確かに便利な機能であるし，実際に筆者もこの機能を利用して商品を購入した経験が何度もある。しかし，本章の議論を踏まえてこの機能を見つめてみると，そこに他者の欲望が巧妙な形で導入されていることがわかる。すなわち，「よく一緒に購入されている商品」や「この商品をチェックした人はこんな商品もチェックしています」といった表現は，言い換えれば，「あなたと同じようにこの商品を過去に購入したり検索したりした人は，別のこれらの商品も欲望していましたよ」ということを意味しているわけである。つまり，私たちはその便利に見える機能の裏側で，三角形的欲望を発揮することを知らぬ間に求められているのである。

　ジラールは，欲望の模倣が，1人の主体と1人の媒体といった二者間だけでなく，それ以上の複数の人間の間で複層的になされる可能性を指摘していた。たとえば，同じ媒体の欲望を模倣している他の主体を想定することもできれば，その媒体が誰か他の人の欲望を模倣している可能性も想定できる。そのようにして，三角形的欲望が複雑に連鎖して広まっていく働きを，ジラールは「形而上的効力」［1971：94］と呼んでいる。つまり，三角形的欲望は模倣的であるがゆえに，主体や媒体の周辺にいる人間にも広まっていく特徴を持っているということである。

　この視点から先のオススメ機能を見てみると，それがまさに，三角形的欲望の複製装置としての効果を発揮していることが明らかになる。私たちは，本来の目的の商品を検索するとき，半ば強制的に，他者の欲望を突き付けられているわけである。しかも，実に巧妙なやり方で，である。なぜなら，その機能は，見たことも会ったこともない不特定多数の他者の欲望を，あたかも客観的なデータのように私たちに見せているからである。それによって，私たちは抵抗を感じることなく，その情報＝他者の欲望を受け取っている。この抵抗感の

低さは，書店の本棚の前で見ず知らずの人にいきなり本を薦められた状況を想像すれば，明らかであろう。

　このような機能を支えるテクノロジーは，かつてハイデガーが的確に指摘していたように，まさに私たちを「挑発してかり立てるはたらき」[ハイデガー 2019：117]を担っている。より正確に言えば，それは，私たちの欲望を挑発し，かり立てているのである。私たちは，自らの意思を超えて，見ず知らずの他者の欲望を模倣し，それによって自らの欲望を強めることを，テクノロジーによって要求されているわけである。このことは，検索候補の予測等，インターネット検索の機能全般に当てはまることである。

　さらに言えば，「いいね」に象徴されるSNSの機能も，これとまったく同じはたらきを有している。つまり，私たちは，「いいね」を欲望することを，テクノロジーによって求められているわけである。たとえば，SNSに私が投稿した内容は，見ず知らずの人の目に触れたり，それに「いいね」をつけられたりすることがある。このこと自体は，現実世界では出会うことのなかった人と人が，ネット上で出会えるという可能性を示している。しかし，それによって，投稿者はその「いいね」にかり立てられるようにもなる。つまり，自分の投稿した内容についての「いいね」は，欲望の視点から見れば，その他者も投稿内容を欲望していることを意味している。これは，私たちが他者の投稿に「いいね」をつける場合も同様である。その場合，私たちは他者の投稿内容を欲望している。したがって，SNSの世界において，お互いに「いいね」をつけ合い，またお互いの投稿をフォローし合うことは，まさに三角形的欲望の形而上的効力を強めていることにほかならないわけである。だからこそ，さまざまな文化の違いを超えて，SNSはこれほどまでに世界中に普及しているのではないだろうか。その現実が，テクノロジーによって複製され，増幅された私たちの欲望の存在を，暗に証明しているとは言えないだろうか。

＊マルティン・ハイデガー　（1889-1976）ドイツの哲学者。アリストテレスなど古代ギリシア哲学への造詣が深く，フッサールの現象学に強い影響を受けつつ，独自の存在論哲学を提唱した。主な著作に『存在と時間』がある。

④ ●● 遺伝子を操作したい欲望の裏側にあるもの

（1）テクノロジーと欲望の共犯関係

　このような現代のテクノロジーと私たちの欲望との関係は，本書のテーマである遺伝子操作や遺伝子ドーピングとも無関係ではない。というよりも，それらの問題を考えるためには，テクノロジーをめぐる欲望の問題を避けて通ることはできないとさえ言えるかもしれない。したがって，ここではまず，テクノロジーと欲望の関係を探るために，テクノロジー全般に共通する特徴を考えてみたい。その特徴とは，効率性の追求である。

　おそらく多くの人にとって，効率性はポジティブな概念として理解されている。「効率よく〜する」や「より効率的な方法」といった表現は，私たちの日常に溢れている。このことを象徴的に示す例が，人間の移動手段の変遷である。たとえば，江戸時代の日本において，東京から京都へは徒歩で，それこそ東海道を歩いて行ったわけである。それが，今では新幹線というテクノロジーによって2時間半もあれば移動できてしまう。さらに，私たちはそれでもまだ飽き足らず，今日ではリニアという最新のテクノロジーの応用によって，東京から名古屋までを30分ほどで移動することを，現実のものにしようとまでしている。

　このような移動手段の変遷の背後に，より速く移動したいという欲望があることは，想像に難くない。もちろん，速く移動すること自体に問題があるわけではない。しかし，注意が必要なことは，より速く移動したいというその欲望には，時間がかかることを〈効率の悪さ＝無駄〉と捉える価値観が同時に含まれている点である。速く移動したいという普遍的とも言える欲望と，表裏一体となっているこの価値観については，必ずしも自覚的に理解されてはいないように思われる。むしろ，現代社会において私たちは，〈効率の悪さ＝無駄〉という価値観を，無自覚のうちに広く共有してしまっているのではないだろうか。

　実際，この価値観は，移動手段に留まらず，私たちの日常の多くの場面に深く根をおろしている。たとえば，仕事の〈効率が悪い＝遅い〉ことはマイナス

の評価につながるし，スポーツにおける〈効率の悪い動き＝下手くそ〉はすぐにでも改善されるべき対象と見なされる。さらに，学校の入学試験等において多くの人が経験したことのあるように，そこでは，すぐに解けそうもない問題は後回しにして，簡単そうな問題から解答することが最も効率のよいテクニックになっている。そして，そのような経験を通して，私たちは，難しい問題にじっくりと取り組むことには意味はなく，それが単なる〈効率の悪さ＝無駄〉であることを，無自覚のうちに学ぶわけである。それは結果的に，〈効率性信仰〉とも言うべき，効率性への無批判な態度の養成につながっているのではないだろうか。このことは，移動手段の変遷によって〈失われたもの〉について，私たちがほとんど省みていない現実が，逆説的に証明しているであろう。

　しかし，なぜそのように，効率性についての一面的な理解が進んでしまうのだろうか。その理由は端的に，その〈効率性信仰〉を支えているのが，私たちの欲望だからである。すでに指摘したように，欲望は欲求とは異なり，それが満たされたからといって消失するようなものではない。むしろ，ジラールも指摘していたように，欲望は際限なく強まっていく傾向にある。それは言い方を変えれば，どこまでも効率性を追求していく傾向を，私たち人間が持っているということを意味している。そしてそこには，効率性を無批判に肯定する態度が，すなわち，〈効率性信仰〉が存在することになるのである。

　もちろん，そのような効率性の追求に向かう欲望は，遺伝子操作にかかわるテクノロジーについても例外ではない。それゆえ，遺伝子操作は一体何を効率化しようとしているのだろうか，という問いが浮かび上がってくるが，このことを問う前に，そのようなテクノロジーと人間の欲望の関係を整理しておきたい。

　ここまでの議論で示されたことは，テクノロジーの変容を私たちの欲望が支え促している一方で，前節で示したように，その欲望がテクノロジーによって強められてもいるということである。つまり，ここには，テクノロジーの変容を促す欲望と，欲望を促すテクノロジーという，一種の共犯関係が成立している。換言すれば，そこには，「技術と人間の2つの領域が本質的に相互浸透している」［フェルベーク 2015：10］ような状況が生まれている。そして，フェル

ベーク［2015：36］が「近年の技術の展開は，人間的なものの境界線をなくしていく方向に，さらに一歩進んでいる」と指摘するように，この共犯関係は，まさに人間の根源とも言える生命，すなわち遺伝子の操作をめぐる問題にも直結していると考えられる。

　このようなテクノロジーと欲望の共犯関係を踏まえると，遺伝子操作という人類の最先端のテクノロジーが，一体私たちのどのような欲望を新たに形成していくのかという点についても，慎重に検討する必要性が明らかになる。そのとき私たちは，無批判な〈効率性信仰〉に陥らぬよう，自身の欲望の在り方に自覚的でなくてはならないだろう。これについては，本章の最後に改めて触れたい。

（2）〈効率性信仰〉と優生思想

　前項で挙げた問いに戻りたい。遺伝子操作のテクノロジーは，一体何を効率化しようとしているのだろうか。この問いは，いわゆる優生思想に関する問題を想起させる[4]。一般的に優生思想とは，「『不良な子孫の出生を防止する』という考え方」［米本ほか 2000：5］のことを指す。もちろん，今日ではこのような思想は，多くの場合，否定的に捉えられている。なぜなら，それは，人々の間に在る多様な差異を否定することによって，偏見や差別を助長することにつながる思想だからである。そして，この優生思想の背景にも，歪んだ〈効率性信仰〉がある。

　遺伝子操作のテクノロジーがこの優生思想の問題と関連付けられるのは，主に，出生前診断や着床前診断と，それらに伴う人工妊娠中絶や遺伝子治療に関する議論においてである。たとえば，出生前診断によって胎児の遺伝性疾患の有無を発見し，それによって出産を止める，すなわち中絶することは，今日では決して珍しくない。なぜこのことが議論の的になるのかと言えば，生まれてくる生命を選別することの是非にかかわる問題が，そこに見え隠れするからである。そして，この問題にこそ，遺伝子にかかわるテクノロジーと効率性を求める欲望との関係が表面化する可能性がある。このことは，優生思想を効率性の追求という視点から見たときに明らかになる。

　効率性の追求という視点から優生思想を捉えると，それは端的に，ある特徴をそなえた人間を優先的に社会に残していく，もしくは残さないようにしていく考えであると言える。より具体的には，身体的及び知的に優れた子孫を社会に残すことが，優生思想の目的なのである。そして，その目的を最も効率的に達成しようとしたとき，遺伝的疾患にかかわる中絶や遺伝子治療は，社会における〈効率の悪さ＝無駄〉を事前に排除することにほかならない。

　このことは，決して科学者だけの問題に矮小化されてはならないであろう。むしろ，それらのテクノロジーの存在を認め，またときにその使用を欲する，私たち自身の問題なのである。もちろん，現代の私たちの常識からすれば，言うまでもなく，遺伝的な疾患や障がいを持って生まれた子どもが，社会にとって〈無駄〉ということには，決してならないはずである。むしろ，ここで私たちが自覚すべきことは，出生前診断やそれに付随した遺伝子操作等のテクノロジーの背景にも，すでに指摘した〈効率性信仰〉が存在している可能性を，否定できないということである。

　このような優生思想については，これまでにも繰り返し批判が向けられてきた。しかし，だからもう論じなくてよいということにはならないはずであるし，むしろ，それを繰り返し吟味することによって，その問題の新しい一面が見えてくる可能性もあるのではないだろうか。そして，その一面とは，現代において悪とされる優生思想と善とされるテクノロジーとの間に，効率性を追求する私たちの欲望が共通して存在していることである。このことが示唆するのは，遺伝子操作のテクノロジーも，容易に〈効率性信仰〉と結び付く危険性があるということである。

　優生思想を支える欲望は，少し視点を変えれば，より効率的な社会の実現を目指していることと言い換えることができる。つまり，できるだけ〈効率よく〉優秀な子孫を生み出したいという欲望が，優生思想の根底にあるわけである。そして，この効率性に対する無条件の肯定的態度こそが，すでに指摘したように，現代社会の1つの病理とも呼びうる〈効率性信仰〉なのである。その意味で，たとえば昨今よく聞かれる「スマートシティ」というような言葉が，その背景に一体どのような思想や欲望を含み持っているかについて，私た

ちは自覚的に問うていく必要があると言える。

（3）生命＝人間をコントロールしたい欲望

　ここまでに，テクノロジーと欲望の共犯関係を確認し，そこから，遺伝子操作のテクノロジーと優生思想という，現代の最先端技術と一般に過去の遺物と思われている両者が，実際は効率性の追求という1点において，共通の欲望を有していることを指摘した。そこで論じたように，出生前診断等によって中絶ないし遺伝子治療という選択をする場合，そこに優生思想に連なる倫理的問題を指摘することは，比較的容易である。しかし，その問題の裏側にある欲望に，私たちは気づいているだろうか。それは，私たちのより普遍的な欲望の問題である。本章の最後に，この問題を取り上げてみたい。

　この欲望の正体は，遺伝性の疾患や障がいが判明したことに伴って，中絶や遺伝子治療という選択をする理由を考えることで見えてくる。つまり，ここでの問いは，その判断を支えている私たちの欲望とは，一体どのようなものなのだろうか，というものである。すぐに思いつく理由としては，重度の疾患や障がいのある子どもの育児の困難さが挙げられるだろう。確かに，自分で体を動かせなかったり，意思の疎通が難しかったりする場合，私たちがそこに困難を見出すことは自然のように思われる。なぜなら，他の多くの子どもは，自分の体を自由に動かし，言ったことを理解できるように思われているからである。それゆえ，遺伝的に疾患や障がいを有していることが事前に判明したとき，少なくない人が，生まないという判断をすると考えられる。

　しかし，この判断の背景には，まさに他者の他者性にかかわって，1つの問題点があるように思われる。すなわち，それは，いわゆる健常な子どもとの比較の仕方が妥当なのか，という問題である。ここに在る認識を極めて簡略に図式化すると，次のように示すことができる。すなわち，健常な子どもの育児よりも疾患や障がいのある子どもの育児のほうが，困難さが大きいという認識で

＊スマートシティ　ICT などの科学技術を活用して社会が抱える諸問題を解決しつつ，サービスを効率化，高度化させ，持続可能な発展を目指す都市のこと。

ある。しかし，この認識の裏側には，いわゆる健常な子どもの育児は相対的に容易である，という認識が隠れてはいないだろうか。そして，ここにこそ，子ども＝生命をコントロールしようとする私たちの欲望の，もう1つの問題が隠れている。

　この問題は，先に指摘した優生思想とは別の問題圏を私たちに提示する。つまり，それは端的に言って，特別な疾患や障がいのない子どもはコントロールできると，暗黙のうちに考えているという問題である。このことは，次のような事例に顕著に現れている。たとえば永井は，青少年のスポーツにおける親について，「多くの大人は，自分の意のままに動く子どもを『良い子』と考える」[2007：13] 傾向があると指摘している。彼によれば，そのような親は，「自分の子どもが，自分の思い通りに動いていないとがまんできない。何とか自分のイメージ通りに動かそう」[永井 2007：60] と，必死になっているのである。そのような親の姿に，自らの子どもをコントロールしたいという欲望を見ることは容易であろう。

　このコントロールしたいという欲望自体は，先に論じた〈効率性信仰〉と極めて親和性が高い。なぜなら，効率よく物事を運ぶためには，想定外の出来事や誤差を徹底的に排除し，そこにかかわる要素をコントロールしなければならないからである。それはたとえば，國分 [2019] がハイデガーとフロイトの議論を経て，人間のナルシシズムに基づいた，原子力エネルギーへの欲望とそれがもたらす全能感について指摘していたのと同様に，コントロールしたいという欲望は，テクノロジーが必然的にその身に纏っているものだということである。

　つまり，スポーツする子どもとその親の例に象徴的に現れているように，子どもを親の所有物＝モノと見なして扱うような欲望が，そこには存在しているわけである。しかし，言うまでもなく，そこに子どもの人格を尊重していないという倫理的問題があることは明らかである。短絡的に結びつけることはできないかもしれないが，児童虐待等の問題も，その一因にはこのような効率性の追求に支配された，私たちの欲望が影響しているのではないだろうか。永井の，「親が子どもに体罰を加えているのは，じつは『人として許せないことを

した』時ではなく，子どもが自分の言うことを聞かない時，口答えした時，さらには，自分の虫のいどころが悪い時」［永井 2007：12］であるという指摘は，このことを示唆してはいないだろうか。

　どのような子どもであれ，出生から成人するまでの生育期間，親が相当の労力をそこに費やす必要があることは言うまでもない。そして，本章の議論を踏まえてここで強調しておくべきは，どのような子であっても，という点である。それは言い換えれば，どのような生命＝人間であっても，ということを意味している。欲望の視点から浮き彫りになったことは，遺伝的な疾患や障がいとそれをめぐる倫理的問題は，いわゆる健常な人間に対して私たちが有している欲望の，1つの裏返しであったということである。またこのことは，出生前診断において遺伝的疾患が判明した時に，「生まれた子どもが不幸になる」という理由で中絶を選択するケースについても同様に当てはまる。つまり，そこにも，健常な子どもならば幸せにできるという，私たちのコントロールへの欲望があるのではないだろうか。

おわりに——いま，〈やせ我慢〉の倫理は可能か？

　本章では，私たち人間の欲望を，ジラールにならって模倣的なものとして捉え，その視点から，現代社会におけるテクノロジーと私たちの関係を探ってきた。本章の議論からも明らかなように，遺伝子操作や遺伝子ドーピングの問題について，欲望論の視点からは，その善悪や是非を直接的に論じることは難しい。しかし，私たちの欲望の現実的な姿を把握することは，そのような実践的な判断をするための，不可欠の前提となるはずである。そこで問われているのは，私たちがどのような人間になりたいのかという問題である。これは，テクノロジーによって人間や社会をどうしたいのかとは，まったく異なる問いである。欲望を考えることは，そのまま，私たち自身を考えることである。そして，その欲望に他者がどのようにかかわっているのかを，私たちはいつも注意深く反省する必要があると言える。

　私たち現代人が，テクノロジーと欲望の共犯関係に対してとることのできる対抗策は，おそらく，テクノロジーの変容によって可能になったことを，〈あ

えてしない〉という選択肢を熟慮し，ときにはそれを選び取る勇気を持つことではないだろうか。これは，決して簡単なことではない。本章でも見てきたように，たとえば SNS などの便利なテクノロジーを〈あえて使わない〉ことがどれほど難しいかを，私たちはすでに知っている。

　このような〈あえてしない〉という態度を，たとえば福澤［2002］は〈やせ我慢〉と呼んでいた。彼がその必要性を主張した背景は，本章の議論とはまったく関係がない。しかし，その時代性やナショナリズムの匂いを括弧に入れ，この概念の意義だけを私たちの文脈に照らしてみると，〈やせ我慢〉という1つの倫理的態度には，自身の欲望への自覚が含まれているという，重要なポイントが見えてくる。つまりそこには，命令や規制などによる強制的な我慢ではなく，〈本当はしたいのだけれども，あえてしない〉という，自制的な判断が含まれているわけである。このことが私たちに示唆しているのは，たとえば，大人が子どもをコントロールしたいという欲望について，それを〈あえてしない〉という選択ができるかどうかが，私たちに試されているということであろう。むしろ，そのような判断を選び取る可能性にこそ，動物的欲求ではなく欲望に基づいた，人間の自由があるのではないだろうか。

　現代のテクノロジー，特に遺伝子操作への私たちの欲望は，そのような〈やせ我慢〉の態度によって，今，改めて見つめ直される必要があるだろう。私たちは，自身の際限のない欲望を，まずは自覚することから始めなければならない。そこから，欲望との付き合い方を模索し始める必要がある。私たちが今，正面から向き合うべきなのは，一体どのような人間になりたいのか，という問いである。もちろん，ここにも，私たちの欲望の問題が離れ難く存在している。人間の生命に直接的にかかわるテクノロジーが猛烈な勢いで進んでいく現代社会において，人間は，私たちは，一体何になりたいのだろうか。

注

1）これについては，本書 PART II の CHAPTER 1 を参照されたい。
2）このような問題意識から，筆者はこれまでに，スポーツにおける暴力現象，ドーピング問題，さらには，指導者の行き過ぎた指導について，欲望論の視点から検討してきた。

興味のある読者には，Sakamoto［2017］や坂本［2017；2018］を参照されたい。
3）誤解や思い違いといった現象についても，一般的にはネガティブなイメージが共有されているように思われる。しかし，同じ対象を見たり聞いたりして，そこに異なる理解や解釈の可能性があるということは，人間の想像／創造性の一端を示すものでもある。この可能性ついては，たとえば，東［2020］による「誤配」の議論を参照されたい。
4）優生学についての総合的な入門書としては，米本ほか［2000］を参照されたい。

文　献

東浩紀［2020］『哲学の誤配』ゲンロン。
古川安［2018］『科学の社会史』筑摩書房。
ジラール，ルネ［1971］『欲望の現象学——ロマンティークの虚像とロマネスクの真実』古田幸男訳，法政大学出版局。
ハイデガー，マルティン［2019］『技術とは何だろうか——3つの講演』森一郎編訳，講談社。
川谷茂樹［2005］『スポーツ倫理学講義』ナカニシヤ出版。
國分功一郎［2019］『原子力時代における哲学』晶文社。
近藤良享編著［2004］『スポーツ倫理の探究』大修館書店。
永井洋一［2007］『少年スポーツ　ダメな指導者　バカな親』合同出版。
坂本多加雄編［2002］『福澤諭吉著作集　第9巻　丁丑公論　瘠我慢の説』慶應義塾大学出版。
Sakamoto, Takuya［2017］Desire and Violence in Modern Sport, *International Journal of Sport and Health Science*, 15, 81-86.
坂本拓弥［2017］「ドーピング問題の欲望論的考察——わが国のアンチ・ドーピング教育の充実に向けて」『体育・スポーツ哲学研究』39(2)，121-136。
坂本拓弥［2018］「運動部活動における指導者の欲望論試論——「コーチング回路」概念の批判的検討を通して」『体育・スポーツ哲学研究』40(2)，105-117。
フェルベーク，ピーター＝ポール［2015］『技術の道徳化——事物の道徳性を理解し設計する』鈴木俊洋訳，法政大学出版局。
米本昌平ほか［2000］『優生学と人間社会——生命科学の世紀はどこへ向かうのか』講談社。

CHAPTER 3

人間のいのちの尊厳を考える
人格概念の捉え直しを通して

片山善博

はじめに

　人間の尊厳は，これまで主に「人格」概念と結びつけて論じられてきた。しかしながら，個人のなんらかの能力（たとえば理性的能力）に還元された人格概念には，近年，さまざまな批判が向けられている。本章では，現代の尊厳論に多大な影響を与えたカント（1724-1804）の「人格に基づく尊厳」論と，人格概念の拡張を試みたヘーゲル（1770-1831）の議論を取り上げ，現代に生きる私たちにとっての「人間のいのちの尊厳」とは何かを考察する。

①●● 現代の尊厳論

（1）問題の背景

　身体の問題から始めてみよう。身体は，単なる物体ではない。精神的なもの，文化的なものの感性的な表現でもある。そして，身体は，各人に固有のものであると同時に社会的な存在として，さまざまな価値評価にさらされてもいる。

　近年，人工知能やロボット研究が盛んである。AI は計算処理能力の点では人の知性をはるかに超え，またロボットも物理的能力では身体能力をはるかに超えている。しかし，場の空気や複雑な文脈を読み取ること，状況に応じて繊細な動くことなど，不得手なものも多々ある。

　そこで，近年の AI やロボット研究では，文脈に応じたコミュニケーション

力の獲得が重要な課題となっている。こうしたことはどこまで可能なのか，あるいは原理的に不可能なのか，さまざま意見があろうが，今後さらに研究が進む中で，AI やロボットの人間化のプロセスは進行していくであろう。しかしながら，もう一方で，考えておかなければならない問題がある。

　それは，人間自身の AI 化あるいはロボット化が進んでいるのではないか，ということである。つまり，本来，文化的コミュニケーションの中で成り立つ人間の知性や身体が，さまざまな文脈から切り離されて，AI 化，ロボット化しているのではないか，という疑念である。たとえば，効率化を求めるグローバル市場のもとで，人間の知性や身体に対して過度な処理能力の向上が求められている。この市場の求める物差しがあてがわれた身体は，効率的で処理能力が高ければ高いほど，価値があるものになろう。知性についても，同じことが言える。

　近年，あちこちでスポーツの商業化ということが指摘されている。アスリートにとって身体はその活動の中心をなすが，この身体が，市場的価値と無縁であり続けることが困難になってきている。その一方で，スポーツにはスポーツ独自の価値があり，それは，市場的価値とは異なるものである。そこでここでは，身体に着目しつつ人間の生命（いのち）の価値とは何かを，人格論と結びつけて論じていこう。

　さて，近代ドイツの哲学者カントは，価格に還元されない「人格」の価値を「尊厳」とみなしたが，同じことは，「身体」についても言えるだろうか。

　近年，遺伝子操作など生命操作の倫理性が議論されている。身体に対する「人格」の決定権を尊重し，生命操作においてもその意志を尊重すべきである，あるいは，逆に，「人格」の身体に対する決定権は（たとえば人格よりも生命を尊重するということで）制限され，生命操作に規制をかけるべきといったように。もちろん生命操作といっても，遺伝子操作のような生命そのものの改変から，自らの心身を鍛えることや，栄養ドリンクやサプリメントを飲むといった身近なことまで幅が広いが，ただいずれにしても「人格」には何か特権的な地位が与えられている。

　この人格に特権的な地位を与え議論してきたのが，近代の西欧哲学である。

17世紀のイギリスの哲学者ロックは，人格を身体から切り離し，その身体の所有に人間の自然権を見出したが，その後の哲学においても，人格は，理性的能力とされ，共同体を形成する主体として位置付けられてきた。では，人格と尊厳はどのように結びつけられているのであろうか。

（2）尊厳論の現在

　「尊厳」概念は，第二次世界大戦後，「世界人権宣言」や「ドイツ基本法」などの中で，重要な位置づけがされている。また，近年は，「尊厳」や「人格」概念は，出生前診断，遺伝子研究，尊厳死などを考える際のキーワードの1つとなっている。例えば，岩波の『思想』で「尊厳」についての特集が組まれるなど，尊厳のアクチュアリティに目を向けた研究もなされるようになった。尊厳について多くの論文や著書を発している加藤泰史は尊厳の概念史から尊厳概念の現代のさまざまな事象を考察し，尊厳概念の現代的な意義を問うている。[1]

　また，尊厳概念や人格概念の問い直しを行なっているドイツの哲学者クヴァンテは，人間の尊厳を根拠づける方法の1つに「内在的根拠づけ」があり，これは，尊厳とは人間の内面にある固有の能力に基づくものであるという。この固有の能力とは，たとえば自律的に生を営む能力などを指すが，こうした「内在的根拠づけ」による尊厳概念は，特にカントの人格論で示され，その後の哲学における「尊厳」論や「人格」論に大きな影響を与えた。

　その一方で，「人格」は内在的なものではなく，社会的な承認によって与えられるとする考え方もある。クヴァンテ自身は，むしろ，こちらの立場である。「人格として存在するとは，自分自身と他者を人格として認識し，承認し，また，他者によって人格として認識され，承認されることを意味する。（中略）人格として存在し，パーソナリティを形成するとは，常に社会的に媒介された承認という評価的関係に入ることを意味する」［クヴァンテ 2013：208-9］。

＊ミヒャエル・クヴァンテ（1962-）ドイツの哲学者。主著に『人間の尊厳と人格の自律——生命科学と民主主義的価値』があり，生殖医療や遺伝子診断，クローンと人格の問題などに取り組んでいる。現代ドイツの倫理学を先導している哲学者の一人である。

　人格は，人間に内在的なもの（生まれつき備わっているもの）なのか，あるいは承認活動（社会的な承認など）によって与えられるものなのか，これ自体が議論の的になっている[2)]が，いずれにしても尊厳が人格に関連づけられるという点では同じである。では，この尊厳＝人格論は成り立つのであろうか。

（3）尊厳＝人格論に対する批判

　人格に基づく尊厳論に対しては，これらの概念が曖昧であり抽象的であることや論者の間に共通の理解がなく，その実質内容を問うことが難しいといった批判や，何より，尊厳の根拠としての人格になんらかの能力（理性）を想定してしまうと，その有無による人間の選別につながるのではないか，などの指摘がある。

　たとえば，小松は理性的人格に基づく尊厳論を次のように批判する。カントは尊厳をいかなる比較考量も許さないとしたが，「だがカント自身の思いとは裏腹に，その尊厳概念がひとえに理性を人格・尊厳の基礎としている以上，理性が状態変化して消失すれば，人間はおのずと尊厳をも失うことになる。かような『人間の尊厳』概念＝『状態の価値』が，そもそも他との比較考量に途を開いていたのである」［小松 2015：75］。また人格と切り離された身体には尊厳がないとされると，こうした尊厳論が，「身体の資源化・商品化・市場化」を邁進させることになると指摘する。小松は「あらかじめ『身体』を放擲した非存在論的な『人間の尊厳』概念では，『人間の身体利用』を含めて『存在の価値』に係ることは考究できまい」（ルビは引用者）と述べ，その上で，「身体を導入した『人間の尊厳』概念」［ibid.: 76］の必要性を説いている[3)]。

　確かに，人格を，理性的な思考活動に限定すると，そうした「状態」が見出せない存在の尊厳は奪われてしまうことになるし，残された身体は単なる物件として扱われてしまうことになる。理性を想定しなければ成り立たないような「人格」概念は，尊厳を論じる際には，放棄すべきなのか。

（4）人格概念の拡張

　筆者は，尊厳の根拠に理性を想定した人格を想定することは必要であると考

える。これには相応の理由がある。このような人格を立てなければ人間の内的な価値（意志の自由）や社会のシステムの基礎づけができないからである。たとえば，ジープ*は，すべてを物質に還元してしまうことへの抵抗として人格が必要であり，また，人格を想定しないと，近代の法体系や道徳体系は維持されないと述べている[4]。ただし，これは，理性に還元された人格概念ではない。

　そこで次の第2節では「人格」に基づく尊厳概念の意義を論じたカント*を取り上げ，その射程を見ておこう。その上で，第3節では，カントの人格論を批判したヘーゲルの人格についての考え方を取り上げ，問題の所在を明らかにしていこう。

②●●カントの尊厳論——人格に基づく尊厳とは

（1）尊厳とは

　カントによると「人格」は，さまざまな欲望が支配する「感性界」と，こうした欲望を断ち切り理性が支配的である「叡智界」にまたがっている。私たちは，さまざまな欲求を満たしながら生活を営んでいる一方，こうした欲求を断ち切り，道徳的に生きようとすることもできる。人格は，欲望に左右される現状を乗り越え，叡智界の住人たろうとする。人格は，欲望に傾きながらも，それを理性の定める命令（条件を加味せず，端的に〜せよという「定言命法」）によって断ち切ることができるのである。カントは，道徳法則を自分の行動原則とするところに，人格の自律を見出し，これを尊厳の根拠とするのである。

（2）カント人格論の射程

　カントによると，人格の自律とは，自分の主観的な行動原則が同時にすべて

---

*ルートヴィッヒ・ジープ　（1942-）ドイツの哲学者。ドイツ観念論の影響を受けつつ，生命や環境といった現代的な問題に取り組み，独自の応用倫理学（具体倫理学）を構築した。
*イマニュエル・カント　（1724-1804）ドイツ（プロイセン王国）の哲学者。カントの哲学は批判哲学と呼ばれる。三批判書として，『純粋理性批判』（認識論について），『実践理性批判』（道徳について），『判断力批判』（美について）がある。

の人に妥当しうる（普遍妥当性）道徳原則になるよう自ら法則を定めて，進んでそれに従うことである。たとえば，「嘘をついてもよい」という原則は，道徳法則ではない。なぜなら，これを行動原則としてしまうと，人々の間に不信感が生まれ，共同体そのものが成り立たなくなるからである。そこで，人格は，「嘘をついてはならない」という原則を自らの行動原則とし，自らに課す。このことをなしえる人格は，欲求に基づく自然なあり方に対する優越性を持ち，それゆえ，各人の人格は尊重されるべきものとなる。

　こうして，「人格の相互尊重」が義務となる。各人は，互いの人格を，何かの目的のための手段としてのみ扱ってはならず，目的そのものとして扱わなければならないのである。カントはこうした観点から，たとえば，常備軍に反対する。なぜなら殺すため，あるいは殺されるために兵隊に雇うということは，人間を単なる機械や道具としてのみ扱うことであり，目的として扱うことにならないからである。

　こうして，人格を相互に尊重すべきという道徳法則に自ら従うことが，あるべき共同体（カントはこれを「目的の王国」という）形成の根本原則となる。これをなしうる人格は，欲望の支配する市場の相対的な価値（価格）に還元されない，絶対的な価値（尊厳）を有するのである。カントから引用しておこう。

　「価格をもつところのものは，それに代わってまたある他のものが等価物として措定されうるところのものである。これに反して，あらゆる価値を超越するところのもの，したがって何ら等価物を許さぬものは尊厳をもつ。人間の一般的な傾向性と欲求とに関係するところのものは市場価値をもつ。何か欲求を前提しなくとも，ある種の趣味に，すなわちわれわれの心の諸力の，単なる目的のない遊戯における満足に適っているものは感情価格をもつ。しかし，そのもとにおいてのみ，あるものがそれ自身における目的でありうる条件を形づくるものは単に相対的な価値を，すなわち価格をもたず，かえって内的価値すなわち尊厳をもつ」［Kant 1961:87］。

　カントの人格に基づく尊厳論は，他者を手段としてのみ扱わないという原理（人格の相互尊重）を明らかにするだけでなく，人間の「市場化・商品化・資源化」といった市場的価値に抵抗する根拠も提示しているのである。

（3）カントへの批判

　カントの人格に基づく尊厳論は，市場のグローバル化が進んだ現代社会における「共生理念」や「市場的な価値を超えた普遍的理念」を考える上でも重要な意味がある。しかし，個人に内在した「理性的思考や意志」を人格の本質とすることは，理性の有無に基づく人間の選別の道を開く可能性を持っている（前述の小松の批判）。もちろん，カントも，人格を理性的思考や意志にのみ還元しているわけではなく，身体性や共同性も考慮に入れている。ただし，身体性は欲望として感性界に振り分けられ，共同性はあるべき理念として叡智界におかれ，前者は否定されるべきもの，後者はあるべきものとして，形式的・抽象的に位置付けられてしまっている。

　そこで次節では，カントの人格論の抽象性を批判し，人格をより具体的に捉えようとしたヘーゲルの人格論を見ておこう。

③　●●ヘーゲルの人格論──人格の拡張

（1）「人格」概念とは

　人格について少し説明をしておきたい。「人格」とは，ラテン語の persona から派生した言葉である。つまり仮面や仮面をつけ演技する役者の役割のことであるが，その後，役割を超えた同一性という意味も持ったのである。したがって，人格には二重の意味があり，① 他者に対する側面（仮面，役割，演技）と② 自己に対する側面（役割を超えた同一性）として捉えられる[5]。カントは，この①の面を「欲望に左右される感性界」，②の面を「理性的な叡智界」に振り分けたと言えよう。そして，カントは，②の面から①の面を乗り越えようとする点に，人格の「人格性」（人格の本質的なあり方）があるとした。

　これに対して，ヘーゲルは，この①の面と②の面の矛盾の中に人格の本質を捉えようとしたと言えるだろう。たとえば，自身の法哲学の講義（1817/8 〜 1834/5）の中で，人格について次のように述べている。「私はあらゆる側面から依存的である。しかしまさにそのようにして私は私固有のものである。（中略）人間が自分を人格として知るところに人間の全き価値はある。」（GW. 26-1: 15f.）

自立は依存関係において成り立つ[6]のであるが，人間は自分の〈自立〉を意識した時，自らの自立に不可欠な〈依存関係〉を〈自立〉に対立（矛盾）するものとして意識する。そして，この〈依存〉と〈自立〉の矛盾に耐えるところに人格が成り立つというのである。しかし，この矛盾は，私個人の力によっては解消されず，共同の力によって解消されるとする。依存と自立という「全く反対の極を結びつけるのはまさに精神である」（GW. 26-3: 1113f.）と述べている。この「精神」は別の箇所では「理性的なもの」とも呼ばれていて，歴史や社会の中で現に存在する社会規範や文化，制度のことを指すが，法哲学の講義では，市民社会の福祉政策や国家の統治などとして具体的に展開されている。つまり個々人がうまく葛藤できるための共同体の用意した文化的・社会的装置のことである。逆に言うと，この装置が不十分だと，うまく葛藤ができず極端（自己の全否定や他者の全否定）に走ってしまうことになる。

　では，人格と身体の関係についてヘーゲルはどのように考察しているのか。

（2）人格と身体

　ヘーゲルは，人格と身体について次のように説明している。「精神の従順な器官や魂が吹き込まれた手段であるためには，身体は，まず精神によって取得されなければならない。しかし，他者にとっては，私は本質的に，私が直接持つその私の身体において自由なのである。」（GW. 26-3: 1128）私にとって，「人格は身体を所有している」（この点はロック以来の所有権の考え方を引き継いでいる）と意識されるが，他者にとっては，私の「人格は身体と一体のもの」として現れる。つまり私にとって身体は人格の所有物であるが，他者にとってはこの身体が私の人格そのものである。

　たとえば，延命について考えてみよう。筆者は自身の講義で「延命」について学生に調査をすることがある。すると，自分が当事者であった場合，自分の自己意識が失われた（たとえば植物状態になった）ときは，延命を望まないとする回答が圧倒的に多数になるが，家族が同じ状態になった場合は，延命を望む回答が半数以上になる。私にとっては，人格と身体は区別できるが，他者にとっては，両者は区別できないことの1つの例証であろう。

　だから，身体が拘束されていても，意志の自由は確保できるという「身体を欠いた意志の自由」という想定は，そもそも誤っているとし，また身体と人格が切り離せない以上，身体への侮辱は，人格への侮辱ということにもなる，つまり「他者によって私の身体に加えられた暴力は，私に加えられた暴力である」（GW. 26-3: 1129）と述べられる。

　ヘーゲルにとって「人格」は身体と不可分なものであり，より具体的には「共同性」と結びついた「生命（いのち）」のことである。

（3）ヘーゲルの人格論の射程

　身体を基盤とした「生命活動」としての人格は，矛盾を原動力として，共同の力（社会規範や文化・社会制度など）を媒介しながら，自己を形成（能力も含めて）していく。

　このように捉えられた人格は，個人にあらかじめ備わった特定の能力ではない。人格は，身体として他者との関係において成り立つのであり，葛藤しながら共同の力のもとに生きることなのであり，これを意志することに尊厳があるとされる[7]。たとえばヘーゲルは自殺の禁止を述べている箇所で，人格には生命についての決定権はなく，自然に死ぬか，共同体の理念のもとで死ぬかのいずれかといっている。この考え方は，国家（もちろん現実の政府のことではなく，理性的な国家のことであるにしても）による人格の制限となる危険性があるが，「人格」というものが共同体の中ではじめて意味を持つという指摘は現代において特に重要な意味を持つと考える。

（4）ヘーゲルの人格論への批判

　もちろん，ヘーゲルの人格概念についても疑念を示すことはできる。人格は，〈私にとって〉の側面と〈他者にとって〉の側面の矛盾から成り立つとされたが，この〈私にとって〉の側面には，理性や自己意識が想定されている。これを含んでいる以上，前述したような批判に応えたことにならないのではないか。また，人格の具体化に関し，精神的な力や理性的な力を重視している点にも疑問が生ずるだろう。こうした自己意識や理性に対する不信感は，特に

20世紀（二度の大戦）以降にさまざまな形で指摘されるようになった。たとえば，レヴィナス*は，ドイツ観念論の議論を受け継ぎながらも，理性の疾しさに眼を向け，自他の相互性に還元されない（自他にはそれぞれ自己意識が想定されており，他者は自己にとって了解可能な存在となり，他者の他者性が失われてしまう）ところに，むしろ人間の尊厳があるとしている。[8]

④ ●●あらためて人間のいのちの尊厳について

　こうした点を踏まえながら，改めて人格と尊厳の関係について述べておこう。これまで見たように，カントが人格における自律の能力に，ヘーゲルが人格の矛盾に耐え，それを克服しようとする生きる営みへの意志に，尊厳の根拠を見出した。こうした人格に基づく尊厳は，普遍的理念や共同体の理念と深く結びついているため，戦後，国連の人権宣言や日本国憲法などの理念ともなった。しかし，個人の自律や〈私にとって〉の側面を強調することは，人間を選別し「すべての個人に尊厳がある」とは異なる結果を導くことにもなる。

　この点について，筆者は，次のように考えたい。ヘーゲルは，〈私にとって〉の側面と〈他者にとって〉の側面の矛盾のうちに人格を見定めていたが，特に後者の〈身体は他者にとって人格である〉という側面に着目するのである。私たちは，実際，他者の身体に自らとは別の人格（自分と同一視できない意志）を感知している。他者にとっても私の身体は，単なる物質ではなくて，私の人格表現である。

　さらにいうと，私たちは，相手の身体の動きや現れ（言葉を発することも含めて）に他者の存在（どのような人であるのか）を了解している。実際，私たちは，知的障がい者，重度の精神疾患患者，認知症患者たち（場合によっては脳死者）に人格を見い出し，人格あるもの（矛盾に耐え，これを乗り越えようとする意志が存在しているもの）として関わっている。だから，私たちは，他者から学ぶこともで

***エマニュエル・レヴィナス**　（1906-1995）フランスの哲学者。第二次世界大戦中にドイツで捕虜生活を送り，現象学の研究で評価される。「他者論」の第一人者でもある。

きるし，承認を求めることもできる。

　むしろ問題となるのは，理性的能力の有無を，私たちが外部から他者の身体と切り離して，判断できるという考え方である。人格である身体は，具体的には，共同体の中で生活する身体である。こうしてカントの「人格の相互尊重」は，「生きる営みの相互尊重」としてより包括的に捉えられることになる。そしてここには，市場的価値や数値的評価に左右されることのない共同体固有の価値がある。しかも，私たちはこの価値を長い歴史を通して求めてきた。

おわりに

　私たちは，アスリートの身体の中に，アスリートの人格を見ている。その身体とは，さまざまな矛盾に耐え，それを克服しようとする人格の具体的な表現である。

　では，ドーピングやエンハンスメントを施された身体はどうか。私たちは，そこに商品としての価値のみを読み取ってしまうことになるのではないか。少なくともスポーツの理念のもとに葛藤している人格を見出すことは難しいだろう。さらに遺伝子操作された優秀な身体が作成されたとしたら，より困難になるだろう。

　もちろん，エンハンスメントの有無に関わりなく当事者にも，葛藤はあるだろう，あるいは葛藤の結果，エンハンスメントを行なったかもしれない。しかし，私たちがスポーツに求めている葛藤とは別のものである。

　スポーツの共同体の中で，さまざまな葛藤を抱えつつ自己を形成している身体＝人格は，ロボット化された身体にも，商品化された身体にも見出すことはできないだろう。私たちは，商業主義に還元されないスポーツの理念（たとえば，健康や平和など）のもとで，葛藤を抱えながら自己を形成していくアスリートの身体表現に，尊厳を見出すことができるのではないか。もちろん，このことは，商業的な価値，市場的な価値を否定するものではなく，また価格としての価値を否定するものではない。これらの価値も，私たちの生活の営みの中から，生み出されたものであるからである。しかし，これは交換可能な価値であり，カントが，人格の尊厳を価格とは別のところに見出したように，人間固有

の価値とは言えない。

　スポーツの共同体に限らず，私たちにとっての共同体とは，市場の結びつき
に還元できるものではなく，各人が，他者と関わりながら，道徳的，さらには
倫理的に生きることを可能にする地盤である。私たちが，自己の幸福や万人の
幸福を目指す活動を下支えする共同体のことである。そのもとでさまざまな葛
藤を抱えながら，生きていこうとするあり方こそ，人間のいのちであり，そこ
に尊厳が見出せるであろう。

注

1 ）加藤泰史・小島毅編［2020］を参照

2 ）たとえば，マラルドは「ホネットは尊厳を個人だけでなく集団にも帰しており，承認の
　相互主観的性格を強調する。（中略）そこで問いが立ち上がる。すなわち，尊厳は承認
　に依拠しているのか，あるいは尊厳はすべての人間に初めから備わる不可欠なものであ
　り，後から承認されるものなのか。」［マラルド 2020：64-65］と承認に基づく人格論へ
　の疑問を呈している。

3 ）加藤は，「とりわけ小松美彦の批判は根本的で手強い」［加藤 2020：13］と述べている。

4 ）ジープは，ロックの人格論を受けて「人格概念と，これに含まれる，諸個人の同定可能
　性の諸条件とがそろえば，帰責，責任，罪等の概念や，私たちの法や道徳の体系全体に
　十分な基礎を与えることができる」［ジープ 1995：123-4］と述べる。

5 ）「人格をペルソナ本来の意味に即して考えてみよう。ペルソナは仮面である。仮面を通
　して役者の声が響いてくる（per-sonare）。声や身振りはその場の状況に応じて時事刻々
　変化する。時には笑い，時には泣く。しかし仮面は登場人物のそのような変化に拘ら
　ず，その「役割」の一貫性を示している。仮面はその人物の「人柄」の象徴である。実
　生活における人間の行動にも，そのような一貫性が認められるし，それが全然認められ
　ないような人はまさに人格の名に値しないのである。」［小倉 1965：203］

6 ）加藤［1965；2018］を参照

7 ）ヘーゲルは，さまざまな欲求を満たし幸福を追求する人格の特殊な意志が，法権利（所
　有権など）と対立した場合，後者に従わなければならないが，この生命活動そのものが
　究極の危機に陥った場合は，この法権利に優越して，「危急権」が要求できるという。
　たとえば，農民には農具を，職工には工具を，他者の所有権を制限したとしても権利と
　して要求できるという。こうした生命活動（いのち）は道徳的な善であり，この善に向
　けた意志に価値と尊厳があるという。「主観的意志にとって，善は端的に本質的なもの
　であり，意志が自らの洞察と企てにおいて，善に相応しいものである限りで，価値と尊
　厳を有する。」［Hegel 2005：131 節］

8）レヴィナス［2015：268-9］を参照

文　献

Hegel, G.W.F., *Gesammelte Werke*, Bd. 14-1, Felix Meiner Verlag 2005.

Hegel, G.W.F., *Gesammelte Werke*, Bd. 26（1-3）, Felix Meiner Verlag 2013-2015.

Kant, I.［1961］, *Grundlegung zur Metaphysik der Sitten*, Reclam.

Kant, I.［1990］, *Kritik der praktischen Vernunft*, Felix Meiner Verlag.

加藤尚武［1965］「人格と社会」金子武蔵編『人格』理想社。

加藤尚武［2018］『加藤尚武著作集 3　ヘーゲルの社会哲学』未来社。

加藤泰史［2017］「思想の言葉」「尊厳」概念のアクチュアリティ」『思想』No.1114。

加藤泰史［2020］「「人間の尊厳を守る社会」の構築に向けて」加藤泰史・小島毅編『尊厳と社会（上）』法政大学出版局。

小松美彦［2015］『生権力の歴史――脳死・尊厳死・人間の尊厳をめぐって』青土社。

レヴィナス, E.［2015］『われわれのあいだで（新装版）』合田正人，谷口博史訳，法政大学出版局。

マラルド, J.C.［2020］「承認概念の再概念化――和辻哲郎の視点から」高畑祐人訳，加藤泰史・小島毅編『尊厳と社会（上）』法政大学出版局。

小倉志祥［1965］「人格の意義」」金子武蔵編『人格』理想社。

クヴァンテ, M.［2013］『人格　応用倫理学の基礎概念』後藤弘志訳，知泉書館。

クヴァンテ, M.［2017］「尊厳と多元主義――今日におけるヘーゲル哲学のアクチュアリティとその限界」瀬川真吾訳『思想』No.1114，岩波書店。

ジープ, L.［1995］『ドイツ観念論における実践哲学』上妻精監訳，哲書房。

アスリートとして
ドーピング問題に向き合う

北京オリンピックウェイトリフティング女子日本代表　齋藤里香

　高校進学と同時にウエイトリフティング競技を始めて13年間，2008年北京オリンピック競技大会をはじめ，多くの国際大会を経験してきた。このコラムでは，アスリートとして経験してきたこと，アスリートとして感じたドーピング問題，そして，日本アンチ・ドーピング機構（以下「JADA」）のアスリート委員としての活動について記したいと思う。

　勝利の喜びもさることながら，自己記録を更新した瞬間の喜びはひとしおであり，その瞬間の為に日々の辛いトレーニングに励むことができた。ウエイトリフティングを通じて国内はもちろん，海外にも多くの友人ができた。それぞれの国や地域の代表として大会に出場するまでにどれほどの努力が必要だったか，普段のトレーニングがどれだけ辛いものであるか，理解できるからこそ，友人を応援することができた。そして，共にトレーニングに励む友人の存在は更なるパフォーマンスアップへの活力となった。良き仲間，そして良きライバルの存在に支えられて，充実した競技生活を送ることができたことを嬉しく思っている。

　ここで1つ体験談をご紹介したいと思う。高校2年生の時に初めて国際大会に出場した際に，仲良くなったアスリートからお菓子をもらったことがあった。その際，コーチから「食べるな」と強く注意をされたことが印象に残っている。それは，もらったお菓子の中に何が入っているか分からないから，という理由であった。仲良くなったアスリートが悪意を持って私にお菓子を渡したとは考えたくない。しかしながら，その可能性はゼロではなく，アスリートとしてはあらゆる可能性を考えた行動が求められるという現実に直面したのだ。身近なところにドーピングの可能性があるという現実と，アンチ・ドーピングに対する私の意識の低さを実感する出来事であった。

　また，これまでに顔見知りのアスリートがドーピング違反になるということも何度か経験した。私にとってドーピング問題は，まさに身近な問題であった。その度に，正々堂々と勝負することを放棄したアスリートに対して腹立たしく，

そして残念に思ってきた。定められたルールの下で互いの力を競い合うスポーツの面白さが，ドーピングによって脅かされていると感じたからである。

　勝利を目指すアスリートが，パフォーマンスアップのためにどんな可能性も試したくなる気持ちは理解できる。もし私がドーピングをしていたなら，どれだけの重量を挙げることができたのか，気にならないと言えば嘘になる。もしかしたら記録や順位も変わっていたかもしれない。しかし，ドーピングによって得た記録や順位を心から喜ぶことができるだろうか。

　私は現在，JADA のアスリート委員としてアンチ・ドーピングの教育啓発活動に携わっている。ひとりでも多くのアスリートやスポーツに関わる人が，ドーピングについて考える機会を持ってほしいと思い，活動に取り組んでいる。アスリートがドーピング違反にならないための情報を得ることは大切である。それと同様に「なぜアンチ・ドーピングが必要なのか」ということを，アスリート自身が考えることも重要なのではないだろうか。

　アスリートには，スポーツの担い手としてドーピング問題に真摯に向き合う使命があると考える。そのための活動を今後も継続していきたいと思っている。

付録　中村桂子先生　ロングインタビュー

中村桂子（なかむら　けいこ）

生命誌研究者。JT 生命誌研究館名誉館長。

1936 年東京都生まれ。三菱化成生命科学研究所人間・自然研究部長，早稲田大学教授，東京大学客員
教授，大阪大学連携大学院教授。1993 年自らの発想で創立した JT 生命誌研究館副館長，2002 年から
館長（2020 年まで）。

『生命科学』（講談社，1975 年），『自己創出する生命——普遍と個の物語』（哲学書房，1993 年），『ゲ
ノムが語る生命——新しい知の創出』（集英社新書，2004 年），『科学者が人間であること』（岩波新
書，2013 年），『生命誌とは何か』（講談社学術文庫，2014 年），『「ふつうのおんなの子」のちから』
（集英社クリエイティブ，2018 年），『こどもの目をおとなの目に重ねて』（青土社，2020 年），『中村
桂子コレクション　いのち愛づる生命誌』（全八巻）（藤原書店，2020 年）など著書多数。

　中村桂子先生は生命科学領域の研究をもとに遺伝子ではなくゲノムを基本単
位として「いきもののいのち」に向き合い，新たに「生命誌（バイオヒスト
リー）」という概念を提唱した生命誌研究者であり思想家である。最前線の生
命科学を研究，牽引しながらも，日常感覚としての身近な「いま，ここにある
自然」とどのように重ね合わせられるかを自問自答し続け，新たな知を創出し

てきた。2000 年以降，スポーツ界でも懸念の対象となっている遺伝子ドーピングの存在が注目されているいま，中村先生に，「人間のいのちの問題」について，共編者を代表して竹村がインタビューを行った。

. . . .

竹村瑞穂（以下，竹村）　日本福祉大学の竹村瑞穂と申します。このたびはインタビューをご快諾くださり大変ありがとうございます。本日はどうぞよろしくお願いいたします。今回お願い致しましたインタビューですが，いま刊行予定の書籍のテーマがスポーツに関する本となります。

中村桂子先生（以下，中村）　スポーツについては，専門性はありませんので，なぜ私なのかなとは思っておりますがよろしくお願いいたします。

竹村　実は，ドーピングの問題，遺伝子ドーピングの問題に焦点をあてた書籍を，学際的な協力体制のもと，作成しています。近代スポーツの特徴として，進歩主義，合理性の追求という特徴があり，その中で，選手の身体が客体化され，物体化され，操作の対象に据えられてきたという側面もあります。ドーピングの問題というのは，選手の身体，生命，いのちの問題にじつは直結する，という部分があります。スポーツの枠をこえて社会的な問題にもなっています。

中村　いまおっしゃったこととてもよくわかります。

竹村　最初に，「生命誌」という考え方についてお伺いしたいと思います。

中村　ドーピングの問題について，みなさんが期待されている優等生的回答はできそうもありませんので，それはお許しください。今日のテーマと関連して「生命誌とはなにか」をお話するには，まず私が「生命倫理学（バイオエシックス）の意義と限界」を感じたというところからお話するのがよいと思います。そこから今日のテーマに関するさまざまな質問が導かれてくると思いますので。生命誌についてお話するには，アメリカで誕生したライフサイエンスと，日本で誕生した生命科学について整理する必要があります。

■ アメリカで誕生したライフサイエンスと生命倫理学

中村　話は 1970 年からはじまります。先ほどおっしゃった「進歩主義のもと勝った方が勝ち」という考え方のもつ問題は，このころから出てきていたと思います。「生命科学」は 1970 年に私の先生である，江上不二夫先生がお作りになった言葉です。まさにこの同じ年に，アメリカで，「ライフサイエンス」という言葉が使われました。一見，同じですよね。ライフサイエンスを訳すと生命科学ですけれども，じつは両者は全く違うものなんです。

　1960 年代は，アメリカはアポロ計画に象徴される時代です。NASA が本当に魅力的な科学と技術を見せてくれました。ケネディが 1960 年代の終わりまでには月に行くと宣言し，それを果たしたわけです。ただ国として多額の資金を出し，日常の暮らしに何が戻ってきたのだろうかという問いはありました。また，アポロ計画を進めたケネディが暗殺され大統領がニクソンになりました。ニクソン政権下での，新しい時代として 1970 年代は何をするかと考え，ガン研究に乗り出し，War against Cancer Act を出しました。ガン研究であれば国民が恩恵を受けられます。ガン撲滅を考えたわけです。

　ガン研究は医学です。けれども DNA 研究，ウイルス研究などが不可欠なので，生物学がとても大事です。今は，生物学も医学も「生命科学」と一緒になっていますけれども，生物学と医学は本来まったく違う学問です。このときはじめて，アメリカが，生物学と医学を一緒にして，これをライフサイエンスと名づけました。内容を示すなら「生物医学」ですね。

　今までは医学は人間だけを見ており，生物学は人間以外の生物すべてが対象です。この 2 つが合体したことは学問の歴史として大事なことです。DNA 研究なしにガン研究はできないわけで，とても大切なことでしたけれども，これによって医学が科学技術化しました。

　医学は，本来人間の学問であり，科学技術の導入にあたっては気をつけなければなりません。とくに，さきほどおっしゃった身体のモノ化が最も深刻な問題です。そこで生れたのが生命倫理，いわゆるバイオエシックスです。医学の科学技術化をするなら同時に生命倫理も必要だ。これがアメリカ社会の考え方です。

　医学の科学技術化が進み，人間がモノ化されて生じる問題はバイオエシックスという新しい分野で対処しようということです。具体的な課題としては体外受精などがありました。これが，アメリカでの政策になります。

■日本における生命科学——ライフサイエンスとの違い

中村 一方日本です。同じ時期，日本では，江上不二夫先生が，生命科学を構想し研究所を始めました。これは大切な学問であり，すぐに実現しなければならないけれど，国ですぐにはできないので民間にお願いしよう。三菱化成生命科学研究所が生まれました。アメリカのライフサイエンスは国ですけれども，日本は民間研究所として始まりました。

竹村 一民間研究所から生命科学という学問は誕生したのですね。

中村 そうです。そこでの生命科学は何だったのか。第一に，生物学の総合化です。当時は，遺伝学，細胞学，脳研究，環境研究など，ぜんぶバラバラです。研究対象によっても動物学，植物学とお互い無関係です。江上先生は生化学が専門ですが，DNA という新しい切り口が生まれたところで「生命とは何か」ということを問う総合的学問ができるはずだ。それを研究する場を作りたいと考えられました。すごいでしょ，50 年も前に生物学を総合化しようとお考えになったんですよ。しかも，人文社会科学も一緒にしようと。生物学という学問はそれまで人間は全く対象にしていませんでしたが，生物学を総合化してみると人間まで対象に入るでしょう，とおっしゃった。これも初めてのことでした。そして同時に社会のことも考えましょうと。このときに，1960 年代アメリカはアポロ計画ですけれど，日本のその頃の問題は今でいう環境問題なんです。公害の問題が生命科学の誕生の出発点でした。

　その典型例である水俣病は，水銀の含まれた工場排水を海に流したことが原因です。薄まると思ったんですね。海は単なる水ではなく，生きものがいたので食物連鎖で魚を通して水銀が人間に戻ってきてしまったわけです。海を単なる水と考えずに，生きものがいる世界だと考えたら，そんなことはしなかったはずです。生物学者としては，忸怩たるものがありました。それを止められなかったのですから。つまり第二には，科学技術や社会のありようを生物学の視点で考えることです。それが日本の生命科学の原点です。

　2020 年の今，生命科学という学問は日本を含め，世界中で行われています。ただ，その 99 ％アメリカ型のライフサイエンスであり，江上先生が立ち上げた生命科学ではありません。

　私は，日本で発想された生命科学を受け継いでいかなければ本当の意味の生命科学ではないと考えてやってきました。大事なのは日本の生命科学は生命論的世界観

の上に成り立っているということです。ライフサイエンスは機械論的世界観であり，先ほどおっしゃったように，人間まで機械とみなして，機械としてより良くしようと思ってしまう。そうではなく，まず生命論的世界観のもとで善い生き方を探りたいと思うのです。それには生きものそのものを知ることを求める必要があります。今の生命科学はそうなっていません。

　生命論的世界観の重要性をより明確にしたいと思い，生命誌（バイオヒストリー）という知を私は生み出しました。生命誌は，1970 年代に誕生した日本型の生命科学の流れを受け継いでいます。

竹村　なぜ，アメリカ型のライフサイエンスが日本，そして世界中を席巻したのでしょうか。

中村　世界観を変えることがとても難しいからです。今の社会は，お金儲けしましょう，すぐに役に立ちましょう，進歩しましょう，ということが問われます。それには機械論が向いています。

　しかし，生命論的世界観への転換は，今必要です。そして，この転換をすれば，正直，アメリカ型のバイオエシックスは必要ないと思います。機械論の中で技術を使うので，生命倫理という形で止める必要があるわけですが，生命論的世界観には，自らの中に歯止めがあるからです。生きものはいずれ死にます。永遠に成長することはありません。この中に，自らを制御する考え方が入っています。今の社会では，バイオエシックスの研究は必要ですが，より重要なのは世界観を変えることです。

　生きものの場合，大きければ大きいほどよいという発想はありません。ゾウにはゾウとしての大きさがあります。小さなアリはアリで素晴らしい。生命論的世界観で考えれば，自ずからさまざまな問題に対する答えは出てくると思います。これは危険だよということが生きものの側から自ずと出てくるので，それを生かして制御を組み込んだシステムを生み出せます。生命誌はそのような総合知として組み立てていきたいと思っています。

■ 組換え DNA 技術の誕生

中村　ライフサイエンスの始まりの頃は，ガン研究は難しいものでした。まずガンウイルスの研究から入りましたが，決して明確な見通しがあったわけではありません。

　一方日本の生命科学がめざした人間を生物学的に研究するという方法もありませんでした。意識としては人間の生物学研究が浮かび上がってきたけれども，研究の方法は，アメリカにも日本にもなかったのです。ところが歴史は面白いもので，求めが出てくると，そこに研究方法が生まれてくるのです。それが，組換え DNA。組換え DNA 技術がここで生まれます。これが，みなさんが今，気にしていらっしゃるゲノム編集技術にまでつながる流れです。

　ここで組換え DNA 技術がなかったら，現在の生命科学の研究は進まなかったでしょう。学問は面白いもので必要になると技術が生まれてくるのね。私は大好きな研究者の一人ですが，ポール・バーグ（ノーベル賞受賞者）が 1975 年ころに，ガンウイルスの１つをつかってバクテリアの中にヒトなど多細胞生物の遺伝子を入れるという見事な研究構想を立てて，現実にそれを行おうとしました。すると，学生さんが，それをやったらバクテリアにガン遺伝子が入る危険があるのではないか？と問うたのです。それを受け入れて，一端研究をやめたんです。そして，この新しい研究法を進めてもよいか進めるとすればどのようにするかについて，一流の研究者が集まって議論しました。研究史上初めてであり，素晴らしいことです。学問として，安全性を保ちながら研究できる方法論を組み立てました。このときに活躍したのが，ブレンナーです。彼が生物学的封じ込めという発想を考え出したのです。物理的に封じ込めるだけではなくて，外に出たら生きられないような生物を用いるという生物学者ならではの発想です。こうしてガイドラインができました。

　この技術は，これまで世界中の人がガイドラインに従ってきました。もちろん，生きもののことですから，わからないことはたくさんありますから，何事も気をつけながら進めなければなりませんが，一流の研究者が，研究を始める前から真剣に考えて，進めた技術です。ごまかしたりしなかった。この技術がなかったら多細胞生物の DNA 研究はできなかったという大事な技術です。もし今のように競争だけを考える研究者社会だったらこのようなプロセスはとれたかどうか。私は疑問に思います。研究者が尊敬し合い協力し合う文化を大事にしたいと思います。

　その中で私は，生命論的世界観のもとに技術の活用を考える方向への転換を考えたのです。機械論的世界観でこの技術を使う人が，限界を考えずに人間を操作し続けることが心配されるのは確かです。ただ，組換え DNA 技術は研究者が勝手にやりたい放題やっている技術ではありません。基本を考えた研究者たちの態度は素晴らしかった。もちろん，この技術が悪用される問題については考えなければなりません。技術の評価を適確に行うことは非常に重要です。

　この流れが今，ゲノム編集技術まできています。ゲノム編集技術も実際に使う前に安全性も確かめました。ただし，これは狙った遺伝子を変化させる点で有効な技術ですから，だれにどう使われるかということについては，ルールをもたなければなりません。社会全体が機械論的世界観である中で，どんどん使われることに対しては，規制が必要でしょう。

　組換え DNA 技術からゲノム編集技術への流れを生かすには，科学者が，さらに言えば社会全体が生命論的世界観に移行すること，私のいまの望みは，社会が世界観を変えてほしいということです。

竹村　それは，ある意味，近代からの脱却という点にもつながっていくのでしょうか。

中村　そうですね。明らかに近代社会はいろいろな問題を抱えていて，行き詰まりを感じている方は多いし，何かを変えなければならないと思っている方が多いと思います。

　これまで，水俣病が世の中の在り方，つまり世界観を変えるかなと思いましたし，東日本大震災が変えるかなとも思いました。でも変わりませんでした。今度は新型コロナウイルス。これはパンデミックであり，まさに世界中が同時体験をしたのですから今度こそ世界観が変わるきっかけになってほしいと強く思うのです。それができるのは日本ではないか，この際日本がリーダーシップをとって新しい世界をつくる，21世紀の社会はこうしていきましょうということが言えるチャンスではないかと思うのです。

竹村　そういう素地を持っているような気がします。

中村　能力はあるし，昔からの自然との上手な付き合い方もありますし，日本からその思想を発信するチャンスだと思います。もちろんコロナの対策としては目の前の困っている方たちのサポートが重要ですが，それと同時にこの競争社会を見直す，違う社会の在りようを考えるきっかけにする必要もあると思います。

　科学技術を否定して昔に戻りましょうとは申しません。使える技術は全部使いましょう。たとえば，人工知能技術。データ処理や記憶など，ある部分は人間を超えますし，それは利用する。ただ，人間のトータルの能力を AI が超えるわけはありません。それだけの自信を人間は持ってよい。ゼロからの構想は機械にはできません

から。人間とAIは全然違うもので，競争する必要はありません。生命論的世界観を
もって最新の科学技術を使えば面白いことになると思います。

■ 人間にとってスポーツの意味とは

竹村　組換えDNA技術も技術自体はすごく素晴らしいものだったというお話があり
ました。しかし機械論的世界観の中で，扱う側の人間が扱い方を間違えるといろい
ろな問題が出てくるというところで，じつはスポーツ界でも，いまこの遺伝子とい
うのは非常に注目されています。たとえば，なぜマラソン，42.195キロを2時間で
走れるのか。やはりこれは遺伝子に秘密があるのではないか，と。世界的にも，運
動能力に関わる遺伝子を特定して，優秀な選手を見極めようとする試みなども出て
きています。

中村　ナンセンスだと思います。

竹村　ナンセンス。あるいは，生命科学や遺伝子学を応用してオーダーメイドの効
率のよいトレーニング方法を考案しようという発想も想定できます。

中村　何を目指しているのでしょうか。そしたら，ものすごく速く走る機械を作れ
ばいいし，それはすでにあるわけでしょう。私が楽しい，ということが大切であり，
それを感じる時人間としての私があるわけで，記録だけのためなら人間である必要
はないのではありませんか。
　前の東京オリンピックは素晴らしかったです。とくに閉会式は涙が出ました。日
本人ですから開会式は日本人らしくピシッと行進しましたよね。でも閉会式は違っ
て，世界中の人が交じり合って，楽しそうに登場してきて，今でも忘れられません。
素晴らしいオリンピックでした。そこには人間があったからだと思います。

竹村　1970年代以降はオリンピックも商業化が進みました。

中村　ロスオリンピックのあたりからですよね。あれ以来，商業化が進みました。
それと，本当はオリンピックは個人が参加するものですよね。都市がホストで個人
が参加するものだと思います。でも，今は国のメダル争いが繰り広げられています。

竹村　本来，オリンピック憲章では，国家間競争は否定されています。オリンピックもいろいろと限界を迎えているように思います。ドーピング 1 つとっても，どんどんドーピング技術が向上して，さまざまな問題が出てきています。

中村　10 秒切るところまでの努力は素晴らしいと思いますけれども，この後，どうするのでしょう。

竹村　ここ 100 年くらいの間に人間は 100m の記録を 2 秒ほど縮めてきているんです。もしかすると，100 年後，100m を 7 秒台で走る選手が出てくる，というよりもそういう選手を「作る」可能性もあるかもしれません。そのときのスポーツの意味とは何だろうと。

中村　記録だけで考えるとそうなりますね。

竹村　人間にとっての文化としてのスポーツの在り方とは本当に見直しが必要であると感じています。機械論的な世界観からの脱却というのは，スポーツにも内在している問題であると思います。

中村　私はスポーツ大好きです。ただ勝負にはこだわりません。下手なテニスを楽しんでおり，「ボレーが決まる」とか，「ストレートがぬける」とか，その時は本当にうれしくて喜びますし，楽しいです。それが私にとってのスポーツです。この喜びは他では得られません。

　ただ今，日本ではテニスも何曜日の何時にどこと事前に予約したり，お金がかかったり結構ハードルがあります。ふつうの人が今時間ができたからちょっとスポーツやりたいなと思ったら出来る場所がある。気軽にスポーツを楽しめる環境があることが本当の意味でのスポーツ大国なんだろうと思います。金メダル何個とかではなくて。スポーツを誰もが楽しめる状況に社会がなっていたら楽しいですよね。

竹村　人間の幸福のためとか，人間が豊かになるために本来はスポーツが存在しているはずなのですが，とくに競技スポーツでは，スポーツのために人間が手段化しているような逆転現象が生じているような状況も見受けられます。アスリート個人のモラルの問題というよりもそういうシステムに組み込まれてしまっているような

気がしています。

■ ゲノムで生命を語ることの難しさ

中村　子どものころから能力がある子を取り上げるという動きもありますね。

竹村　まさに，運動に対する適性をみる遺伝子判定というような技術も注目されています。少しゲノムの話に戻りたいと思います。ゲノム情報というのは，究極の個人情報であると言われています。それは，医療や犯罪捜査などに応用できて有用な側面があると思います。スポーツにも応用可能であると思います。しかし，われわれは本当の意味において，それらの情報を適切な形で扱うことができているでしょうか。

中村　私が提唱した生命誌はすでに何度も述べたように，「生命論的世界観の中で生き物って何かを知りたい」という知です。私が哲学者や社会学者なら，生命とは何か，人間とは何かという問題をマクロで抽象的な面から考えることができたと思いますが，私は DNA 研究から入りましたので，生きものとしての実体から入る他ありません。そこに生きものとしての全体を科学による身体のはたらきから見ることのできるゲノムがわかってきたのですから，ゲノムを知り，そこから考えたいと思ったわけです。

　30 年ほど前に生命誌を始めた時は，ゲノムを知ると生き物の本質が見えて来るだろうという思いで取り組み始めました。30 年間でヒトゲノムの解読が日常にまでなりました。いまは私のゲノム読んでくださいと言えば読めます。ただ読めて何がわかるの？ という問いが生まれています。

　ゲノムって何？　それはまだわからない。ゲノムの配列はわかり，どこにどんな遺伝子があるかもずいぶんわかってきました。エピゲノムと言われ，タンパク質合成を通してではなく，DNA のレベルでのはたらきなど複雑なシステムも見えてきました。でもゲノムは全体としてどういう働きをしているのか，わたしにとってゲノムは何なのかという本質的な知識はまだ見えていません。それが知りたいですね。まだゲノムから得られる情報は，人間って何という問いからはほど遠いと思っています。

　ではいまの知識が何も意味がないかというと，そんなことはありません。ゲノム解読ができ，どこに遺伝子がある，これがこんな働きをしてこの病気と関連してい

るということがわかってきていますから，それを活かすことは必要です。ただ，人間とは何かという問いからは遠い。そういうものとして現在のゲノム研究を位置づけたいと思います。

　それぞれの人が特有なものとして持っているゲノムはとても興味深い素材だから，これから研究し，解明していくことは大事です。ただ，現在これで人間がどれだけわかるかというと，それは別問題です。ゲノムを「解読できる」ということと，ゲノムが「わかる」ということは全く違う，このことを理解しなければならない。しかも，そもそも個人をゲノムだけで語ることはできませんね。生きているということを考えるにあたってとても興味深く，大事な切り口ではあるけれど，それですべては語れないということはきちんと理解しなくてはならないでしょう。

竹村　ゲノムを「読める」ことと，人間が「わかる」ことは，全く異なることだ，と。人間とは何かという問いにはまだまだ近づいていないというご指摘は，きちんと理解しなくてはならないと感じました。

中村　私も 30 年前に「ゲノム読めるようになったから理解は急速に進む」，と思いました。それまで生命科学は遺伝子で考えていました。遺伝子は機械の部品みたいなものですから。それに対してゲノムは全体です。全体でありながらすべて分析できる。これまでこのようなものはありません。そこがゲノムの面白いところです。私のゲノムを分析しそこにないものは私はもっていないと言えます。科学の世界で「ない」と言い切れるということは通常ありませんから，これは新しい世界です。それでゲノムで考えればよいと思ったとたんに夢がふくらんで「生命誌研究館」を立ち上げたのです。そこで，ゲノムとは何かについては生命誌研究館でも研究していますし，もちろん世界中で研究しているわけです。でも研究すればするほど難しい。いつ本質に近づけるかなと楽しみですけれど。

　いまゲノムで生きものを語るのは難しい。研究はしなくてはいけないし大事です。20 万年前までにできあがっていた私たちホモ・サピエンスのゲノムでは，かつてウイルスから取り込んだ遺伝子が胎盤づくりに関係しているということはゲノム解析からわかったことです。胎盤でウイルス遺伝子が働いている，なんて面白いですね。そういうものが 32 億ものヌクレオチドの配列として存在するし，それはすべて解析できる。それがどう働いているのか，どうやって私たちを支えているのか，知りたいんですけれど，まだ断片的な知識しか得られていない状況です。

竹村 自然な変異だけではなくて，ウイルスも取り込んできた。そのような複雑性や柔軟性を備えているものなんですね。ヒトゲノムは一応解読されたとされていますが…。

中村 解読というのは配列の分析であり，ゲノムという存在の理解とは違うということをくり返しておきます。エピゲノムとして働き方を調べているところです。そこに規則性・法則性があるのなら，その法則性を解けばいいのですが，そうではないので地道にはたらき方を見ていく必要があります。そこが機械ではなくて生命なのです。だから生命論的世界観をもたなくてはいけないのだけれど難しい。

　難しいと言いましたが，日常感覚で言えば，アリが生きているし，バラの花も生きていることは子どもでもわかるわけです。その中にゲノムがあるわけです。生きものは他の物体とはちがうことは明らかにわかる。それは日常でわかる。アリが生きものだというのは，初めてみた子どもにもわかるんです。そういう感覚は人間なら誰もが持っています。自分が生きものなのですから。だから，ゲノムがまだよくわからなくても，生命論的世界観は持てるはずで，大切なのは日常感覚なのです。

　学問は大事ですが，学問だけではだめなのです。日常とどうつながるか。それをうまく教えてくださったのが大森荘蔵先生でした。「重ね描き」をすればよいと。学問を日常と重ねなさいと。これは素晴らしい発想で，そうなると，自分の日常をどう生きるかというのがとても大事になってくるわけです。本当に生きものが大切だと思って生きていますか，と。普段生きものについてきちんと考えずに DNA 研究してもそれはだめなのです。日常を生きものの感覚で過ごしていることが大切です。

　「生きもの感覚」というのは別に面倒なものではありません。たとえば物が腐っているかどうかをこの頃は書かれている「賞味期限」の数字で判断しますね。日にちが過ぎていたら廃棄します。本当は味をみればいいわけですよね。味をみて怪しいと思ったらごめんなさいと捨てる。まだ大丈夫と思ったら食べればよいのです。それが生きものなのであって，数字で決めるものではありません。こういうとても日常的なこと。信州の山にまでいかないと自然は分かりませんということではなく，都会の真中でも生きものとして生きることが大事です。特別なことではありません。

竹村 日常感覚とずれたところでの学問は危ういと。

中村 その通りです。日常感覚の自然は身近なことで，アルプスの山に登りました

とか，そういう話ではありません。歩いている時，道端に咲いているタンポポに気がつく。そういうふつうの自然です。東京の舗装道路でも隅っこにタンポポはありますよ。そういう感覚なしで，競争競争で生物学を研究するのは危ういですね。日常，生きものを感じ取りながら暮らす人にみんながなれば，生物学者も哲学者も政治家も企業の社長さんも，みんながそういう感覚でいれば，世界観が変わるのだろうと思います。

竹村　ここにすべてのことが集約されているような気がしてきました。たとえば，スポーツの文脈というのは，そもそも，医療の文脈とは全く異なります。遺伝子治療技術を利用すると言った場合，目的が治療ではなく，「能力の向上」が目的となります。あるいはスポーツの文脈ではなくても，一般社会においても，個人の欲望に基づいて，功利的な考え方に基づいて遺伝子を操作したりと，そういうことを正当化する論調もあると思います。これもやはり，いまおっしゃられた日常の自然の感覚を大切にするとか，機械論的世界観からの脱却を試みるとか，そういう話に集約されるのだろうと，先生のお話を伺っていて思いました。

中村　そんなに競争ばかりしてどうするのでしょう。

竹村　競争というのは，近代社会の中の大きなキーワードの1つになっているように思います。

中村　競争は新自由主義になってからですね。新自由主義は生命誌が求める社会とはまったく違う考え方です。組換え DNA 技術の研究の時にみんなでガイドラインを作りました。この頃は科学者の気持ちは協力の方を向いていたんです。世界中。もちろん，みんなそれぞれ新しいことをやろうとしていますし，他の誰もできないようなことに取り組んだり考えたりしているわけで，誰もができないことをしたいとは思っています。でもみんな協力していました。相手を蹴とばしたり，敵と見做したり，国同士で分断したり，そういうことはありませんでした。最近，なぜこんな風になってしまったのでしょうと問いたいです。やはり経済界が先にこの方向に動きましたね。その中で科学もおかしな競争になったと思います。

■ ゲノムに規格はない――生きものを「トータルで」考える

竹村 衝撃的だったのが，中国でゲノム編集ベビーが誕生したことでした。生殖医療の分野までこのような技術が浸透しているということだと思います。その親の，夫婦の同意のもとで，生殖細胞系列操作を行って子どもの形質を作り出す，というようなことが実際に現実的な問題となっています。

　考えてみれば，私たちも自分自身の意志でこの世に生まれてきたわけではなくて，両親の伝統的な子どもを作る行為によってゲノムを受け継いできている。一見，受精卵の操作というものは，これまでの伝統的な子どもを作る行為の延長線上にあるような気もするし，一方でやはり全く質的に異なるような行為であるようにも思います。

中村 ゲノムが全体としてわかってもいないのに，ゲノムでそのようなことをするのは意味のないことです。残念ながらこのような動きが出てしまったのですが，まず思うのは，人間はトータルとして同じだということです。どこかが欠けている。どこも欠けていない人はいません。ゲノムを調べれば，どこか働かないところは確率的には必ずあるのです。32億ものヌクレオチドがあるわけですから変異は出てきます。

　機械であれば規格があります。自動車にはそれぞれの自動車の規格がある。ゲノムには規格はありません。世界中に78億万人ほどの人がいますが，どれが規格ですか？　ありません。機械は規格から外れたものは工場から出ていけません。規格にはめてみんな同じに作る。しかし，ゲノムに規格がありますか？　どれが正しいゲノムと言えますか？　ありません？　そういうものなんです。それを，あたかも規格があるかのごとくにみるからいけないのですね。

　ゲノムに規格がないということは，生まれてきた人はすべて人間として認められたということであり，トータルとしてはそれでよいということです。しかもあるところが欠けていたら，別のところが秀でている。たとえば，目が不自由な方が聴覚はするどいということもありますね。

　それは他の生きものもそうです。ライオンにはライオンとしての素晴らしさがあり，アリにはアリとしての素晴らしさがある。ライオンとアリをどちらが素晴らしいかと比べても意味ないですね。トータルとしてよしなんです。78億人のどれが一番って決められますか。そんな価値判断はできないでしょう。全員人間として生きているのだから，トータルとしてよしなんです。

竹村　自然な進化的な変異と，人為的に生命を創り出す，産み出すということは，やはり根本的に違うものだということですね。たとえば，選手の遺伝子を操作しようとか，選手を作りだそうという発想は，生きものとして，トータルとして人間をみる視点が欠如している？

中村　生きるということは，与えられたトータルの中でそれを楽しむということですよね。それでできることを思いきりやっていくことが生きるということだと思います。できることを一生懸命やる。それをいじりまわしたら，それは生きるということになりません。

　明らかな病気の治療はもちろん行います。でもそれ以外に，能力を向上させるために変えるという発想は，人間を機械としての能力で評価していることになると思います。

　機械として規格を考え，ある部分だけ作り直す。この部分は規格として劣っているから作り直すという発想ですよね。もちろん，走るのが大好きで，一生懸命努力して素晴らしいアスリートになる。それは素晴らしいです。すごいなと思います。でも，その一点で人間を「判断」はできません。人間としての判断はできない。そう考えれば，一部分変えようとは思わないはずです。こっちが優れている人もいれば，こっちが優れている人もいる，それぞれを「すごいなぁ」とお互い認め合って評価し合うのが人間ですね。絵が上手なら絵が上手だなあと評価する。走るのが速いなあもいいですね。でも，トータルとして人間としては同じなんです。それで，トータルとして生きるのが生きるっていうことだという前提を崩さない，それをしっかり理解していれば，人間を変える，作るという発想は起こらないと思います。

竹村　そうですね。本当に今のお話は腑に落ちます。納得させられます。たとえば，子どものいのち，という人間のトータルではなく，運動能力という部分をみて判断することでいろいろな歪みがでてきてしまっている側面もあると思います。ぜひ，アスリート，指導者，保護者などスポーツ界の方々にも，先生の人間のいのちの考え方を届けたいと思っています。本日は本当にありがとうございました。

（2020 年 7 月 2 日　新宿にて）

あ と が き

　2000 年代初頭に大学院に入学して以来，ドーピングの問題，さらに遺伝子ドーピングの問題を主要な研究対象としてきた。奇しくも 2003 年にヒトゲノムの全塩基配列が公表された時期とほぼ重なるものである。本文でも述べたように，スポーツ界の遺伝子ドーピング問題への反応は早く，この時期にはすでに海外の研究ではあるが，論文や書籍などの先行研究も存在していた。最初に目を通した書籍は，本書でも翻訳論文を紹介したアンディ・ミアー氏の *Genetically Modified Athlete: Biomedical Ethics, Gene Doping and Sport* という本であった。その次に手にしたのが，アンジェラ・シュナイダー氏とセオドア・フリードマン氏共著の *Gene Doping in Sports: The Science and Ethics of Genetically Modified Athletes* という本である。アンジェラ・シュナイダー氏はカナダのスポーツ哲学者であり，私がカナダのウエスタン大学に留学した際の指導教員でもあった。セオドア・フリードマン氏は 1970 年代にいち早く遺伝子治療の研究を行ってきた遺伝学者，医学者である。2015 年に医学・薬学分野で Japan Prize 賞も受賞している。

　この時期，遺伝子ドーピングの倫理学的な研究というものは，日本ではまだ珍しく，海外の文献や書籍を少しずつ読んでいる状況であった。その際，強く感じたことは，一つには日本語で遺伝子ドーピングの本を出版する必要性があること，次に医学や生命科学，遺伝学，スポーツ科学，生命倫理，生命哲学といった学際的な視点から取り組まれる必要性があることの 2 点である。周知の通り，生命科学技術の進歩は凄まじく，実際にスポーツの場面で遺伝子ドーピングとして何が悪用され得るのかを把握することは，専門家でなければ理解は難しい。あるいは，既存のドーピング問題以上に非常に複雑な倫理的問題性を抱える中で，スポーツの意味を問う哲学的問題や，スポーツをする人間のいのちをめぐる倫理的問題にどのように取り組んでいくのかなど，根源的な課題も存している。ゆえに，この遺伝子ドーピング問題に対しては，学際的な研究

ネットワークの構築の重要性を強く抱いてきた。

　言うまでもなく，生命科学や遺伝子技術それ自体は，人間の生活を豊かにし，幸福にしてくれる可能性にあふれているものである。倫理・哲学的な考察は，この技術を制限するものではなく，健全な形で進展させることに寄与するはずである。

　遺伝子ドーピング問題に取り掛かってからおおよそ十数年の時を経て，日本でも少しずつこの学際的な連携が可能になってきたように思う。残念ながら新型コロナウイルス感染症の影響で延期となってしまったが，2020 年 5 月には「遺伝子ドーピング時代のスポーツを考える」というシンポジウム（日本福祉大学主催，早稲田大学現代死生学研究所ほか後援）を企画し，生命科学，生命倫理学，スポーツ倫理学，哲学という視点から当該問題を論じる場の設定を試みた。このときのシンポジストとしてご発表予定であられたのが，本書の編者である森岡正博先生（早稲田大学現代死生学研究所所長）と石井哲也先生（北海道大学）である。

　予定していたシンポジウムは延期となってしまったが，森岡先生と石井先生の重ねてのご尽力のおかげで，今回，この書籍の出版が実現したのであった。この場をお借りして，衷心より御礼申し上げる次第である。さらに，本書の執筆・インタビューにご協力頂いた諸先生方は当該分野において第一線でご活躍されており，このたびの寄稿等にご快諾くださったことに対して，改めて御礼を申し上げたい。本書の特徴は，何よりも領域横断的に遺伝子ドーピングの問題について論じられている点であり，本書を 1 冊読めば，医科学的視点からスポーツ哲学，生命哲学の問題にまで触れることができることであろう。本書を起点として，さらに遺伝子ドーピングをめぐる種々の問題への取り組みを深化させるべく，今後も努力してまいる所存である。

　最後に，編集の吉永恵利加氏に心より御礼申し上げる。吉永氏には，企画当初から有益なアドバイスを頂き，また本書が仕上がるまで忍耐強く待って頂いた。

　ここに，みなさまに，改めて御礼を申し上げる。

2021 年秋　愛知県美浜町にある日本福祉大学にて

編者を代表して　竹村瑞穂　記す

■編著者紹介

森 岡 正 博（もりおか　まさひろ）
早稲田大学人間科学部教授，早稲田大学現代死生学研究所所長
東京大学大学院単位取得退学。博士（人間科学）
大阪府立大学を経て，2015 年より現職
専門は，生命の哲学，生命倫理学
著書に，『無痛文明論』（トランスビュー，2003 年），『生命学をひらく——自分と向きあう「いのち」の思想』（トランスビュー，2005 年），『生まれてこないほうが良かったのか？』（筑摩選書，2020 年）など

石 井 哲 也（いしい　てつや）
北海道大学安全衛生本部教授
北海道大学 博士（農学）
京都大学 iPS 細胞研究所特任准教授・研究統括室長，北海道大学安全衛生本部特任准教授を経て，2015 年より現職
専門は，生殖と食のバイオテクノロジーの生命倫理
主要業績として，『ゲノム編集を問う——作物からヒトまで』（岩波新書，2017 年），Henry T. Greely『人がセックスをやめるとき——生殖の将来を考える』（翻訳，東京化学同人，2018 年），U.S. National Academy of Sciences, U.S. National Academy of Medicine, The Chinese Academy of Sciences, The Royal Society 共催, International Summit on Human Gene Editing 招待講演（2015 年）

竹 村 瑞 穂（たけむら　みづほ）
日本福祉大学スポーツ科学部准教授
筑波大学大学院人間総合科学研究科博士一貫課程単位取得満期退学。博士（体育科学）
早稲田大学助手，助教を経て，2017 年より現職
専門は，スポーツ倫理学・スポーツ哲学・生命倫理学
主要業績として，Gender Verification Issues in Women's Competitive Sports: An Ethical Critique of the IAAF DSD Regulation.（*Sport, ethics and philosophy,* 14(4): 449-460, 2020），遺伝子ドーピングの形而上学——遺伝子の道徳性をめぐって（『日本福祉大学スポーツ科学論集』1：11-21, 2018 年），競技スポーツにおける身体的エンハンスメントに関する倫理学的研究——より「よい」身体をめぐって（『体育学研究』59(1)：53-66, 2014 年）

■執筆者紹介（執筆順）

竹越一博（たけこし　かずひろ）
筑波大学医学医療系臨床域スポーツ医学・検査医学教授
獨協医科大学大学院博士課程修了
筑波大学臨床医学系 助手，講師，准教授を経て，2012年より現職。総合内科専門医，臨床遺伝専門
　医，検査専門医，内分泌内科医
専門は，家族性腫瘍（特に褐色細胞腫）の遺伝子診断。また，アンチドーピング検査（他に自己輸血
　ドーピング検査）やヘルスプロモーション「cfDNAを運動マーカーとした運動の見える化」など

戸崎晃明（とざき　てるあき）
公益財団法人競走馬理化学研究所遺伝子分析部上席調査役
昭和大学大学院薬学研究科博士後期課程修了。昭和大学博士（薬学），京都大学博士（農学）
昭和大学薬学部客員教授，岐阜大学応用生物科学部客員獣医学系教授
国際競馬統括機関連盟（IFHA）遺伝子ドーピング規制委員会委員，国際馬スポーツ連合（IHSC）遺
　伝子ドーピング専門家委員会委員，公認競馬化学者協会（AORC）遺伝子ドーピング特別委員会委員
専門は，ゲノム科学，遺伝学

関根正美（せきね　まさみ）
日本体育大学教授
筑波大学大学院博士課程体育科学研究科満期退学。博士（体育科学）
岡山大学講師，助教授，准教授，教授を経て，2013年から現職
専門は，体育哲学，スポーツ哲学

アンディ・ミアー（Andy Miah）
英国サルフォード大学環境生命科学学部教授
研究分野は，生命倫理，サイエンスコミュニケーション，デジタルメディア，eスポーツ，ドローン。
　サイエンステクノロジーと人間の行動変容を主な研究テーマとしている。著書に，*Sport 2.0: trans-
　forming sports for a digital world*（The MIT Press Series, The MIT Press, 2017）などがある

佐良土茂樹（さろうど　しげき）【翻訳】
日本体育大学体育学部准教授
上智大学大学院哲学研究科博士後期課程満期退学。博士（哲学）
専門は，コーチング学，古代ギリシア哲学

大岩奈青（おおいわ　なお）
日本スポーツ振興センター国立スポーツ科学センタースポーツ研究部研究員

筑波大学大学院人間総合科学研究科博士課程修了。博士（体育科学）

博士号取得後，契約研究員として入所。2010 年から現職

専門は，トレーニング負荷のモニタリング，生理生化学的手法を用いたコンディショニング指標の探
　索，スポーツと遺伝に関する研究

立 花 幸 司（たちばな　こうじ）

千葉大学大学院人文科学研究院助教

東京大学大学院総合文化研究科広域科学専攻相関基礎科学系博士課程修了。博士（学術）

日本学術振興会特別研究員（DC・PD），熊本大学文学部准教授を経て，2021 年より現職。また，
　2015 年よりジョージタウン大学メディカルセンター国際連携研究員

専門は，古代ギリシア哲学，徳倫理学，脳神経倫理学，宇宙倫理学

坂 本 拓 弥（さかもと　たくや）

筑波大学体育系助教

東京学芸大学大学院連合学校教育学研究科単位取得満期退学。博士（教育学）

明星大学助教，准教授を経て，2018 年より現職

専門は，体育・スポーツ哲学

片 山 善 博（かたやま　よしひろ）

日本福祉大学社会福祉学部教授

一橋大学大学院社会学研究科博士課程満期退学。博士（社会学）

一橋大学助手，東京農工大学非常勤講師，群馬大学非常勤講師，日本福祉大学准教授を経て，2014 年
　より現職

専門は，ヘーゲルを中心とするドイツ哲学・福祉哲学

齋 藤 里 香（さいとう　りか）

日本アンチ・ドーピング機構アスリート委員。日本オリンピック委員会アンチ・ドーピング専門部会
　部会員

2008 年北京オリンピック競技大会　ウエイトリフティング女子 69 kg級第 6 位

早稲田大学大学院スポーツ科学研究科修士課程修了

中 村 桂 子（なかむら　けいこ）

生命誌研究者。JT 生命誌研究館名誉館長

東京大学大学院生物化学博士課程修了。理学博士

三菱化成生命科学研究所人間・自然研究部長，早稲田大学教授，東京大学客員教授，大阪大学連携大
　学院教授などを歴任。JT 生命誌研究館副館長，館長（2020 年まで）

専門は，生命誌，分子生物学

板 倉 陽 子（いたくら　ようこ）【用語解説担当】

東京都健康長寿医療センター研究所研究員

筑波大学大学院生命環境科学研究科修了。博士（理学）

産業技術総合研究所研究員を経て，2010 年より現職

専門は，生化学，糖鎖生物学，再生医療

スポーツと遺伝子ドーピングを問う
技術の現在から倫理的問題まで

2022年1月30日　初版第1刷発行

編著者	森岡正博
	石井哲也 ⓒ
	竹村瑞穂
発行者	萩原淳平
印刷者	藤原愛子

発行所　株式会社 晃洋書房
　　　　京都市右京区西院北矢掛町7番地
　　　　電話　075 (312) 0788代
　　　　振替口座　01040-6-32280

印刷・製本　藤原印刷㈱
装幀　尾崎閑也
ISBN978-4-7710-3543-0